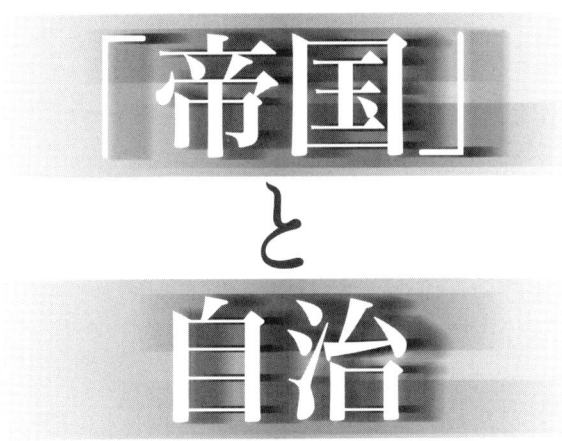

「帝国」と自治

リージョンの政治とローカルの政治

古城利明著

中央大学出版部

装幀　道吉　剛

「帝国」と自治

目　　次

序章　世界システム／「帝国」／自治 ……………………………… 1
1．本書の目的 ……………………………………………………… 1
グローバリゼーションの3つの意味　1
2．世界システム分析の文脈 ……………………………………… 2
世界システム分析の第2局面　2　　『長い20世紀』と『リオリエント』3
3．リージョンとローカル——グローバリゼーションのインパクト …… 5
リージョナルな空間　5　　近世帝国論　6　　ローカルな空間　7　　グローバリズム・リージョナリズム・ローカリズム　8
4．「帝国」と自治 ………………………………………………… 10
帝国・〈帝国〉・「帝国」　10　　自治の概念　13
5．本書の構成——イタリアと日本 ……………………………… 15

1章　世界システムとヨーロッパおよび東アジア ……………… 21
1．比較世界システム分析の展開 ………………………………… 21
連続主義者・変容主義者論争　21　　両者の共通点と相違点　21　　連続主義者の世界システム変動論　23　　変容主義者の世界システム変動論　23　　ウォーラーステインの立場　24　　ニュー・サイエンスと世界システム分析　25
2．アフロユーラシアの統一 ……………………………………… 26
アフロユーラシアの概念　26　　アフロユーラシアの歴史　27　　モンゴル帝国の興亡　29　　モンゴル帝国の意味　30　　アフロユーラシアの西端と東端　30
3．アフロユーラシアとヨーロッパ ……………………………… 31
アフロユーラシアとヨーロッパの関連　31　　ウォーラーステインの見解　32　　分離・関連・コンテンジェンシー　33　　「西の不確実性」はいかに処理されたか　33
4．アフロユーラシアと東アジア ………………………………… 35
アフロユーラシアと東アジアの関連　35　　中華帝国の存続　35　　パ

ックス・シニカ 36　パックス・シニカの終焉 37　「東の不確実性」はいかに処理されたか 38
5．世界システムとアフロユーラシア——移行問題の展開のために…… 39
移行をめぐる4つの論点 39

2章　世界システムとヨーロッパ………………………………… 45
1．ヨーロッパ分析の文脈……………………………………… 45
ヨーロッパ統合という文脈 45　近代社会モデルという文脈 47
ヨーロッパをとらえる視点 48
2．アフロユーラシアとヨーロッパ…………………………… 50
アフロユーラシア史とヨーロッパ 50　「長い16世紀」 53
3．近代世界システムとヨーロッパ…………………………… 55
ヨーロッパの中心‐周辺の諸構造 55　「収縮の17世紀」とヨーロッパ 57　オランダ・ヘゲモニーからイギリス・ヘゲモニーへ 57　「1800年の世界」 59　グローバル・ヘゲモニーとしてのイギリス 59　東西ヘゲモニーの谷間 61
4．世界システムとヨーロッパ統合…………………………… 62
ウォーラーステインのヨーロッパ統合評価 62　ヨーロッパ統合の外在的契機と内在的契機 65

3章　ヨーロッパとイタリア
　　　——世界システム分析の視点からの覚書——………………… 71
1．イタリア分析の文脈——比較世界システム分析との関連で………… 71
イタリア分析の4つの文脈 71
2．ローマ帝国とイタリア……………………………………… 73
アフロユーラシアとローマ帝国 73　ローマ帝国の特殊性 74　ローマ帝国の崩壊 76　いくつかの補足 76
3．ヨーロッパ・サブシステムとイタリア…………………… 77
アフロユーラシア第2期とイタリア 77　アフロユーラシア第3期と

　　　　「ヨーロッパ・サブシステム」 77　　「ヨーロッパ・サブシステム」と
　　　　中世都市コムーネ 79　　教皇領とシチーリア王国 80
　4．近代イタリアとヨーロッパ……………………………………………… 81
　　　　大航海時代の意味 81　　フィレンツェの戦略 81　　ジェノヴァの戦
　　　　略 82　　「ジェノヴァの時代」と「ヨーロッパ帝国の挫折」 83
　　　　「小さな統一国家」とリソルジメント 84　　分割と簒奪の地イタリア
　　　　85　　「世紀の転換期」とイタリア 86　　南欧の発展型としてのイタ
　　　　リア 87　　ファシズムとレジスタンス 89
　5．現代世界システムとイタリア………………………………………… 90
　　　　戦争終結と戦後再建 90　　半周辺部からの脱出 91　　反システム運
　　　　動の評価 92　　ヨーロッパ統合とイタリア 93

4章　ヨーロッパ統合とイタリア
　　　　――1995年調査の分析を通じて――……………………… 99
　1．中心としてのイタリア・半周辺としてのイタリア………………… 99
　2．EU 統合に対する4つの立場………………………………………… 101
　　　　EU 統合へのProとCon 101　　統合賛成派の差異 103
　3．EU 統合をめぐる3つの争点………………………………………… 105
　　　　経済統合をめぐる争点 106　　経済統合と社会統合の関連をめぐる争
　　　　点 108　　政治統合の構想をめぐる争点 111
　4．ポスト冷戦，EU 統合，そしてイタリア…………………………… 114

5章　現代イタリアのリージョナリズム……………………………… 133
　1．グローバリゼーションとリージョナリズム………………………… 133
　　　　マクロ・リージョンとミクロ・リージョン 133　　EU の展開とミク
　　　　ロ・リージョン 135
　2．ヨーロッパ統合とイタリア…………………………………………… 137
　　　　イタリアのアンビバレントな位置 137　　「EU／国民国家／ミクロ・
　　　　リージョン」に関する4つの立場 139

3．イタリアのミクロ・リージョン……………………………………145
　　　　ミクロ・リージョンの展開　145　　エミリアン・モデル　146　　3つ
　　　　の特殊要素　149　　エミリアン・モデルの変動　153
　　4．フェデラル・イタリア………………………………………………155
　　　　フェデラリズムの歴史　155　　3つのシナリオ　157

6章　ヴェネツィア・ジューリア試論
　　　――世界システム分析の視点から――………………………………161
　　1．本章の対象と視点……………………………………………………161
　　2．古代ローマ帝国とヴェネツィア・ジューリア……………………163
　　　　古代ローマ帝国とアクイレイア　165　　東ローマ帝国とイストリア半
　　　　島　166
　　3．「13世紀世界システム」とヴェネツィア共和国…………………168
　　　　「結節点」としてのヴェネツィア共和国　168　　ヴェネツィア共和国と
　　　　イストリア半島　170　　ヴェネツィア共和国以外のイストリア半島
　　　　171
　　4．「長い16世紀」とヴェネツィア・ジューリア………………………172
　　　　近世帝国の挫折とヴェネツィア・ジューリア　172　　ヴェネツィア共
　　　　和国の世界　173　　神聖ローマ帝国・オーストリアの世界　174
　　5．「長い20世紀」とヴェネツィア・ジューリア………………………175
　　　　「短い20世紀」以前のヴェネツィア・ジューリア　175　　境界域・フ
　　　　ァシズム・レジスタンス　176　　国境問題・フォイベ・エソド　179
　　　　ポスト・ファシズム期のヴェネツィア・ジューリア　181　　「新しい中
　　　　世帝国」とヴェネツィア・ジューリア　184

7章　中華帝国／U.S.C.S.（アメリカ「帝国」）／日本………………191
　　1．比較世界システム分析の展開………………………………………191
　　2．中華帝国と日本………………………………………………………193
　　　　パックス・シニカ　193　　「小中華」の挑戦・膨張　196

3．U.S.C.S. と現代日本 …………………………………………… 201
　U.S.C.S.（アメリカ「帝国」） 201　　「二国間主義症候群」と U.S.C.S.
　202　　「1960 年体制」と「小アメリカ」 203　　「小アメリカ」の膨張
　と U.S.C.S. 206　　冷戦終結と U.S.C.S. 207　　9.11 以後の「ゆらぎ」
　209
4．東アジアの経済成長と U.S.C.S.──結びにかえて …………………… 210

8章　フロンティアとしての沖縄 ……………………………………… 215
　1．フロンティアとボーダー ……………………………………………… 215
　　世界システムとフロンティア 215　　フロンティアとボーダー 216
　　本章の課題 217
　2．パックス・シニカと沖縄 ……………………………………………… 218
　　パックス・シニカとは何か 218　　パックス・シニカと古琉球 219
　　統一王朝と大交易時代 220　　両属関係と近世琉球 220　　清朝・鎖
　　国時代の琉球 221
　3．不確実性への対応──琉球処分から太平洋戦争まで ……………… 222
　　パックス・シニカの終焉 222　　欧米列強と琉球 223　　琉球処分
　　224　　周辺化と同化教育 225　　南進政策と沖縄 226
　4．U.S.C.S. へのインコーポレート ……………………………………… 227
　　アメリカ軍統治下の沖縄 227　　島ぐるみ闘争 228　　復帰ナショナ
　　リズム 228　　U.S.C.S. と沖縄の位置 229　　「本土化」と「自立」
　　230
　5．ポスト冷戦時代の役割──世界システムの「ゆらぎ」と沖縄　232
　　世界システムの「ゆらぎ」と東アジア 232　　1990 年代の沖縄 232
　　2000 年代の沖縄 233　　太平洋共存システムと沖縄 234

9章　オーランド島と沖縄島
　　　──「フロンティア」の比較── …………………………………… 239
　1．本章の目的・視点・対象 ……………………………………………… 239

2．比較の枠組み……………………………………………………244
　　1）環境の歴史　245
　　2）リージョナル・システムの歴史（Ⅰ）——近世帝国との関連を
　　　中心に　248
　　　近世帝国の出現　248　　近世帝国の統治　249　　近世帝国の衰退
　　　250　　フロンティアの分岐点　252
　　3）リージョナル・システムの歴史（Ⅱ）——20世紀後半以降の
　　　リージョナル・システムと2つの島　253
　　　リージョナル・システム　253　　産業と財政　254　　アイデンティテ
　　　ィ　255　　地域協力と「帝国」　257
　3．島の自治とその条件……………………………………………259

終章　「『帝国』と自治」の展望………………………………………265
　1．イタリアと日本……………………………………………………265
　　時空間のフェイズ　265　　総括　267
　2．「帝国」の近未来…………………………………………………269
　　アリギの展望　269　　山下の展望　270
　3．自治の近未来………………………………………………………271
　　「ポランニー的不安」の上昇局面とローカル　271　　ローカルと自治
　　273　　交感・交響の自治空間　274

あとがき………………………………………………………………277
人名索引………………………………………………………………283
事項索引………………………………………………………………286

「帝国」と自治

序章
世界システム／「帝国」／自治

1．本書の目的

グローバリゼーションの3つの意味　2010年5月，鳩山政権による沖縄・普天間基地の県外・国外移設の「挑戦」は半年余にわたる政治的緊張ののち，挫折した。当時，多くの論調はこれを日米同盟あるいは日米関係の「危機」あるいは「再編」の問題として取り扱ったが，それだけではない。そこには近代以前からの歴史をふまえた東アジアにおけるリージョン形成の問題，それと関わる沖縄というローカルでの自治の問題が深く関連しているのである。このリージョンとローカルの空間的意味については後述するが，そこでも確認されるように，これらの空間的変容をもたらしているのはグローバリゼーションである。このグローバリゼーションについても多様な言説が氾濫しているが，J. バーテルソン（J. Bartelson）はこれを3つの意味に整理している。すなわち，「既存の単位間でのものごとの移動・交換（transference）」，「システム・レヴェルでの変容（transformation）」，「単位やシステムを成り立たせる区分の超越（transcendence）」の3つである[1]。これらの詳述は避けるが，「移動・交換」が市場原理に，「超越」がネットワークにそれぞれ着目している言説であるのに対し，本書で依拠するI. ウォーラーステイン（I. Wallerstein）に始まる世界システム分析（world-system analysis）は「変容」としてのグローバリゼーションに着目している言説である。そこには現代のグローバリゼーション以前からのグローバリティ展開について多くの研究蓄積がある。だが，後述するように，この理論のなかに「超越」に接近する動向もあらわれている。したがって，本書

では後2者，つまり「変容」と「超越」という2つの視点からグローバリゼーションに言及していくことになろう。

さて，本書の目的は，主としてイタリアと日本を事例に，グローバリゼーション時代のリージョンとローカル，その統治様式としての「帝国」と自治の意味を検討し，今後への展望を試みることにある。その折，先の沖縄への言及でふれた3つの文脈での理論を下敷きとする。すなわち，グローバリゼーションを位置づけるための世界システム分析，このグローバリゼーションのインパクトで注目されるリージョンとローカルに関する言説，そしてこれらの統治様式としての「帝国」と自治に関する言説である。ここでのちにふれる「帝国」概念について一言しておくならば，それは一般的な意味での帝国ともM. ハート／A. ネグリ（M. Hardt / A. Negri）の〈帝国〉とも区別されたリージョンの統治様式である。これらの概念の関連については後述する。以下，本書の目的に沿って3つの言説を少しく検討しよう。

2．世界システム分析の文脈

世界システム分析の第2局面　まずは世界システム分析である。周知のように，ウォーラーステインが『近代世界システム（The Modern World-System）』第1巻を発刊したのは1974年である。その発刊以来この理論は，80年代にかけて欧米を中心に著しい影響を与えてきたが，1985年末の時点で藤原帰一はそれを「めぐる論争は1980年前後に頂点を迎え，その後急速に衰えているが，ウォーラーステインとその学派の活動はやむ気配が無い」[2]と述べている。そうしたなかで1990年にウォーラーステインは「世界システム分析：第2局面」という論文を書き，「提起はされているものの，また充分に明確でなく，しかも，わたしの見立てでは，今後10年か20年われわれを捉えて放さない問題群」をいくつか挙げているが，そのひとつに「資本主義世界経済以外の諸世界システムの詳細な研究」があった[3]。ウォーラーステインがそこで念頭においていたのはのちにふれるC. チェイス゠ダン（C. Chase-Dunn）& T. D. ホール（T.

D. Hall) や J. L. アブー゠ルゴド（J. L. Abu-Lughod）の研究であるが，筆者には，1章でふれる90年代に展開された「連続主義者／変容主義者」論争こそがその主要な内容を成すものであったと思われる。その論争自体についてはここでは省略する。しかし，以下の論述との関連で，1章とも多少重複するが，2つ主要点を挙げておきたい。その第1は，この論争の発端についてである。簡単にいえば，それは近代世界システムとそれ以前に存在した世界システムとの関連をどのようにとらえるかということである。このことは同時に「従来型の世界システム論のヨーロッパ中心主義を克服するということ」[4]を意味する。そしてその第2は，この関連づけのため，連続主義者としてのA. G. フランク（A. G. Frank）とB. K. ギルズ（B. K. Gills）は，世界システムの連続性をメタ・レヴェルに設定し，社会的変動をこのシステムの部分的あらわれと考え，世界システムの5000年にわたる連続性を主張し[5]，これに対しチェイス゠ダンとホールは，血縁基盤様式，貢納制様式，資本主義様式，社会主義様式という4つの蓄積様式に基づく別個の世界システムの時系列的進展という視点で社会変動を把握しようとしたのである[6]。両者の対立点はほぼ明らかであろう。

『長い20世紀』と『リオリエント』　ところでこの論争は，ウォーラーステインの予想通り，形をかえつつ20年近くつづいている。その詳細は本章の範囲を越えるが，しかしこの間に刊行された2つの重要な大著，すなわちG. アリギ（G. Arrighi）の『長い20世紀』[7]とフランクの『リオリエント』[8]，さらにそれらをふまえて展開されている山下範久の帝国論[9]については，後述するいくつかの章の前提として少しくふれておきたい。

まずはアリギである。フランクはアリギのこの論争との関わりについて，つぎのように述べている。かれはヨーロッパ中心主義を拒否している，そして「中国および東アジアに，より多くの重要性があると考えている」，しかし『長い20世紀』では「資本主義世界経済の発展……を追跡している」[10]，と。ではその「追跡」はいかなるものか。アリギのこの大著は「資本に関するマルクスの一般定式（$MC\acute{M}$［＝ドイツ語の$GW\acute{G}$：筆者挿入］）」を「世界システムとしての歴史的資本主義の反復的パターン」[11]に応用したものである。図序-1はア

図序-1　長い諸世紀と蓄積システム・サイクル

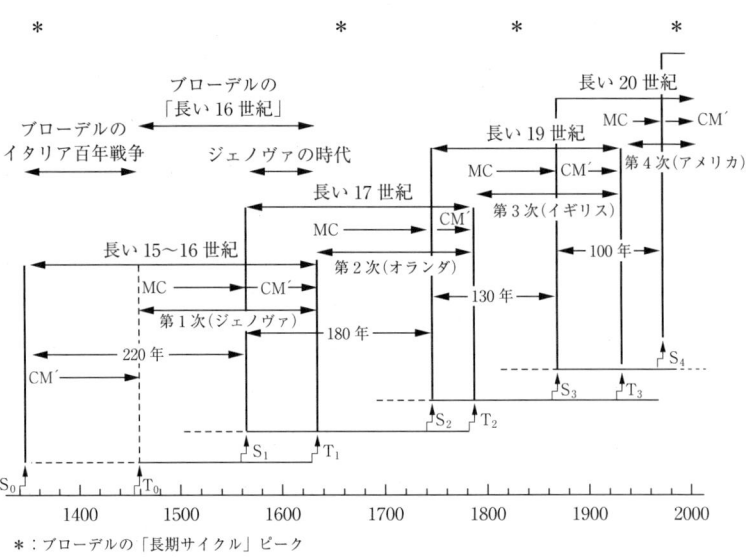

［出所］　G. アリギ『長い 20 世紀―資本，権力，そして現代の系譜―』2009 年，邦訳：p. 339.

リギの示したこの「パターン」の展開図であるが，ここで 2 つの点に留意しておく必要がある。そのひとつは，それぞれの「長い世紀」は生産拡大期（資本蓄積の MC 局面）と金融拡大期（CM′ 局面）に分かれ，両者が交互に交替していること（システムサイクル），もうひとつは生産拡大期がヘゲモニーの安定期であるのに対し，金融拡大期はヘゲモニーの交替期，すなわち先行するヘゲモニーが解体し，後続するヘゲモニーが生成する局面であること，ただしこの交替は単純な反復ではなく「新しい蓄積体制」の形成であること，である。このように要約すれば，その理論展開は F. ブローデル（F. Braudel）‐ウォーラーステインの系譜にピッタリである。フランクのヨーロッパ中心主義の拒否が不徹底だといわんばかりの評価はここからくる。では東アジアへの関心はどこにいったか。実はこの関心はこの図に示されていない近未来論にあらわれてくる。それについては終章でふれたい。なお，このアリギの研究は 2 章および 3 章にお

いて部分的に取り入れられる。

　つぎはフランクの大著であるが、その要約については『リオリエント』の訳者山下範久の達意な記述を借りる。かれはいう。「フランクが（実証的に：筆者挿入）示そうとしたのは、1400～1800年の世界において銀が地域間交易の決済通貨（やや乱暴ながら今日的にいえば国際基軸通貨）の機能をもったということ、その銀の地域間フローの連鎖によって近世にひとつのグローバル・エコノミーの次元が存在したということ、そして（中略）中国は（こ）のグローバル・エコノミーにおける巨大な経済的重心であったということ」であり、理論的にはウォーラーステインの考え方をヨーロッパ中心主義として批判して、「ヨーロッパの諸社会は、ながらく豊かな『アジア』経済の周縁で、そのおこぼれを掻き集めるのに汲々としてきた」のであり、ヨーロッパの「勃興」は「アジアの（相対的な）衰退」によってもたらされたにすぎないことを主張した、と[12]。ここには論争の一方の旗頭としての立場がみいだせるとともに、ヨーロッパ中心主義に対する徹底した批判が明らかである。

　こうしたフランクの所論に対して概して山下は好意的である。だが同時に、その難点を指摘し、これを乗り越えようとする。そして、その乗り越えは近世帝国論、リージョン・ローカル論として模索される。これらについては節をかえて検討しよう。

3．リージョンとローカル——グローバリゼーションのインパクト

　リージョナルな空間　　山下によれば、かれがウォーラーステインに師事すべくニューヨーク州立大学ビンガムトン校に留学していた1995-97年の時期は「地域（リージョン）論ブーム」であったという。それは前節で述べたヨーロッパ中心主義批判のあらわれであり、「世界史および現代世界の空間を分節する地理的なユニットのオルタナティヴな概念の必要性の認識」[13]の具体化であった。例えば、2章および6章でふれる池田哲（S. Ikeda）の「中華地域世界システム（China-centered regional world-system）」の「地域」もそのひとつである。こ

の論文のなかで，池田は，浜下武志に学んで，リージョンとは「国 (country) の歴史過程とグローバルな世界システム」を媒介する分析の中間層 (intermediate layer)」[14] と述べ，それはヨーロッパ資本主義世界システムの出現に先立ち，そのシステムに接した後にも存続するものとしている[15]。とすると，この「リージョナルな世界システム」は山下の提起する「近世帝国」（主として2章，3章で援用する）と重なってみえるが，両者の根拠はかなり異なる。いってみれば，山下にはヨーロッパ中心主義を引き起こしたウォーラーステインの史的論理への批判があり，そこからくり出される「空間の分節」論があるのに対し，池田にはそうしたものがみられない。そこで山下に絞って，リージョンの論理を検討してみよう。

まずは前節末でふれた山下のフランク受容の論点から出発しよう。そこで筆者は「フランクの所論に対して概して山下は好意的である」と述べた。その意味は何か。それは単にフランクがウォーラーステインのヨーロッパ中心主義を徹底的に批判したからではない。その先にフランクが，近世に諸リージョンから構成されるひとつのグローバル・エコノミーの存在を示したからである。前節で引用した山下の記述は，このグローバル・エコノミーのダイナミックスを要約したものであり，この「空間分節」の着想は，いうまでもなく，かれの近世帝国論につながってゆく。

だが「好意」は「概して」であった。山下はこのフランクの所論に重要な難点をみいだす。その難点は恐らく2つであろう。そのひとつは，フランクには先の「諸リージョンから構成されるひとつのグローバル・エコノミー」とアジアのヘゲモニーによる「長期的『常態』」としてのグローバル・エコノミーを関連づけるメカニズムがない，ということである[16]。これでは，せっかく紡ぎだされた「分節化された空間」の意味が失われ，それは「長期的『常態』」に回帰してしまうという訳である。もうひとつは，「人類史のなかの限定された特定の時空をシステムとして扱うことはできない」という主張である[17]。この点はひとつ目の難点ともからむが，終章での検討にまわしたい。

近世帝国論　そこでいよいよ，これまで何度もふれてきた近世帝国論に入

る。先にみたように，この近世帝国論はフランクの近世把握と重なる。だが，それは単にフランクの難点を克服しつつ近世を再把握するといったものではない。それはこの難点の克服も含めて「空間への反省的契機，史的システム概念のトータリティの再構築」に挑戦し，「『新しい』世界システム論」を拓こうとする戦略なのである[18]。その具体的な内容は2章および6章でふれるとして，ここではこの戦略のポイントを3つ挙げるにとどめたい。その第1は「グローバルな長い16世紀」をヨーロッパ，北ユーラシア，西アジア，南アジア，東アジア「5つの地域（リージョナル）システムに『分節化』された世界」[19]として捉え，そこに「帝国的な様式で構成されたリージョナルな空間秩序」[20]をみいだしたことである。このことはヨーロッパ史の文脈で使われてきたブローデル－ウォーラーステインの「長い16世紀」のグローバルな視点での「乗り越え」を意味する。なお，ここで使用されている「帝国」概念の検討は次節にまわしたい。その第2はこの「グローバルな長い16世紀」は「新たな交通回路構築の時代」としての「前半期」と「交通の回路の制度化の時代」としての後半期に区分されることである。それはこれらの「地域システム」のパラレリズムを示すと同時に，そこには後半期における「求心力」獲得の有無から諸近世帝国とその他をふるい分ける視点も内蔵されている[21]。そしてその第3はこれら「地域システム」の「転換」を捉えるため「グローバリティの句切れ（カエスラ）（caesura）」という言葉が導入されていることである。それは諸「地域システム」のうちヨーロッパだけが「帝国的な様式」への転化に挫折したのは何故かという問から探られていった言葉である。詳細は省くが，いいたいことはヨーロッパ内部で帝国へと転化させる力が潰え，そこに「空間的文脈の真空」が生じた。そこには「多方面への可能性の拡散・競合」が潜在し，そこから資本主義世界経済が立ち上がっていったというのである[22]。この行間休止，無声の一拍がカエスラであり，その導入によって「長期的『常態』」への「回帰」というフランクの難点を「乗り越え」ようとしたのである。大胆な導入である。

ローカルな空間　以上の展開から，世界システム分析におけるリージョン空間の析出およびその位置づけをめぐる模索はほぼ明らかであろう。では，ロ

ーカルな空間についてはどうであろうか。管見の限りでは，世界システム分析およびその影響下においてローカルな空間は3つの文脈で論じられている。その第1は地理学ないし地政学（ジオポリテックス）[23]，第2はグローバル・シティに代表される都市論[24]であり，いずれもグローバリゼーションとの関わりでローカルや都市の意味が問われている。そして第3がグローバルに対する抵抗空間としてであり，例えばS.ホール（S. Hall）はローカルな空間をグローバリゼーションの周辺と位置づけ，そこに「対抗と抵抗」の能力を認めている[25]。このことは本書の4章および7章で筆者がチェース＝ダンとT.ホールの著作から導入した「フロンティア」という空間の把握においても大同小異である。だが，いずれにしても，ローカルのポジティヴな意味はまだ深められているとはいえない。

グローバリズム・リージョナリズム・ローカリズム　だが問題は深化した。グローバリゼーションの進展はこの文脈でもローカル空間独自な意味を理論のなかに取り込むことを要請したのである。ここではそうした試みのひとつとして山下の「グローバリズム，リージョナリズム，ローカリズム」という論文に注目したい。図序-2はその議論を図示したものである。だが，その内容自体はポスト・モダン的で，これまでのリージョンやローカルをめぐる議論の文脈とは馴染みにくい。そこでその主要点のうち，「グローバリゼーションにともなう空間的想像力のゆらぎ」という「社会学的視点」については先の近世帝国の定義とも関わるので次節で，また図中の「〈世界〉認識の二重性」以降の部分については近未来に関わるので終章で検討することとし，ここでは以下の3点についてのみ上述の文脈に沿うかたちで再構成しておきたい。

　その第1はグローバリゼーションを「自由主義（リベラリズム）のジオカルチュアの終焉後の世界システムの変容」[26]として捉えている点である。ここで「ジオカルチュア」とは「世界システムが作動する文化的枠組み」[27]のことであるから，この文意は「自由主義」という「文化的枠組み」で作動していた近代世界システムがグローバリゼーションによって終焉し，そこに新たな世界システムの姿があらわれ始めていることを意味する。その終焉とは「自由主義のジオカルチュアで結

図序-2 グローバリゼーションにともなうリージョナリズム，ローカリズム，グローバリズムの諸契機の析出

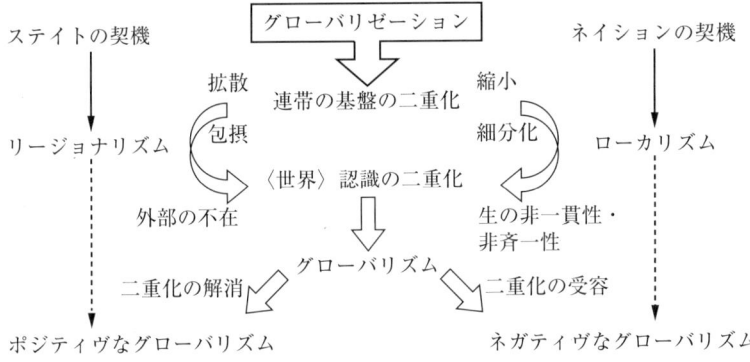

［出所］　山下範久「グローバリズム，リージョナリズム，ローカリズム」（藤田武司他編『グローバル化とリージョナリズム』2009 年，所収）p. 425.

合していた」ステイトとネイションの解体である[28]。ここで 2 つのことに注意を促しておきたい。そのひとつは，この「終焉」の時期が 1960 年代末から 70 年代初と想定されていること，もうひとつは，これによってステイトもネイションも消滅するわけではないことである。では，その後に何か起こっているのか。それが第 2 の点で，山下によれば，国民国家で結合されていた「近代的統治という普遍性を志向するステイトの契機と個別的共同性を根拠として連帯を志向するネイションの契機」の解体は，それぞれの契機の徹底化，すなわち「本来的な個別的共同性の明示的な確認を求め（る）縮小・細分化のベクトル」と「真に普遍的な，したがってグローバルな合理性を持つ統治性を求め（る）拡散・包摂のベクトル」へと展開し，それらはローカリズム，リージョナリズムとして「体化」している，という[29]。これが「社会的連帯の根拠としてのネイション」解体後の「連帯の基盤の二重化」である。ここでも 2 つのことに留意しておきたい。ひとつは，この「二重化」のベクトルは性質を異にしていること，もうひとつは「時間の再空間化」，つまり近代世界システムの終焉のなかからの空間の復権を意味していることである。ではその空間の様相はどう

か。これが第3の点であり，この点について山下は「連帯の基盤の縮小のベクトルは一元的帰属へと収斂せず，むしろ生の非一貫性・非斉一性へと拡散し，連帯の基盤の拡大のベクトルは多元性の包摂を完成させることなく，むしろ〈世界〉の外部の不在へと閉じていく」と述べている[30]。平たくいえば，ローカリズムは「均質的共同体」を生み出すのではなく，それぞれの「生」を背負った諸主体は「個別性の共有」に苦労し，リージョナリズムは「普遍的ガヴァナンス」を創り出そうとして果たせず，ただグローバルなリスクの前に焦る，ということであろう。

　いずれにせよ，ここからわれわれは，世界システム分析の文脈の延長上にリージョンとローカルを位置づけるための示唆，を得ることができるように思う。

4．「帝国」と自治

　では3つめの言説，すなわち「帝国」と自治に関する言説に移ろう。ここでの問題はリージョンとローカルという空間の統治様式である。このうちのリージョンの統治様式に関しては前節で山下の近世帝国論を取り上げたが，その際帝国概念の検討は残しておいた。まずはここから出発しよう。

　帝国・〈帝国〉・「帝国」　　一般的に「帝国 (empire) という概念は，『命令 (command)』，『権威 (authority)』，『統治職 (rulership)』あるいはもっとルーズにいえば『権力』を意味するラテン語のインペリウム (*imperium*) に由来する」が，この「抽象名詞は，共和制末期までには，執政官や指揮官によって行使される市民的，軍事的権威のみならず，ローマ帝国として知られる特殊な社会 - 政治的，地理的実体を意味する固有名詞に転化した」とされる[31]。

　この帝国概念は，世界システム分析の文脈では，まずウォーラーステインの世界＝帝国概念として使用される。周知のように，かれは資本制以後の史的システムである世界＝経済に対して，それ以前の史的システムをこの概念で示した。それは「ひとつの経済（単一の分業），ひとつの政体 (polity)，しかし多様

な文化を内包する」[32]システムであり，「ひとつの経済，複数の国家，複数の文化」[33]から成る近代の世界＝経済とは，経済すなわち日用品の分業の範囲と政体の範囲が一致する点で異なる。そしてこの政体の中心では貢納された余剰の再分配が決定され，そのことによってシステムが維持されるのである。こうした意味での世界＝帝国が「固有名詞に転化した」帝国の系であることはいうまでもない。

　ところで山下は，こうした2つの史的システムの区分にヨーロッパ中心主義をみいだす。かれはいう。「実体的な政治的統一の有無によって，近世のヨーロッパと非ヨーロッパとの間に二項対立的な概念的対比が持ち込まれ，前者に近代化の萌芽を読み込み，後者に前近代性の持続を読み込むことで，西欧中心史観へと誘導される」[34]と。このヨーロッパ中心主義批判から既述の「空間分節」論が導かれ，「帝国的な様式で構成されたリージョナルな空間秩序」としての近世帝国論に結実してゆくのである。

　ここで残しておいたもうひとつの宿題に入ろう。それは山下の帝国概念である。かれはいう。「帝国という概念を，統治の領土的実体や王統の連続性による定義から，その帝国によって果てまで治められているべき『世界』の理念的な広がりを規定している空間的な想像力の枠組みによる定義に転換しよう」[35]と。この定義は先に見た「固有名詞に転化した」帝国の定義とは著しく異なり，その定義の「転換」を迫るものである。その根拠は，先にふれた世界＝帝国概念によるヨーロッパ中心主義を回避し，「5つの地域システム」に築かれた諸帝国を「同時代的な共通構造を共有するものとして位置づけることができる」[36]というところにある。だが，これは近世における「空間の分節」を説明するための便宜的な転換ではない。なぜならば，図序-3にみるように，かれは21世紀以後の「(新しい)〈帝国〉の時代」に「新しい近世帝国」の可能性をみているからである。そこでは「〈帝国〉とは，その〈世界〉の複数性の管理を安定化〈固定化〉しようとする力の謂いであ（り），近世帝国は，この意味での〈帝国〉のひとつの形態にほかならない」[37]と述べられている。この点については終章でもう一度立ち戻ることにしたい。

図序-3 〈世界〉の複数性を管理する力の安定期と再編期の交替

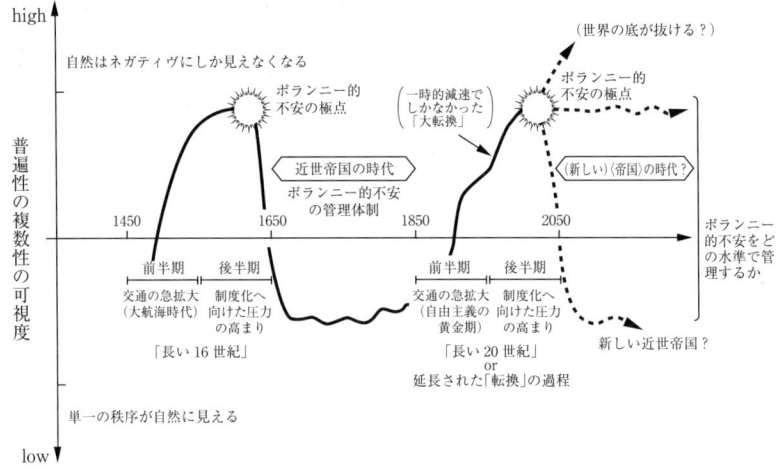

［出所］　山下範久『現代帝国論—人類史の中のグローバリゼーション—』2008 年, p. 106.

とはいえ, ここでひとつのことに注意しておきたい。それは〈帝国〉という概念が登場していることで, いうまでもなくこれはネグリ／ハートが提起したEmpire である。つまり, 山下の近世帝国概念は〈帝国〉概念に連接するのである。どのようにか。このことを理解するためには, 〈帝国〉概念について最低限いくつかのことを共有しておかねばなるまい。詳細は避けるが, ネグリ／ハートの〈帝国〉概念にはつぎのような内容が含まれている。①グローバリゼーションによって立ち上がってきたものであること, ②内在的に「世界を統治している主権権力」[38]であること, ③「脱中心的で脱領土的な支配装置」[39]であり, この装置は「包摂的な契機」「示差的な契機」「管理運営的な契機」から成り立っていること[40], ④「ネットワーク的権力」[41]であること, の諸点である。

では「近世帝国が〈帝国〉であるゆえん」は何か。山下はいう。それは「普遍性主張をふくむ個々の〈世界〉への帰属を, より高次の（真に外部の空間としての）帝国秩序に包摂する論理の形式が同一だということである」[42]と。これ

は上述の④「脱中心的で脱領土的な支配装置」の「包摂的契機」のことであり，それだけで近世帝国を〈帝国〉のひとつの形態と考えてよいのか疑問が残る。だが，この点は「新しい近世帝国」の可能性と関連させて終章で再度検討することとして，ここで問題にしたいのは，世界システム分析の文脈からはリージョンの統治様式論はでてこないのかということである。そのことを探る手がかりとして再度前節のリージョナリズム論に戻ってみよう。そうするとそこに〈帝国〉や「新しい近世帝国」への展開を求めるベクトルの端緒あるいは中途にリージョナリズムが位置づけられ，そこでは「普遍的なガヴァナンス」は完成しないとされているのがみいだせる。だが，こうした山下の理論には世界システム分析の文脈からも反論がありうる。例えば，図序-1で示したアリギの展望からはこうした位置づけは出てこないであろうし，2章でふれるウォーラーステインのヨーロッパ統合の評価も展望を異にしているからである。論議の余地が大きく残されているのである。加えて現在，2章でふれるように，社会学の分野で「社会空間的想像力」に照準しながらヨーロッパ連合（EU）を帝国という概念で捉える潮流が台頭しつつある[43]。その詳細な検討は避けるが，それはこれまでの論議と，とりわけ経験的レヴェルでは重なるところがあるように思う。そうしたことも含意して，本書ではリージョンの統治様式を「帝国」あるいは現代帝国という概念で捉えておきたい。いうまでもなく，この概念は〈帝国〉とも近世帝国とも区別されるが，後者とは「リージョナルな空間」の統治様式という共通点を保持するものである。

自治の概念　さて，もうひとつの「ローカルという空間の統治様式」に移ろう。この統治様式を示す概念は自治である。この概念の歴史と含意も多様であるが，管見の限りでは世界システム分析の文脈には，すでにふれたS.ホールの論文を除いて，この理論はほとんどない。そこで，ここではE.ソーレンセン（E. Sørensen）とP.トリアンタフィロー（P. Triantafillou）の比較的新しい概念規定を手がかりに出発してみよう。かれらは，self-governanceとautonomyを同義と捉えた上で，この「selfという用語」を，行政官，政治家，市民，公私の企業からNGOまでも含む「エージェントが，なんらかの生得的な性質か

らではなく，selfが埋め込まれている社会的政治的諸プロセスに則って行為する一定の能力を共有している」[44]こととしている。これはかなり広義な概念規定であるが，その理由はかれらが国民国家の「ゆらぎ」をふまえた多様なエージェントに着目しているからである。そのうえで問題はこの自治の概念が前節で述べたS.ホールのローカル論や山下のローカリズム論と馴染むかどうかである。

そこでまず，順序が逆になるが，山下のローカリズム論との関連からみてみよう。山下の主張には2つのポイントがあった。そのひとつはこの「ベクトル」は「本来的な個別的共同性の確認を求めて」いることであり，もうひとつは同じ「ベクトル」が「一元的帰属へと収斂せず，むしろ生の非一貫性・非斉一性へと拡散」することである。直ちにわかるように，これらのポイントは先の自治概念にはほとんど馴染まない。ソーレンセン／トリアンタフィローは，ポスト・モダンの理論には注目しているものの，山下のいう「拡散」のベクトルにはほとんど留意することなく，「確認」のベクトルを「ローカルに」あるいは「政治的境界を横断して」活動する多様なエージェントのselvesを組み上げる「一定の能力」に結びつけているからである。これに対してホールの場合は「拡散」のベクトルにある程度着目している。かれはグローバルな大衆文化の特徴を「斉一化(ホモゼニゼーション)の特殊な形態」であるが，それは「絶対に完結しない」としているからである[45]。つまり「相互の分離」をみているのである。そしてこれをふまえて，すでに前節でみたように，ローカルの周辺性(マージナリティ)に則ったカウンター・ポリテックスをみいだし，そこでの「分離」の結合あるいは接合(アーテキュレート)の困難を認め，A.グラムシ（A. Gramsci）の陣地戦とヘゲモニー論[46]に言及しているのである。この後者の点はソーレンセン／トリアンタフィローの自治概念と重なるものを含む。

以上の簡単な検討から筆者は以下のような自治概念を採用したい。①それは「市場原理」のグローバリゼーションに抵抗し，「変容」ないし「超越」のグローバリゼーションと接点をもつローカルにおける「カウンター・ポリテックス」である。②この「ポリテックス」が「帝国」や国家ともつ関係は，「帝国」

や国家が「市場原理」としてのグローバリゼーションに依存するかどうかによって異なる。③この「ポリテックス」のエージェントについてはソーレンセン／トリアンタフィローに依拠する。④この「ポリテックス」は山下のいうローカルにおける「生の非一貫性・非斉一性」の困難をふまえ，これを接合し，統治する。だが，こうした自治概念は，以上の検討からもわかるように，まだ成熟したものではない。その深化も本書の課題のひとつである。

5．本書の構成——イタリアと日本

　以上，1節で述べた本書の目的に沿って，その下敷きとなる3つの理論について検討してきたが，本書の主内容はイタリアと日本を主たるフィールドとした「帝国」と自治に関する研究である。そのことは「3つの理論」の検討をふまえて「フィールド」の諸研究がなされたというよりも，後者のなかから前者への関心が湧出してきたことを意味する。もともと筆者の関心はイタリアと日本の革新自治体の比較研究にあった。その「比較」の視点を探るなかから紡ぎ出されてきたのが「3つの理論」の検討なのである。したがって，本書の1章から9章までの論述にこれらの理論が隅々まで貫いているとはいい難い。その点は予め読者のご寛恕を乞う次第である。

　さて，本書は以下全9章で構成されるが，1章は本章2節でもふれた世界システム分析の文脈での「連続主義者／変容主義者論争」をふまえて，ヨーロッパと東アジア，あえていえば「挫折したヨーロッパ帝国」と「中華帝国」とを位置づけようとする論攷である。その「位置づけ」の鍵となるのが「アフロユーラシア」の概念である。それは紀元前4世紀から14世紀にかけて北アフリカから中国にかけて広がった大帝国であり，そこから先の近世帝国も導出されているのである。その意味で本章はそれ以後の各章を俯瞰する位置に置かれる。

　つづく2章は同じく世界システム分析の成果をふまえたヨーロッパ論である。そこでは「ヨーロッパの多様性と特殊性」に着目しながら，「挫折した近

世帝国」から「現代帝国」への展開の意味が探られる。この「多様性と特殊性」がここでの鍵である。それは近時の「帝国としてのヨーロッパ」論のひとつの特徴であり，また3章でふれる「帝国」へのオルタナティヴとしてのフェデラリズム論の論拠でもある。

3章から6章まではイタリアに関する論攷である。まず3章では，世界システム分析の視点からイタリアの歴史がどのように捉えられるかが検討される。そこから浮かび上がってくるのはイタリアという地域の群島性であるように思われる。それはもうひとつのフェデラリズム論でもある。つづく4章はヨーロッパ統合に関するイタリアの諸団体の態度の実証分析，5章はイタリアのミクロ・リージョンの実態分析であるが，ここからみえてくるフェデラリズムへの志向は3章の議論とつながる。それにつづく6章はイタリア，スロヴェニア，クロアチア3国にまたがる国境地域の研究であるが，その鍵概念は「フロンティア」。この地域は歴史的に国境がゆれ動き，そこでは国境を越えた活動が盛んである。この活動のなかから自治の展望につながる要素が模索される。

7章と8章は東アジア・日本に関する論攷である。7章ではまず1章をうけた中華帝国との関連で，ついで「帝国」としてのアメリカとの関連で日本の立ち位置が検討され，そこから新たな東アジア「帝国」，そこでの日本の在りようが探られる。いいかえれば，それは「立ち位置」の「小中華」から「小アメリカ」への変化，そして現在はその新たな模索の局面ということでもあろう。8章は再び「フロンティア」という視点から沖縄が自治への展望をともなって検討されるが，前章で検討した「立ち位置」からの特有な困難がある。

最後の9章はバルト海オーランド島と沖縄島の比較研究であるが，そこで模索されるのはここでも「フロンティア」から自治への展望である。この比較研究からも沖縄の特有性が明らかになるであろう。

終章では，以上の1章から9章までの整理と総括がなされ，そのうえで近未来に関わる3つのテーマ，すなわち国民国家の「ゆらぎ」，「帝国」の展望，自治の役割が検討され，本書は締めくくられる。

1) J. Bartelson, Three Concepts of Globalization, *International Sociology*, Vol. 15, No. 2 (June 2000) 参照.
2) 藤原帰一「『世界システム』論の展開―I. ウォーラーステインをこえて―」『思想』No. 738（1985 年 12 月号），p. 137.
3) I. Wallerstein, World-Systems Analysis : The Second Phase, *Review* Vol. XIII, No. 2 (Spring 1990), p. 289.（邦訳：「世界システム分析の第二局面」［本多健吉・高橋章監訳『脱＝社会科学：19 世紀パラダイムの限界』所収］，p. 387. なお，一部邦訳を変えてある）.
4) 山下範久『世界システム論で読む日本』講談社選書メチエ，2003 年，p. 41.
5) A. G. Frank & B. K. Gills, *The World System. Five Hundred Years or Five Thousand?*, Routledge, 1993.
6) C. Chase-Dunn & T. D. Hall, *Rise and Demise : Comparing World-Systems*, Westview, 1997.
7) G. Arrighi, *The Long Twentieth Century,* Verso, 1994（邦訳：土佐弘之監訳『長い 20 世紀―資本，権力そして現代の系譜―』作品社，2009 年）.
8) A. G. Frank, *ReORIENT : Global Economy in the Asian Age,* University of California Press, 1998（邦訳：山下範久訳『リオリエント―アジア時代のグローバル・エコノミー―』藤原書店，2000 年）.
9) 山下範久，前掲書，同編著『帝国論』講談社選書メチエ，2006 年，同『現代帝国論―人類史のなかのグローバリゼーション―』NHK ブックス，2008 年.
10) A. G. Frank, 前掲訳書，p. 116.
11) G. Arrighi, 前掲訳書，p. 36.
12) 山下範久，前掲書（『現代帝国論』），pp. 80, 82, 86.
13) A. G. Frank, 前掲訳書，p. 391.
14) S. Ikeda, The History of the Capitalist World-System vs. the History of East-Southeast Asia, *Review* Vol. 19, No. 1, pp. 52-53.
15) なお，池田は，浜下がこの中間層を regional economy と表現しているのに対し，それを regional world-system と呼びかえ，その理由を，東・東南アジアの regional economy はヨーロッパの world-system，つまり modern world-system と幾つかの類似点をもっているからと述べているが，あまり根拠のある理由とはいえない.
16) 山下範久，前掲書（『現代帝国論』），p. 87.
17) 同書，p. 89.
18) 山下範久，前掲書（『世界システム論で読む日本』），p. 45.
19) 同書，p. 86.
20) 山下範久，前掲書（『現代帝国論』），p. 17.
21) 山下範久，前掲書（『世界システム論で読む日本』），pp. 75-86 参照.

22) 同書,pp. 163-174 参照.
23) F. M. Shelley & C. Flint, Geography, Place and World-Systems Analysis, in T. D. Hall (ed.), *A World-Systems Reader : New Perspectives on Gender, Urbanism, Cultures, Indigenous Peoples, and Ecology,* Rowman & Littlefield Pub., 2000, 参照.
24) D. A. Smith, Urbanization in the World-System : A Retrospective and Prospective, in T. D. Hall (ed.), *ibid.,* 参照.
25) S. Hall, The Local and the Global : Globalization and Ethnicity, in A. D. King (ed.), *Culture, Globalization and the World-System,* Macmilan, 1991, p. 34.
26) 山下範久「グローバリズム,リージョナリズム,ローカリズム」(藤田武司・西口清勝・松下洌編『グローバル化とリージョナリズム』御茶ノ水書房,2009 年,所収),p. 422.
27) I. Wallerstein, *Geopolitics and Geoculture : Essays on the changing world-system,* Cambridge University Press & Editions de la Maison des Sciences de l' Homme, 1991 (邦訳:丸山勝訳『ポスト・アメリカ―世界システムにおける地政学と地政文化』藤原書店,1991 年,p. 36).
28) 山下範久,前掲論文,p. 423.
29) 同論文,p. 423.
30) 同論文,p. 424.
31) A. Colás, *Empire,* Polity, 2007, pp. 5-6.
32) I. Wallerstein, *The Politics of the world-economy : The states, the movements, and the civilizations,* Maison des Sciences de l' Homme and Cambridge University Press, 1984 (邦訳:田中治男・伊豫谷登士翁・内藤俊雄訳『世界経済の政治学―国家・運動・文明』同文舘,1991 年,p. 241).
33) 同訳書,p. 246.
34) 山下範久,前掲書(『世界システム論で読む日本』),pp. 69-70.
35) 同書,p. 69.
36) 同書,p. 70.
37) 山下,前掲書(現代帝国論),p. 107.
38) M. Hardt & A. Negri, *Empire,* Harvard University Press, 2000 (邦訳:水島一憲・酒井隆史・浜邦彦・吉田俊美訳『〈帝国〉』,以文社,2003 年,p. 3).
39) 同訳書,p. 5.
40) 同訳書,p. 257. なお,一部邦訳を変えてある。
41) 同訳書,p. 209.
42) 山下範久,前掲書(『現代帝国論』),p. 103.
43) M. Roche, *Exploring the Sociology of Europe,* Sage, 2010, Chap. 2 参照.
44) E. Sørensen & P. Triantafillou (eds.), *The Politics of Self-Governance,* Ashgate, 2009,

p. 2.
45) S. Hall, *op. cit.,* p. 28.
46) S. Hall, Old and New Identities, in A. D. King (ed.), *Culture, Globalization and the World-System,* Macmilan, 1991, pp. 57-58.

1章
世界システムとヨーロッパおよび東アジア

1．比較世界システム分析の展開

連続主義者／変容主義者論争　近代世界システムは歴史的に展開してきた諸世界システムのなかでユニークなものか，それとも歴史の最初から維持されている「世界システム性」のヴァリエイションなのかをめぐって，1980年代末から90年代始めにかけてホットな論争が展開された。序章でもふれたように，前者は変容主義者（Transformationist）と呼ばれ，その代表格はチェイス＝ダンとホールであり，後者は連続主義者（Continuationist）と呼ばれ，フランクとギルズに代表される。両者の論争は何故起こったのか，その主張の違いはどこにあるのか。また，その意味するものは何か。

まず，両者の論争の発端については，D. ストラウスフォーゲル（D. Straussfogel）はつぎのように述べている。そのひとつは，ウォーラーステインがヨーロッパ中心の世界システムに適うものとして発展させた世界システムの中心的諸概念が，15世紀以前の諸世界システムの研究の鋳型として拡張できるかどうか，というところにあった。いうまでもなく，このことは「資本主義の危機」にともなう未来への不安と結びついている。他方，これと並んで，ヨーロッパ以外の部分にもヨーロッパ資本主義の端緒と一致する諸活動がみられたということから，こうした理論にはヨーロッパ中心のバイアスがあるのではないかという批判も存在していた[1]，と。

両者の共通点と相違点　では，ここから始まって，両者の違いはどこにあるのか。ここでもストラウスフォーゲルの整理を借りよう。最初に，かの女は

両者の共通点を指摘する。それは両者とも，社会変動の基本的な単位は世界システムであって社会ではないとし，社会的な構造や変動は世界システムとのより規模の大きい社会的相互作用の機能と捉えていることである[2]。フランクはいう。「（社会的）部分の（うわべの）非連続性はシステム・レヴェルでの歴史的連続性を否定するものではない。実際，諸部分の社会的変動は，うわべ上，全体のシステム的実在および歴史的連続性の本質的構成要素でありつづけてきたのである」[3]と。つまり，世界システムは連続性をもつ本質であり，社会的変動はこのシステムの部分的あらわれだ，というのである。また，チェイス＝ダンとホールもいう。「世界システムとは社会間の諸ネットワークである。そのなかで（貿易，戦争，通婚などの）相互作用が構成単位の内的構造の再生産にとって重要なものとなり，こうした諸部分構造で生起する変動に影響を与える」[4]と。ここでも世界システムは全体で，社会構造や変動はその部分であり，相互作用のネットワークがこれを媒介するのである。

　だが，違いはここからである。ストラウスフォーゲルは3つの相違点を挙げる。その第1は世界システムの定義について，第2は世界システムの空間的境界に関して，そしてその第3はシステムの論理についての問題である。順次にみていこう。

　まず第1点のポイントは相互作用の本質である。両者とも，先にみたように，世界システムは社会間の相互作用のネットワークと考えている。だが，その相互作用のタイプ，頻度，距離については一致していない。つまり，不一致は交換の種類（奢侈品か必需品か），その交換の頻度，交換の空間的広がりに拠っているのである。このことは第2点に関わる。世界システムの基準が定まらなければ，そのシステムの「内」「外」は決まらないからである。これら2つの点は構造に関わる問題である。これに対して第3点は変動に関わる争点である。本章ではこの点が焦点である。世界システム分析においては，変動の論理は生産様式に関わる。すなわち，資源の抽出，労働の動員，富の生産と配分といった社会的再生産を遂行する諸手段の編成が世界システムの構造形成の基礎的論理をあらわしているのである。論争の中核には，こうした論理の変動があ

るかないかの問題がある[5]。

連続主義者の世界システム変動論　フランクとギルズは，今日の資本主義にはっきりとみてとれる基本的なシステム論理は少なくとも5000年間存在しつづけてきた，という。かれらによれば，貿易ネットワーク，市場，貨幣といった資本主義的構造は1450年よりずっと前の人類史に先例があるし，それにもまして，ヨーロッパの大航海時代よりずっと前に地球の諸部分で展開していた，という。また，中心‐周辺構造，ヘゲモニーと抗争のサイクル，コンドラチェフの波といった近代世界システム分析に帰属される諸プロセスも，時間と場所をさかのぼってみることができる，というのである。また，かれらは生産様式をシステムの論理とみるのを拒否する。そうではなくて，いつの時代にもみられるのは「諸様式の複雑な混合ないし接合」なのである。こうした視点からは，これまで歴史の標識とされてきた封建制，資本主義，社会主義といった生産様式は「イデオロギー的諸様式」にすぎないのである。フランクとギルズはいう。「イデオロギー的な目隠しが，ヨーロッパにおける資本主義の興隆とその世界的ヘゲモニーに先立つ世界的政治経済システムをみいだすのを，長らく妨げてきたのだ」[6]と。したがって，この世界システム分析における変動の本質はサイクリカルなものである。そこで論議されている主要な変動はヘゲモニーと資本蓄積の軌跡である。チェイス゠ダンとホールはいう。「連続主義者の描き出す世界の歴史においては，連続するシステム論理は国家や帝国の興亡の連鎖を越えて再生産され，そのなかで中心的地域が空間を越えて移動するのである」[7]と。

変容主義者の世界システム変動論　これに対して，かれら自身は，諸世界システムの時系列性を主張する。これらの世界システムは別個のシステム論理を持っている。いくつかの世界システムが別々な場所に共時的に存在することもありうるが，トレンドはあるシステムから他のシステムへの時系列的進展である[8]。かれらはいう。「すべて諸世界システムには幾つかの共通の特徴がおおまかには共有されているとはいえ，異なるタイプの世界諸システムの間には重要な違いがある。そのうち最も重要な違いは，いかに労働力を動員するかと

いう問題と，蓄積をいかに遂行するかの問題をめぐるものである」[9]と。こうして，かれらは，血縁基盤の様式（kin-based modes），貢納制様式（tributary modes），資本主義様式，社会主義様式（の可能性）の4つの蓄積様式を人類史のなかに認めているのである。したがって，この世界システム論における変動の本質はトランスフォーメーショナルなものである。それはデモグラフィックおよびエコロジカルな制約を生産力の拡大によって押しのけうるだけの革新性をもった技術的変動によって喚起される。チェイス＝ダンとホールはいう。「われわれが主張しているのは，競争と協力という基本的論理は時とともに変化してきたということであり，またこうしたシステム論理の質的トランスフォーメーションは，政治的統合・崩壊の基礎的モデルや諸過程が動き出すといったような重要な変動を引き起こしてきたということである」[10]と。

ウォーラーステインの立場　ウォーラーステインは多数の世界システムを認め，近代世界システムはそれらのうちのひとつであるという立場でこの論争に参加している。かれは資本主義的諸要素が，フランクたちのいうように，15世紀以前にも存在したことを認めるが，それらは「原－資本主義（proto-capitalism）」的な要素であり，資本主義的な歴史システムとするには不充分であるとする。すなわち，これらの諸要素は資本の無限蓄積過程に支えられた一連の場所と構造に結びつくことによって，はじめて資本主義的世界システムと規定される，というのである。その結びつきはフランクたちがいうような単なる「相互関連する貿易ネットワーク」ではない。貿易のパートナーの間に「分業の軸」があるのである。だから奢侈品の貿易では世界システムにならないのである。ウォーラーステインはいう。フランクたちにとっては「世界」はシステムの付属品であるが，自分にとってはシステムが「世界」なのである，だから両者は「world-system」というようにハイフンでつながるのである[11]と。

ウォーラーステインのもうひとつの大事な点は，世界システムの発展理論の根拠である。かれは，既存の世界社会変動論は19世紀の目隠しをつけた時代遅れのものであり，それではわれわれの前につきつけられている現実の歴史的オルタナティヴに応えることはできない，と考える。そこから変動の本質に関

わる2つの問題を論ずる。その第1は人類史を必然的前進だとする考えについてである。15世紀のヨーロッパに発生したことは必然的であり，前進的なことだったという考えは，何故資本主義だったのか，何故それが西欧で起こったのか，という問いに置き直されねばならない。これに対するかれの説明はコンジョンクチュールなもので，著しく分権化されたヨーロッパの「脆弱な封建制」のなかで，「領主制の崩壊，国家の崩壊，教会の崩壊，モンゴルの崩壊」が連鎖し，そこに「原‐資本主義」が広がることで近代資本主義システムが産みだされた，というものである[12]。そこでは社会変動の本質は，かなりの程度コンテンジェントなものとなる。

ニュー・サイエンスと世界システム分析　ここから第2の問題が始まる。すなわち，移行（transition）の不確実性（uncertainty）の問題である。周知のように，世界システム分析では，変動をサイクリカルなリズムとセキュラーなトレンドで分析する。前者は短期的な波動，後者は長期的なトレンドであり，前者は後者のなかに埋め込まれている。そして，前者が短期的な解決不可能な事態に到達するとき，後者があらわれてくるのである。こうしたラディカルな，質的な，不可逆的な構造変動の指標を記述するとき，ウォーラーステインは「分岐点（bifurcation）」というタームを用いる。これはニュー・サイエンスから借りてきたタームである。分岐点を通過したあとシステムは不確定（indeterminate）になる。大事なのは，この不確実性を処理するシステムの能力である。こうした変動のとらえ方はI. プリゴジン（I. Prigogine）らの開発した変動論を下絵にしていることはいうまでもない[13]。

　以上，ストラウスフォーゲルを手がかりに論争の展開を整理してきた。ようやく変動論の論理に到達したところだが，ここではそうした発展論理の検討には立ち入らない。こうした論争をふまえながら，アフロユーラシア（Afroeurasia）という前近代世界システムから近代世界システムへの「移行」の問題をヨーロッパとアジアで検討してみたい。つまり，この移行の分岐点とは何か，その後の不確実性はいかにして処理されたか，といった問題を検討してみたいのである。いうまでもなく，こうした問題設定は，本章では基本的に変容主義の立場

をとることを含意している。そして，そのことはまた近代世界システムからの移行の模索の問題意識ともつながっていることを申し添えておきたい。

2．アフロユーラシアの統一

アフロユーラシアの概念　まず，アフロユーラシアの概念についてみてみよう。チェイス゠ダンとホールによれば，この概念は紀元前5世紀から14世紀にかけて中国からアフリカ北部に広がった世界システムを指している。それはウォーラーステインの概念では世界゠帝国ということになろう。この2つの概念は単一の帝国的政治体制が社会間分業を包含しているという点では同じである。しかし，両者の間には3つの違いがある。その第1は，「世界経済」の把握のしかたである。すなわち，チェイス゠ダンとホールは貢納制蓄積様式という概念を使用しているが，ウォーラーステインにおいては貢納制は徴収機構として把握され，生産様式の概念が使われている。この点について，前者は，「生産の分析だけに焦点をおく」のでなく，「生産，分配，交換，蓄積の基礎的構造論理」を把握するため蓄積様式の概念を用いたとし，この「蓄積」が政治の制度的強制手段によって動かされていることを示すため「貢納制」の概念を用いたとしている[14]。第2は，これらの様式と世界システムとの関連把握である。すなわち，ウォーラーステインがひとつの生産様式が世界システム全体を特徴づけているとするのに対し，チェイス゠ダンとホールはこれを「総体性仮説（totality assumption）」と呼び，これでは生産様式間の移行の把握が困難になると批判している。なぜなら，この仮説にたてば変動はシステム全体で同時に起こることになるからであり，これを避けるには複数の生産様式の競合と支配的なそれによる接合という視点が必要だとしている[15]。そして第3は，世界システムの境界（boundary）のとらえ方である。すなわち，ウォーラーステインにあってはひとつの生産様式の広がりがシステムの境界であったのに対し，チェイス゠ダンとホールはこれでは生産諸様式が諸世界システムのなかでどのように変貌するかがとらえられないとし，代わってネットワーク概念を導入する

ことを主張するのである[16]。そして，アフロユーラシアの場合には，軍事的政治的ネットワークという概念が使用される。前節で述べたチェイス゠ダンとホールの世界システム概念はこうしたことを含意しているのである。ここではウォーラーステインの理論のもつシャープな論理は影を潜めるが，それは比較のレヴェルのもつ限界ともいいうる。だが，こうした理論問題は深く問わないで，アフロユーラシアの内容に移ろう。

まず，シルクロード以前には，この空間は国家に基礎をおく3つの主要な貢納制世界システムから成り立っていた，とされる。それが中国，南アジア，そして西アジアである。これらは3つの中心部である。それがローマと中国の貿易による結合が開始されて以来，離合集散を重ね，13世紀のチンギス・ハンの時代に統一されたのである。だが，モンゴル帝国の時代は長くはなく，その崩壊は帝国の東西端における異なった社会発展をもたらした。すなわち，西端における資本主義世界システムの形成・発展と東端におけるこのシステムへのインコーポレーション（incorporation）および貢納制世界システムの相互作用という動きである[17]。何故，そのような違いが生じたのか。そのことを探るためにもこの世界システムの簡単な変遷をおさえておくことが必要であろう。

アフロユーラシアの歴史　チェイス゠ダンとホールはこのシステムの歴史を3つの時期に分けている。その第1は，紀元前500年頃から紀元600年位までの古代シルクロード時代である。この時期には先の3つの世界システムが交易によってゆるやかに結びついていった。しかし，そのなかで，南アジアは地理的にやや孤立していた。こうした結びつきに中央アジアの遊牧民の果たした役割は大きい。その活動によって，すでにこの時期にユーラシアの両端で同じプロセスがみられたのである。だが，その活動の拡大は病気の蔓延をも意味した。それによってこのシステムは一時的に不統合の状態に陥ったのである。

第2の時期は紀元7世紀から11世紀頃までの時期である。600年頃から交易は回復し始める。こうした回復は「ユーラシアの広大な範囲に平穏をもたらした唐，アッバス，カロリングといった大きな帝国的国家という基盤と，定住地域間の交易リンクを提供していた遊牧民の協力に，今度も依存していた。」[18]

他方，この時期にはインド洋を横断する新しい交易ルートが拓け，それは発展し，遊牧民の交易ルートと競合することとなった。海のシルクロードである。それは同時に，東南アジアとメラネシアをこのシステムに編入することにもなった。さらにイスラムがこれらのルートに沿って広がり，イデオロギー的統合者としてアフロユーラシアのネットワークを拡大し，その統合を強化するのに貢献した。P. カーティン（P. Curtin）はこれを「交易ディアスポラ（trade diasporas）および交易エキュメネ（trade ecumenes）」として特徴づけている[19]。このことの意味は，イスラム教徒がイデオロギーの担い手としてさまざまな民族のなかに四散し，異なる文化間をつなぐ交易を担い，やがてその交易が普遍化していく，ということである。すなわち，「（イスラム）は福音をもたらす『世界宗教』であるが故に，その交易者は人びとの間の信頼感を培うだけでなく，かれらが交易する人びとを回心させ，こうして交易エキュメネが創り出されるのである。」[20] かくして，このシステムは拡大し，また緊密に結びつくようになった。

そのなかで東端の中国では隋による統一がなされ，大運河が開削され，それにともなう米作と国内交易の発展によってつぎの唐は繁栄した。しかし，中央アジアの遊牧民との関係は悪化し，このルートの交易は衰退した。そして，これに代わって発展したのが海のシルクロードだったのである。これに対して，西端のヨーロッパでは，ビザンチン帝国が行き詰まり，西ヨーロッパは周辺化され，孤立していた。しかし北ヨーロッパに始まる深耕鋤の採用による農業生産力の高まりがあり，アフロユーラシアとのネットワークが展開した。こうした諸動向がヨーロッパ封建制発展の重要な要素となるのである。

つづく第3の時期は11世紀から15世紀頃までの時期である。この時期には大規模な変動は影を潜め，人口と生産，そして病気との均衡がもたらされ，生産性は向上した。そのなかで，まず北ヨーロッパが成長して交易を拡大し，史上初めて地中海ヨーロッパを上回る繁栄をみせ，13世紀のユーラシアの躍進をもたらした。しかしながら，この時期全体を通じての最大の事件は，アフロユーラシアの大半をひとつの政治的軍事的ネットワークのなかに融合したモン

ゴル帝国の出現と，それにつづく大天災による人口の大規模な減少であった。この経緯を杉山正明の研究によって若干補足しておこう。

モンゴル帝国の興亡　まず，始祖チンギス・ハンの時代。モンゴル高原の「東北の一隅に根拠する，あまり有力とはいえない遊牧集団」にあったテムジンは，分裂・割拠していた高原の諸集団を統合し，1206年「大モンゴル国」を形成した。このチンギスは東の金朝帝国と西のホラズム・シャー王国をうち破り，遊牧国家を形成したが，これがのちの大帝国の基礎となるのである。つづく第2代ウグデイの治世（1229-41）では，東の金朝を滅亡させるとともに，西にバトゥの西征軍を派遣した。この後者は東欧にまでも席巻し，ヨーロッパの展開に一定の影響を与えたが，その第1の目的は「当時『キプチャク草原』と呼ばれた西北ユーラシア大平原とそこに展開するテュルク系キプチャク諸族の制圧・吸収にあった」[21]とされる。これによってモンゴルは「ユーラシアを見渡す視野」をうることができたのである。ウグデイの死後，モンゴルでは内紛と混乱が続くが，1260年にフビライが権力を握り「大元大モンゴル国」を建設した。この新国家は「草原の軍事力，中華の経済力，そしてイラン系ムスリムを中心とする商業力」を3本の柱とする「ユーラシア・サイズの巨大国家」であった。さらにフビライは宋朝以来の海上交易をもうけつぎ，「ここに，ユーラシアとアフリカを陸海ルートで循環する『ユーラシア世界交流圏』がゆるやかながら成立し，空前の東西大交流がおこなわれユーラシアと北アフリカは一体化への道をはっきりと歩み出すことにな」[22]ったのである。だが，この海のシルクロードは，中国での元につづく明王朝によってうち切られ，大交流の一角が崩されることになった。

　さて，このモンゴル帝国も1310年代から70年間つづく大天災によって急速に崩れていった。ユーラシアから北アフリカにかけて長期の異常気象が起こり，地震，洪水，疫病，飢饉が相次いだとされる。シリア，エジプト，ヨーロッパを襲ったペストもそのうちのひとつであったのである。こうして崩壊したモンゴル帝国の残滓は権力として，あるいは影響力として「ポスト・モンゴル時代」を形成し，近代へとつながってゆくが，それについては省略し，ここで

はモンゴル帝国のもつ意味について，F. タバク（F. Tabak）の連続主義，変容主義の整理を手がかりにして考えてみよう。

モンゴル帝国の意味　まず，かれは前節でみたギルズとフランクの主張をふまえたうえで，つぎのようにいう。すなわち，ギルズとフランクはモンゴル帝国を「世界システムにおける超蓄積者」と位置づけているが，これはモンゴル帝国を世界システムの長期的変化の1エピソードとするものである，と。つまり，モンゴル帝国を5000年余に渡る世界システムのひとつのヘゲモンとして位置づけるのは，連続主義者の立場だというのである。これに対して，ウォーラーステインのモンゴル帝国の位置づけは，遊牧民襲来という波の永続化に失敗したもの，間接的に近代資本主義の誕生に寄与したものというもので，これは変容主義の立場にたつものだという[23]。そしてさらに，タバクはJ. アブー＝ルゴドの主張を取り上げ，「かの女はパックス・モンゴリカに東西の統合を刺激し，押し進めるミッションという意味を与え」[24]，その崩壊は「東の没落」と「西の興隆」をもたらしたとしているが，これはギルズとフランクの連続主義に調和するものだと批判するのである。この点は通常変容主義者に数えられるアブー＝ルゴドについての誤解があるように思うが，それではかれの主張はどのようなものか。かれはパックス・モンゴリカのもつグローバルな役割に注目すべきだという見解を共有しながら，つぎのようにいう。「モンゴル帝国の存在や拡大を成り立たせたものは，間リージョンの，もしくは超リージョンの秩序の構成にあるのではない。そうではなくてユーラシアのエコシステムと経済空間を刷新する一連の徐々にだが広大な広がりをもつ変動がその成立をもたらしたのである」[25]と。要するに，かれはモンゴル帝国の自律性とその生産的基盤を重視しているのである。このようにみてくると，モンゴル帝国のもつ意味について変容主義者のなかでも見解の違いがあることがわかる。だが，この点については深入りしない。ここでは，この見解の違いをふまえて，アフロユーラシアの統一に関するチェイス＝ダンとホールの考えについて検討しておくことにしたい。

アフロユーラシアの西端と東端　まず，かれらはつぎのようにいう。「連

続か変容かという争点に関しては、われわれはアフロユーラシアの西端と東端での類似の変動パターン——多くの歴史家たちが考えていたよりも遙かに早くそれらが単一のシステムのなかで結びついていた証拠——に留意したい」[26]と。この両端がローマと中国であることはいうまでもないが、この記述で注目されるのは「両端の類似」と「単一のシステム」の関連である。この関連を解く鍵はかれらの貢納制世界システムの概念にある。かれらによれば、それは「商業化した国家を基盤とした世界システムであり、そこでは商品化の主要側面は発展するが、システムはなお貢納制様式の論理によって支配されている」[27]のである。そしてこの貢納制様式は「余剰生産の蓄積が政治的に制度化された強制手段によって動員される様式」[28]と定義されているから、このシステムは生産を担保しながらも軍事的政治的ネットワークを重視するシステムであり、このネットワークに沿って商業交易が展開するシステムであるということができるだろう。この世界システム概念がモンゴル帝国にも当てはまるとすれば、それはタバクの見解とは違う。むしろそれはアブー＝ルゴドと紙一重の変容主義といってよいであろう。このあたりの論争はにわかには決着がつけがたい。

ともあれ、アフロユーラシアという世界システムの存在は、その両端の類似にもかかわらず、その後の両端の異なる展開をもたらした。その意味では、このシステムの核となるモンゴル帝国の末期、もっと具体的には「大元大モンゴル国」末期から14世紀初めの大天災の時期のいずれかをシステム移行の分岐点といえないであろうか。そしてその後の不確実性の処理の違いが西東の変動パターンの違いを産み出したのではあるまいか。この点については節を改めて検討してみることにしよう。

3．アフロユーラシアとヨーロッパ

アフロユーラシアとヨーロッパの関連　まず、ヨーロッパとアフロユーラシアとの関連から考えてみよう。この点についてチェイス＝ダンとホールはウォーラーステインをつぎのように批判している。「かれは近代世界システムを

西アジアの貢納制帝国から分離されたシステムだと論じている。かれの議論は必需品の生産と交換に基づく分業上の違いに依拠しているのではない。むしろ，ウォーラーステインはヨーロッパが別のシステムであることをいうために異なる基準—生産様式—に頼った。われわれはヨーロッパがことのほか権力の集中した資本主義形態に発展したことには同意するが，このことはヨーロッパが別なシステムであることを意味するというのには同意しない。むしろ，それは資本主義の発展期を通じて，より規模の大きいシステムのサブリージョンであったのである。実際のところ，ヨーロッパにおける資本主義優位の発生はこの大きな文脈の初期の歴史とヨーロッパが大規模システムと関わってきた特殊な結びつきの理解抜きには説明しえないのである」[29]と。こうしてかれらはアフロユーラシアとヨーロッパとの関連を強調し，ヨーロッパにおける資本主義の発展との関連を以下のように述べるのである。ヨーロッパ封建制は著しく分権化された弱小な貢納制蓄積様式であり，アフロユーラシアの軍事的政治的ネットワークでの市場諸力のなかに埋め込まれていた。そして，このことが資本主義をして貢納制蓄積様式に取って代わらしめたのである。これに対して，西アジアや東アジアでは貢納制国家が強力に存在しつづけ，それが資本主義の発展を押しとどめた。だから，「ヨーロッパは時とところをえて資本主義優位の興隆の主役となったにすぎない」[30]と。まさにコンテンジェンシーである。これが西の不確実性を意味するのであろうか。またそれはいかにしてもたらされたのであろうか。これらのことを深めるために，批判されたウォーラーステインの側の主張をみてみよう。

ウォーラーステインの見解　すでに前節でみたように，ウォーラーステインはヨーロッパにおける「脆弱な封建制」から資本主義システムへの移行をコンテンジェントなものとして説明しようとしている。だから，封建制から資本主義への移行は普遍的な傾向ではない。そうではなく，ヨーロッパ封建制の特定の脆弱さからユニークな資本主義が発生したのである。その際，領主制，国家，教会の崩壊はヨーロッパのなかで連鎖的に起こったことであるが，モンゴル帝国崩壊の意味はこれらとは異なる。それはこの脆弱なヨーロッパ封建制が

貢納的帝国にインコーポレートされるのを阻む役割を果たしたのである。それ故に，すでに古代からまき散らされていた資本主義の種子＝「原‐資本主義」がここで発芽することができたのである[31]，と。

分離・関連・コンテンジェンシー　このようにみてくると，ウォーラーステインの考えはチェイス＝ダン／ホールとあまり違わないようにみえる。なぜならば，後者が「ヨーロッパにおける資本主義優位の発生」の条件とした2つのこと，すなわち「大きな文脈の初期の歴史」と「ヨーロッパが大規模システムと関わってきた特殊な結びつき」は，前者のいう「原‐資本主義」およびヨーロッパの「広大な貿易世界システム」との関連に対応するように思えるからである。そしてまた，両者がこの移行をコンテンジェントなものとして，つまり「時とところをえ」て形成されたものとみていることも同じである。ではどこが違うのか。その違いは，ヨーロッパがアフロユーラシアの市場にどれだけ深く関わっていたかの評価，いいかえればモンゴル帝国の崩壊による両者の分離にもかかわらずなお関連を重視するか，それとも分離自体を重視するか，にあるように思う。そして，この点の判断は，同じ変容主義の立場に立ちながら，恐らく両者の方法論の違いをも含んで微妙であり，ここでは立ち入る余裕はない。いずれにせよ，先のコンテンジェントな状態が「西の不確実性」であり，それがモンゴル帝国の崩壊と関連していることは確認されよう。

「西の不確実性」はいかに処理されたか　では，この不確実性はいかに処理されたのであろうか。いうまでもなく，ヨーロッパはこの不確実性を「成功裏」に処理し，近代世界システムを発展させた。しかし，この近代世界システムへの移行後の問題は本章の主対象ではないし，またこの点はウォーラーステインが著書『近代世界システム』において詳述していることであるので，ここでは関連した2点を指摘しておくにとどめたい。

その第1は，何故不確実性を「成功裏」に処理しえたかについてである。周知のように，この点についてはウォーラーステイン自身が「決定的な意味をもつ条件が3つあった」と述べている。その第1は，ヨーロッパ全域（ただし，トルコ帝国の支配下は除く）とスペインおよびポルトガルの植民地へと「世界＝

経済」が地理的に拡大したことであり，その第2は，周辺部での強制労働などこの「経済」を構成する各地域に適した労働管理の方法が開発されたことであり，その第3は，比較的強力な国家機構が創出されたことである。そして，「このうち，第2，第3の条件の成否は，多分に第1の条件のそれにかかっていた。つまり，第1の条件，すなわちヨーロッパの領土的拡大こそが，『封建制の危機』からの脱出の鍵だったのである」というのである[32]。これらの点はここでは確認にとどめる。

その第2は，こうして確立した近代世界システムが何故「安定的に」発展したのか，またしえたのかについてである。いうまでもなく，このシステムは，その発展過程でさまざまな「ゆらぎ」に脅かされながら，世界経済が基本的には「上昇」「拡大」をつづけたという意味ではほぼ「安定的」に発展した。まずはオランダ，イギリスというヨーロッパ諸国がヘゲモニーを握り，19世紀末から20世紀初の時期までには，グローバルな近代世界システムが完成した。その後ヘゲモニーはヨーロッパを離れてアメリカに移るが，もちろん，それによってシステムの本質が変わったわけではない。しかし，それはヨーロッパにとっては，「統合」というかたちで自らの衰退を食い止める課題を抱え込むことを意味した。問題はこうした「安定的」発展が何故可能であったのかということである。ウォーラーステインもチェイス゠ダン／ホールも，その理由を経済と国家の乖離に求めている。チェイス゠ダンとホールはいう。「ヨーロッパ中心の世界システムにおけるインターステイト・システムの連続的安定は，基本的には資本主義諸制度がヘゲモニー中心権力の上昇・下降過程でもたらす諸効果に基づいている。資本制商品生産は資本所有者が商品の生産と販売によって富を蓄積することを認める。この蓄積形態は貢納制蓄積様式，つまり政治組織自体が蓄積を促進する最主要な制度であったそれとは，国家活動に対するインプリケーションが異なる。」[33] だからといって「現実の資本主義は国家権力が廃棄されたり，国家が市場の諸力に干渉しないようなシステムではなかった。むしろ，それは最も成功した競争者たちが国家権力を資本蓄積の促進に利用するシステムなのである」[34] と。この記述にもうかがえるように，両者の論

理は乖離しているが関連しあっており，この関連も一様ではない。だが，ともあれ，経済と国家が別々の論理で展開し，必要に応じて支えあう関係が，近代世界システムの「安定的」発展の鍵であったというのである。いまや，この経済と国家の関連は経済と政治のグローバル・リージョナル・ローカルの3レヴェルも含めて重層的に考察されねばなるまい。だが，この問題をここで立ち入らない。

4．アフロユーラシアと東アジア

アフロユーラシアと東アジアの関連　では，東アジア（ここでは東南アジアを含める）とアフロユーラシアの関連はどうであろうか。東アジアでは資本主義が何故発生しなかったのであろうか。この点については，すでに前節でチェイス゠ダンとホールが「東アジアでは貢納制国家が強力に存在しつづけ，それが資本主義の発展を押しとどめた」との趣旨を述べていることにふれた。ここでいう貢納制国家が中国を指すことは明らかであろう。そして，この中国についてウォーラーステインも同様なことをいっている。すなわち，「中国は，すでに大規模な官僚制国家があり，貨幣経済も，おそらくは技術もよほど進んでいて，一見したところ，すべての条件が資本主義にむかう方向を指しているようにみえながら，実際にはその成立に好都合な状況にはなかったのである。中国には，帝国という政治構造の負担が重くのしかかっていたのである」[35]と。要するに，貢納制国家としての中華帝国の存続が資本主義の発展を押しとどめたのである。すでに2節においてふれたように，この中華帝国は13世紀後半から14世紀後半までは「大元大モンゴル国」の中枢でもあったわけで，その意味ではアフロユーラシアの強力な一角を形成していたのであり，モンゴル帝国崩壊後も強固に存在しつづけたのである。この点はヨーロッパのアフロユーラシアの関連とは著しく異なる。

中華帝国の存続　それでは何故中華帝国は強固に存続しえたのであろうか。また，それはいかにして解体したのか。そして，解体後の不確実性の処理

はどのようになされたのであろうか。これらの諸点を考えるうえで，池田 哲は浜下武志の研究に注目している。かれはいう。「浜下が成した最も重要な貢献は東アジア（East-Southeast Asia）における中華地域世界システム（China-centered regional world-system）の意味を明らかにしたことである」[36]と。そして，その主張を3つの仮説に要約している。すなわち，「①中華地域世界システムは近代に登場したヨーロッパ資本主義世界システムよりも古くから存在していた。そして，東アジア地域のインコーポレーション後も解体されずに地域内の関係を維持し，拡大した。②近代におけるこの地域世界システムの主要なダイナミックスはシステムの周辺諸国による中華秩序への挑戦である。③東アジアの長期の歴史的特徴に照らしてみると，東アジアにおける中国のウエイトは，中国の周辺，つまり日本やアジアNIESで達成された経済的成功と比しても貶価さるべきではない」[37]と。いうまでもなく，これらの仮説は先の疑問点とほぼ対応している。そこでこれら3つ仮説を手がかりに少しく考えてみよう。

　パックス・シニカ　まず，①の点からみてみよう。近代世界システムより古くから存在し，この世界システムへのインコーポレーション後も存在しつづけた中華帝国の強固な構造とは何か。これは浜下がパックス・シニカ（Pax Sinica）と呼んでいるものではないのか。かれはこの広域地域秩序のことを，地域内での上下の位階秩序と他地域との関係での位階秩序とを総合した全体的な位階秩序としている[38]。そこでの対外関係は華夷観を理念とした朝貢－冊封関係である。すなわち，華はその恩恵を受ける夷に対して冊封使を派遣して国王を認知し，逆に夷は朝貢使を派遣してこれに謝するが，この関係が位階秩序をなしているのである[39]。それは理念的には強固な構造である。しかし，浜下は，何故東アジアにこのような対外的位階秩序が形成し，維持されてきたかを考えると，「そこでは，漢民族を中心とした国家形成というよりも，むしろ他民族・他地域との交渉－共存方式としての朝貢関係の形成，さらには，それら異質な要素を取り込み並存させるために，いっそう包括的な観念として中華観（天の観念）が創出されたという歴史的な動機が検討される必要がある」[40]という。そうであってみれば，この対外的な位階秩序は現実には多様なネットワー

クを内包した関係であったとみなされねばなるまい。それ故にまた、近代世界システムにインコーポレートされた後もしなやかに存在しつづけることができたのであろう。

パックス・シニカの終焉　では、このパックス・シニカはいかにして解体されたのであろうか。ここでは従来の通説に対する鋭い批判が提起される。それは池田がワンサイド・インコーポレーション批判と呼んでいるものである。それはパックス・シニカの解体は、ヨーロッパに発する近代世界システムへのインコーポレーションのみによって起こったのではない、という批判である[41]。むろん、このインパクトによる「ゆらぎ」はあった。しかし、むしろ重要なのは、パックス・シニカが自らそれを終結させたことにある、というのである。この点について浜下はいう。「東アジアの歴史的な国際関係を律する原理が、朝貢関係として千数百年間にわたって存在しつづけたことに鑑みるならば、その終焉はアヘン戦争という地方的一事件によって急激にもたらされたとは考えにくい」。「朝貢体制の変化はむしろその内部から起こっていると考えられる。」[42] すなわち、朝貢国あるいは互市国の側が、自らを中華として中国に対抗し始めたこと、朝貢貿易の利益が減少し、有名無実化したこと、旧朝貢国側が、ヨーロッパの原理や手段を導入し、中国との対抗を開始したこと、などがその内実であり、その結果、中国が朝貢関係と華夷秩序観を放棄したのは20世紀初頭である[43]、と。分岐点はこの時点におかれる。そして、このあとの20世紀前半は、辛亥革命、第一次世界大戦、日華事変から「大東亜戦争」へ、そして中国革命とつづく戦争と革命の時期であったが、それはまさにコンテンジェンシーの様相そのものであったといえよう。しかもこのリージョナルな不確実性は、ヨーロッパに発する近代世界システムの支配、これとの激突、妥協のなかでの不確実性だったのであり、この点をふまえたインコーポレーション概念の検討が必要である。この点について池田は、「リージョナルな歴史過程の連続性とリージョンの諸部分間の相互関係を念頭においた」インコーポレーション研究が東アジアには必要だとしているが、そこからどのような概念規定がなされるのかは不明である[44]。

「東の不確実性」はいかに処理されたか　ところで，この「東の不確実性」はいかに処理されたであろうか。あるいは果たして処理されたといえるのであろうか。この問題は難しい。東アジアは自生のシステムを「立ち上げた」わけではない。何らかの意味でのインコーポレーションを前提とせざるをえないと思うが，その場合の「処理」とは何か。近代世界システムのヘゲモニーを握ったわけでもない。これまでのところはせいぜいアメリカのヘゲモニーの下で世界経済の「上昇」「拡大」に貢献したことではないのか。そうだとすれば，1960～70年代がひとつの節目であろう。日本から経済成長が始まり，ついでそれがアジアNIESに広まり，最後に中国の「現代化」が開始されたからである。とりわけ中国での市場社会主義の採用は重要であろう。なぜならそれは経済と国家の乖離を意味しているからである。すでに前節でふれたように，それは近代世界システムの「安定的」発展の鍵であった。だが，中国の場合，同じ展開が可能であろうか。池田は中国の将来について2つのシナリオを描いている。ひとつは市場社会主義が成功する場合であり，もうひとつは中国が資本主義に接収される場合である[45]。前者は市場の成功が，世界システムの中心－周辺構造を変貌させ，中国がインターステイト・システムにおける重要な力となる場合であり，後者は市場の不成功により中国共産党が資本主義促進の主要ファクターとなり，政治的不安定がもたらされる場合である。このうち前者は新しいシステムの形成であり，経済と国家の乖離はこれに貢献すると考えられるが，後者は国家の経済に対する干渉が新たな「ゆらぎ」を引き起こすことになる。だが，現在のところ，これを判断する材料は僅かである。例えば，文化大革命から天安門事件への動きは中国共産党の権力構造に疑問を呈したという意味では経済と国家の乖離への初期条件をつくったといえるかもしれない。また，冷戦体制の終結は東アジアでの経済の活性化をもたらしたが，権威主義体制が維持されているという意味では，国家はなお経済に干渉しているといえるかもしれない。あるいはその著しい経済成長は新しいヘゲモニー国家の誕生であり，それは初期条件の発展かもしれない。そうしたことを考慮すると，不確実性はなお処理され切ってはいないのかもしれない。この点については7章で

もう一度ふれる。

5．世界システムとアフロユーラシア——移行問題の展開のために

移行をめぐる4つの論点　近代世界システムの分岐点は到来するのか。それを見定めるためにはこれまでの移行を点検するところから始めねばなるまい。本章の目的はここにあったが，これまでみてきたアフロユーラシアからヨーロッパの近代世界システムへ，そして東アジアのパックス・シニカの存続・解体の検討は，この問題設定に何をもたらしたであろうか。ここでは論点を4つに整理し，今後の展開へのつなぎとしておきたい。

　その第1は，アフロユーラシアとモンゴル帝国に関連する論点である。ここでは，まず，両者の関連が問題となろう。後者は前者の大部分を覆っているが，両者は同じではない。何故違うのか。この根底には世界システム概念の問題がある。すなわち，2節で紹介したタバクとチェイス゠ダン／ホールの概念規定の違いである。これは世界システム分析の根幹に関わる問題でもある。また，これに関連して世界システムの境界をどのようにとらえるかという問題も伏在している。つぎにここには，これらが到達した分岐点とは何かという問題がある。いうまでもなく，分岐点に到る前に，すでに「ゆらぎ」が始まり，またその再組織の動きが展開する。このケースの場合，それらは「大元大モンゴル国」末期から14世紀初めに展開し，そのどこかでシステムとしての「閾値」をこえるが，それを大天災という環境要因に求めるか，そこに埋め込まれた社会システム要因に求めるか，未検討のままである。だが，2節での僅かな検討を通しても，こうした分岐点の設定はシステムの移行を考えるうえで有効であるように思われる。

　その第2は，ヨーロッパに端を発する近代世界システムに関連する論点である。まず，このシステムの「立ち上げ」に関して，チェイス゠ダン／ホールとウォーラーステインの考えが微妙に違っていること，それが方法論の違いともからんでいることを，3節において指摘しておいた。この方法論の違いが，先

の世界システム概念の違いに関連していることはいうまでもあるまい。同じ変容主義を標榜しながらも，チェイス゠ダン／ホール，ウォーラーステイン，タバク，それぞれに主張が違うのである。だが，こうした違いはあるにせよ，分岐後のコンテンジェンシーについては同意があり，筆者もこれに同意する。とはいえ，これで問題が解決したわけではない。先の方法論の違いと関連して，ミクロ・レヴェルでの「ゆらぎ」の把握については，多くの論点が残されているのである。つぎに，このシステムの「安定化」に関しては，3節で僅かな論点しか示しえなかったが，これらの点も含めてこのフィールドでは膨大な文献が蓄積されており，その整理自体が残された課題なのである。

　その第3は，東アジアの変動に関連する論点である。ここでは，まず，アフロユーラシアないしモンゴル帝国の中核としてのパックス・シニカ自体が，世界システム分析の視点からさまざまに問題とされよう。モンゴル帝国の核が東に傾いていたことは明らかだが，これとパックス・シニカは重なりながら同一ではない。このことは大規模システムとリージョン・レヴェルのシステムの関連をどのように考えるか，システムの存続＝「安定」を支えた特有の条件の有無，つまり4節でふれた位階秩序の現実的機能の評価，などがそれである。つぎに，東アジアにおける「ゆらぎ」とは何であり，何が分岐点かという問題である。4節で示したように，ワンサイド・インコーポレーション批判は明らかだが，代案はシステム内部の「ゆらぎ」の提起だけでは不充分であろう。両者の綿密なからみあいを確定しつつ，どこで「閾値」を越えたのかを探らねばならない。この問題はまだ提起されたばかりである。したがって，分岐後のコンテンジェンシーの存在は明らかだとしても，その条件，その広がり，その期間等については充分な検討がない。4節で述べたことも，その素材の一端に過ぎない。そして，このコンテンジェンシーについては，ヨーロッパのケースとは違って，グローバルな動きが加わっている。そこから「安定」軌道に乗るか否か，いずれにせよ，東アジアの世界システム分析はまだ蓄積も少なく，わからないことだらけである。

　最後は，変容主義に関する論点である。本章では連続主義と変容主義の論争

を枕としながら，その論争自体には立ち入らず，変容主義の立場でみた場合，世界システムの移行がどのように把握できるかをみてきた。その場合，すでに世界システム分析の下絵となっているプリゴジンの変動論そのものにはほとんどふれてこなかった。本節でその下絵を少し浮き立たせてみたが，その論点は「ゆらぎ」，分岐点，コンテンジェンシーなど限られている。これだけでも歴史という素材に適用するとなると，さまざまなユニットを「ゆらぎ」と判断する基準，分岐点の判断基準，コンテンジェンシーの構成，ミクロ・レヴェルとマクロ・レヴェルの関連などの論点が分枝してくる。このほかにも歴史における「選択」をどのように考えるかなど多くの論点があることはいうまでもなく，したがって，プリゴジンがシステムの変動論に与えたインパクトはもっと広く，深く検討されねばならない。これらはすべて別稿の課題である。それにしても科学と歴史の架橋は容易ではない。

1) D. Straussfogel, How Many World-Systems? A Contribution to the Continuationist/Transformationist Debate, *Review*, Vol. XXI, No. 1 (1998), pp. 1-2.
2) *Ibid.*, p. 4.
3) A. G. Frank, A Theoretical Introduction to 5000 Years of World System History, *Review*, Vol. XIII, No. 2 (1990), p. 180.
4) C. Chase-Dunn & T. D. Hall, Comparing World-Systems: Concept and Working Hypotheses, *Social Forces*, Vol. 71, No. 4 (1993), p. 855.
5) D. Straussfogel, *op. cit.*, p. 5.
6) A. G. Frank & B. K. Gills, The 5,000-Year World-System, in A. G. Frank & B. K. Gills, (eds.), *The World-System. Five Hundred Years or Five Thousand?*, Routledge., 1993, p. 46.
7) C. Chase-Dunn & T. D. Hall, The Historical Evolution of World-Systems, *Sociological Inquiry*, Vol. 64, No. 3 (August 1994), p. 261.
8) D. Straussfogel, *op. cit.*, p. 7.
9) C. Chase-Dunn & T. D. Hall, *op. cit.* (1993), p. 853.
10) C. Chase-Dunn & T. D. Hall, *op. cit.* (1994), p. 272.
11) I. Wallerstein, World Systems versus World-Systems: A critique, in A. G. Frank & B. K. Gills, (eds.), *op. cit.* (1993), p. 294.
12) I. Wallerstein, The West, Capitalism, and the Modern World-System, *Review*, Vol.

XV, No. 4 (Fall 1992), pp. 600-616.
13) D. Straussfogel, *op. cit.*, pp. 9-11.
14) C. Chase-Dunn & T. D. Hall, *Rise and Demise : Comparing World-Systems*, Westview, 1997, p. 29.
15) *Ibid.*, p. 32.
16) *Ibid.*, p. 16.
17) *Ibid.*, p. 150.
18) J. H. Bentley, *Old World Encounter : Cross-Cultural Contacts and Exchanges in Premodern Times*, Oxford University Press, 1993, p. 27.
19) P. D. Curtin, *Cross-Cultural Trade in World History*, Cambridge University Press, 1984（田村愛理・中堂幸政・山影進訳『異文化間交易の世界史』NTT出版．2002年）．参照．
20) C. Chase-Dunn & T. D. Hall, *op. cit.* (1997), p. 168.
21) 杉山正明「中央ユーラシアの歴史構図―世界史をつないだもの―」（『岩波講座世界歴史Ⅱ 中央ユーラシアの統合 9-16世紀』岩波書店，1997年，所収）p. 69.
22) 同，pp. 71-72.
23) F. Tabak, Ars Longa, Vita Brevis? A Geohistorical Perspective on Pax Mongolica, *Review*, Vol. XIX, No. 1 (winter 1996), pp. 23-25.
24) *Ibid.,* p. 25.
25) *Ibid.*, pp. 26-27.
26) C. Chase-Dunn & T. D. Hall, *op. cit.* (1997), p. 184.
27) *Ibid.*, p. 43.
28) *Ibid.,* p. 30.
29) *Ibid.,* p. 188-189.
30) *Ibid.,* p. 190.
31) I. Wallerstein, *op. cit.* (1992), pp. 611-613.
32) I. Wallerstein, *The Modern World-System I : Capitalist Agriculture and the Origins of the European World-Economy in the Sixteenth Century*, Academic Press, 1974（川北稔訳『近代世界システム I-II：農業資本主義と「ヨーロッパ世界経済」の成立』岩波書店，1981年）邦訳：I-p. 41.
33) C. Chase-Dunn & T. D. Hall, *op. cit.* (1997), p. 194.
34) *Ibid.*, p. 194.
35) I. Wallerstein, *op. cit.* (1974), 邦訳：p. 71.
36) S. Ikeda, The History of the Capitalist World-System vs. the History of East-Southeast Asia, *Review*, Vol. XIX, No. 1 (winter 1996), p. 57. なお，本書では本論文からの引用文を除いては「中華地域世界システム」を「中華帝国」と呼ぶ。

37) *Ibid.*, pp. 57-58.
38) 浜下武志「東アジア史に見る華夷秩序」『国際交流』第 16 巻第 2 号（1993 年），p. 32.
39) 浜下武志『朝貢システムと近代アジア』岩波書店，1997 年，p. 22.
40) 同，p. 6.
41) S. Ikeda, *op. cit.*, p. 50.
42) 浜下，前掲書，pp. 8-9.
43) 同，p. 9.
44) S. Ikeda, *op. cit.*, p. 67.
45) *Ibid.*, p. 63.

2章

世界システムとヨーロッパ

1. ヨーロッパ分析の文脈

　今日，ヨーロッパを論ずることにいかなる意味があるのか。そこにはいくつかの文脈がある。この文脈をたどることを通じて本章の視点を提示したい。

　ヨーロッパ統合という文脈　　まず，最もポピュラーな文脈は，ヨーロッパ統合の意味を問うそれであろう。この意味はこれまで，おおまかにいって3つの意味で語られてきた。

　最初の意味は「平和」である。この語られ方には理想主義的な流れとより現実主義的な流れがあり，前者は第一次世界大戦の，後者は第二次世界大戦の反省から，それぞれの大戦で戦場となったヨーロッパの「平和」を提唱した。だが，これらの流れは1940年代末には，さまざまな要因から結集力を失って行くことになる。

　だが，ほぼ同じ頃から第2の意味が浮上してくる。それが「経済統合」である。「ヨーロッパ石炭鉄鋼共同体」（ESCS）は，その出発点である。それがフランスや西ドイツの国家戦略を背景にしていたとはいえ，それらの共通了解のうえにつくられた「超国家（supra-national）の性格を備え」[1]たからである。その後，この動向は幾度もの停滞や後退をはさみながらも，1967年の「ヨーロッパ共同体」（EC）の誕生，翌年の「関税同盟」締結，93年の「統合市場」の発足，99年の「通貨統合」の実現と着実に歩みを進め，それらをベースに「雇用・福祉政策」「共通外交・安保政策」といった「社会統合」「政治統合」が国家との「きしみ」をともないつつ進展している。

こうした統合の「深化」をふまえて，1980年代半ば頃から第3の意味が問われるようになってきた。それがグローバリゼーションとの関連である。それはヨーロッパ統合がこの頃から急速に進展したことと関係がある。1986年の「単一議定書」調印，92年の「マーストリヒト条約」調印，97年の「アムステルダム条約」調印，2001年の「ニース条約」調印，04年の拡大EUの発足，2009年の「リスボン条約」発効と上記の統合を進める重要な合意形成がつづいた。この一連の動向のなかに，M. カッチャーリ (M. Cacciari) はマーストリヒトの「哲学」なるものをみいだしている。それはマーストリヒト条約のなかにある基本的な原則，すなわち「安定性」の原則のことであり，かれによればそれは「経済的な利益やメリットを相互に享受するという統合の目的を壊しかねない政治的決定をすべて除外するという政治的決定」のことである。そして，そこから導き出されるEU機構は「『弱い』補完性の原則にしたがった中央集権的志向」を持つことになる，と[2]。この原則とその実現機構は市場化，情報化を軸とするグローバリゼーションに極めて適合的であるといえよう。こうしたプロセスを経て，統合ヨーロッパが「ヨーロッパ合衆国」として重要な位置を占めるようになったのである。

だが，こうした文脈は「統合」という実験に目を奪われ，ヨーロッパの多様性を無視ないし軽視する恐れがある。2，3節で歴史的に述べるが，ヨーロッパの実体は多様であるところにこそ特徴がある。この点について E. トッド (E. Todd) は，「もしヨーロッパの同質化という方向でものを考えるなら，壁に突き当たるでしょう。もしヨーロッパとは明確に定義されていない，成長途上の実体であって，いくつかの共通の戦略的利害を持ち，世界にかなり平和的なモデルを提唱しているけれども，依然として非常に多様性のある実体なのだという原則から出発するなら，その時それはうまく行くでしょう」[3] と「多様性」としてのヨーロッパ」への視点の回帰をうながしている。またカッチャーリも先の「安定性」の原則のもたらす「非政治化」の誤り，そしてローカルの新たな活力にふれ，「共同体（EUのこと：筆者）をそれぞれに独自の正統性を持つ自治体間の効果的な連邦にしようとする連邦主義的志向」を対置している[4]。

上述した「統合」プロセスでの停滞や後退，国家との「きしみ」などは，こうしたヨーロッパの多様性が「統合」の背景にうごめいていることを示している。

近代社会モデルという文脈　　第2の文脈は，ヨーロッパを近代社会のモデルとみなす文脈である。実のところ，この文脈はヨーロッパ統合論にも潜在しているように思う。だが，この文脈を代表するのは近代化論であろう。もっとも近代化論によれば，その最先端に在るのはアメリカであり，ヨーロッパはそれに次ぐものと想定されている。しかしその場合も，歴史的な近代化の源流をヨーロッパにみるのが普通である。例えば，C. E. ブラック（C. E. Black）は，近代化の核をなす「知的革命」の源流はヨーロッパにあり，「ヨーロッパ化」は「近代化」の重要な一部である[5]としているし，W. W. ロストウ（W. W. Rostow）は，近代化の軸をなす「経済成長」への「離陸のための先行条件」は，「17世紀の終りから18世紀の初めにかけての西ヨーロッパにおいて明らかに特徴ある形で発展した」[6]と述べている。近代化論では，こうした源流はやがて欧米から発展途上地域に広がっていくものと考えられている。まさにそのことによってヨーロッパに端を発する「近代」は「普遍」へと飛翔することになるのである。

こうした近代化論は従属理論によって真っ向から批判された。すなわち，フランクやS. アミン（S. Amin）にとっては，ヨーロッパは世界資本主義の「衛星」ないし「周辺部」を収奪し，支配する「中枢」ないし「中心部」の主要な部分である。ここではヨーロッパはもはや目指すべき社会モデルではない。むしろ「衛星」ないし「周辺部」の「低開発」をもたらす元凶である。だから，後者は前者との関係から「離脱」せねばならない。だが，この「離脱」の戦略は充分展開できなかった。

しかし，この近代化論批判の流れは世界システム分析に引き継がれた。ウォーラーステインはいう。「ヨーロッパは当時存在した唯一の『世界経済』だったわけではない……他にも『世界経済』はいくつか存在した。ただ，ヨーロッパだけが資本主義的発展のコースへ踏み出し，その結果，他の『世界経済』を

圧倒することができたのである」[7]と。ここではヨーロッパは資本主義世界経済＝近代世界システム誕生の地である。だが，それは普遍的な社会モデルではなく，他の「世界経済」との関係で相対化されている。それ故に E. W. サイード（E. W. Said）も，「見失われていた」「いわゆる歴史なき民を回復する試みのなかから……世界史学の基礎付け」を行った主要人物のひとりとして，ウォーラーステインを挙げているのである[8]。だが，当のウォーラーステイン自身の周辺から，かれを「ヨーロッパ中心主義」とする批判がでている。先に従属理論の代表者として挙げたフランクである。そうだとすると，世界システム分析にはヨーロッパ近代を相対化し，「特殊」とする視点が不充分だということになる。

ヨーロッパをとらえる視点　では，ヨーロッパをどのような視点でとらえていったらよいのか。上述の2つの文脈をふまえるならば，ヨーロッパの多様性，そのことを含めた特殊性により注目する視点が必要だということになろう。この視点はヨーロッパを特殊とするだけの「世界史学」的視点を持たねばなるまい。そうした視点を持つ研究もさまざまではあるが，ここでは世界システム分析の新たな展開のなかにそれを探り，本章の視点に代えたい。

まず，フランクはウォーラーステインをどのように批判したのであろうか。かれはいう。「『西洋の勃興』は，世界経済／世界システムにおいて起こったこととして，輸入代替から輸出振興へという……戦略の遂行によって，アジア経済という巨人の肩に上っていった事例である」[9]と。この指摘は，序章および前章で述べた，かれの「連続主義」の立場からなされている「ヨーロッパ中心主義」批判であることはいうまでもない。

この批判はさらに序章で述べた山下範久の「近世帝国」論に引き継がれる。かれの主張をヨーロッパに焦点をあてていえば，おおよそ以下のようになる。すなわち，15世紀後半から18世紀末までの近世には5つの帝国が存在したが，環大西洋（ヨーロッパ）だけはそれが実体として存在しなかった。だが，そこには「理念的存在としての帝国」は存在した。つまり，そこで具体的に想定されている近世ヨーロッパの絶対王政諸国家，かれらは「自らが『世界』とみな

す空間が，すべて自らの版図である状態を理想として行動し」[10]ていたとみるのである。しかし，そこでの実体化への頓挫は「グローバリティの句切れ(カエスラ)」＝「空間的文脈の非決定状況」をもたらし，そこからの選択としてヨーロッパで「近代世界システム」が誕生していった，というのである。このことは諸近世帝国のなかでのヨーロッパの選択であり，そのことを示すことでかれが目指したのは「ヨーロッパ中心主義」からの徹底した離脱である。その妥当性については行論のなかでふれるとして，ヨーロッパの相対化，その特殊性の追求はこうして試みられているのである。

　だが，ヨーロッパの特殊性への視点はこれに尽きるものではない。ここで補助線をもう２つ引いておきたい。そのひとつは「多様性」の根拠についてである。佐藤彰一はK. クリスティアンセン（K. Kristiansen）などに拠りながら，「紀元前１万2000年に始まる中石器時代からこのかた，さまざまな民族がこの（ヨーロッパ）半島に到来し，一部は定着し，一部は再び東ヨーロッパの回廊を通ってアジアの草原地帯に通ずる道を引き返した」として「『ヨーロッパ』への異民族の侵入の常態化」を指摘し，これを「広大な中央ヨーロッパ空間における，東方から到来した諸民族の『椅子取りゲーム』」と表現し，それに「終止符を打った」のが13世紀末からのオスマン・トルコのヨーロッパ侵入である，という。つまり，これによって「ヨーロッパが諸民族の回廊地帯であることを停止した」というのである[11]。「多様性」の根拠はこの「椅子取りゲーム」にあり，その「終止符」はこの「多様性」を構造化したのである。もうひとつは，しばしばヨーロッパの特殊性とされてきた市民ないし市民社会およびキリスト教のもつ意味である。それは「多様性」に対する「統一性」であり，これまでみてきたヨーロッパ統合論や近代化論の背後にあってヨーロッパ文明の普遍性の論拠とされてきたものである。本章ではヨーロッパを相対化し，その「多様性」を強調する視点を採用しているのであるから，その視点からこれらを適切に位置づけねばならない。この点については行論のなかで折にふれ留意することとしたい。

　さて，視点の設定はすんだので，以下特殊ヨーロッパの歴史を「ヨーロッパ

覇権以前」と「以後」に分けて検討し，最後に，これらをふまえてヨーロッパ統合の意味について論じたいと思う。

2．アフロユーラシアとヨーロッパ

　前節で述べたように，ヨーロッパの多様性と特殊性を明らかにする鍵は「ヨーロッパ覇権以前」（アブー＝ルゴド）にある。ここでの「覇権以前」とは「13-14世紀以前」ということだが，そこにはすでにふれたヨーロッパ中心史観への批判が込められている。つまり，この「13-14世紀」の世界システムは「単一の覇権が生産と交易」を支配するシステムではなく，「複数の中核，半周縁，周縁」が共存するシステムであり，ヨーロッパの覇権はこのシステムを「再構成」することによって可能であったのであり[12]，当時のヨーロッパは「蠢動を始めたひとつの周縁」[13]にすぎなかった，というのである。この13世紀のヨーロッパについてはまた後でふれるとして，それ以前のヨーロッパはどのようであったか。だが，その全史を検討することは本章の課題ではない。ここでは「ヨーロッパの多様性と特殊性」を探るためのポイントをいくつか指摘するにとどめる。

　アフロユーラシア史とヨーロッパ　　まず，ヨーロッパを相対化する前提として，前章で述べたアフロユーラシアの概念にふれておこう。みてきたように，この概念はチェイス＝ダンとホールが提起したものであるが，ここではこうした概念を提起することによって，かれらもウォーラーステインのヨーロッパ中心史観を相対化しようとしていることを前提に，以下その歴史に沿いながら，「いくつかのポイント」にふれておきたい。

　まず第1の時期は，それは紀元前500年頃から紀元600年位までの古代シルクロード時代である。この時期についてここで指摘しておきたいことは，ヨーロッパは，ローマ帝国といえども，世界システムの中心ではなく，アフロユーラシアの「ひとつの中心」を占めるにすぎないことである。そのうえで，このローマ帝国を他の諸世界システムと区別する特殊性は何であろうか。いまのと

ころ，この時代でのこの問題に充分に答える能力は筆者にはない。ただここで，のちに「ヨーロッパの特殊性」として問題となる市民ないし市民社会という「術語」（リーデル）がこの時代に成立し，新興のキリスト教との複雑な対抗関係を形成していたことについてのみ若干解説しておきたい。

いうまでもなく，この「術語」はアリストテレスにさかのぼる。そこでは市民は自由で平等なポリスの構成員であり，オイコスの支配者である。ローマ帝国の時代，この市民（キウィタス）の理念は「帝国に包括される諸国民と諸民族の連合（の理念）へと展開され，潜在的には（奴隷でなく自由人であるかぎりで！）《すべての人間》にまで拡張され」[14]た。そして「こうした土壌のうえに，キリスト教が古代世界に浸透することになった」[15]のである。この「浸透」の内実は両者の相克であった。市民ないし市民社会という「術語」は「神の国」のまえに潰えたかにみえた。だが，M. リーデル（M. Riedel）はいう。「教会の指導者たちは，コイノニア〔共同体〕論の古代的基礎を更新したのであって……新約聖書の福音も古典＝政治学的伝統をひく《市民社会》の理解を究極において打破することができなかったと判断出来る」[16]と。このことの意味についてはのちにふれる。

第2の時期は，紀元7世紀から11世紀頃までの時期である。この時期で強調しておきたいことは，アフロユーラシアの貿易が回復し，とりわけ東でネットワークが拡大していくなかで，ビザンチン帝国が停滞し，西ヨーロッパが再び周辺化し，孤立することになったことである。すなわち，南はイスラムによって，北と西は敵対的な非キリスト教社会と遊牧民の侵入に脅かされたからである。チェイス＝ダンとホールは「この孤立がヨーロッパ封建制発展の主要な要素である」[17]という。

この「孤立」のなかで何が起こっていたのか。M. マン（M. Mann）はそこに「複合的な無頭動物的連邦」という社会構造をみいだす。ここで「無頭動物的」とは頭や中心がないという意味である。この比喩を使ってかれがいいたかったことは何か。それは諸民族の移動，侵入，すなわち「椅子取りゲーム」による中世ヨーロッパの多様性である。かれはいう。「そこでの経済的，軍事的，イ

デオロギー的な〈力〉を基盤とする相互作用ネットワークは地理的・社会的空間ごとに相異なっていて，本質的に一元的なものはひとつもなかったのである」と。だが，つづけてマンはもうひとつのことをいう。「これらの複合的な〈力〉のネットワーク同士の関係」は，主としてキリスト教という「拡大包括性」を内包する主体によって規制されていた，と[18]。いいかえれば，中世ヨーロッパは著しく分権化された「脆弱な封建制」であり，その多様性がキリスト教という「インフラストラクチュア」によってゆるやかに秩序化されていたということである。そして，市民身分の自治団体としての中世都市もその秩序下にあったのである。

　つづく第3の時期は11世紀から15世紀頃までの時期である。前章でみたように，この時期の中盤にはモンゴル帝国が興隆したが，その「大元大モンゴル国」の時代にアブー＝ルゴドのいう「13世紀世界システム」が形成される。かの女に拠れば，そこでは，「孤立」していたヨーロッパがアフロユーラシアに再編入され，ヨーロッパ，地中海，中央ユーラシア，ペルシャ湾，紅海，インド洋，東南アジア，中国という8つのサブシステムのゆるやかな結びつきからなる世界システムであったという。そして，このシステムは後述する近代世界システムとは「かなり異なる原則に基づいて組織され」ていたと特徴づける。すなわち，その原則とは，「単一の覇権」がなく，複数の「中核」勢力の対立と協力を通じて統合していたことである。したがって，「いかなる地理的統合も中核にはなら」ず，すでにふれたように「複数の中核，半周縁，周縁が」散在していたというのである[19]。だが，この「13世紀世界システム」の繁栄も長くはなく，14世紀には衰退に向かう。そして，その衰退ときびすを接するようにオスマン・トルコのヨーロッパ侵入が起こる。このなかで，アブー＝ルゴドに拠れば，システム変容は2つの面で起こった。ひとつはペスト他の疫病による人口の著しい減少であり，このことは農業生産への人口吸収と都市化の鈍化を介して「交易，とくに遠距離交易の分野での全面的な低下」をもたらしたし，もうひとつの諸地域の政治的不統一は東西の交易ルートの有機的な連関を崩してしまったのである[20]。こうしてアフロユーラシアという世界シ

ステムは，その終焉を迎えたのである。

　では，この第3の時期，ヨーロッパはどうだったのであろうか。すでにふれたように，アブー＝ルゴドはこれを「蠢動を始めたひとつの周縁」と位置づけている。すなわち，「孤立」のなかで多様に分化していたヨーロッパは，この時期ゆるやかに上昇し始め，13世紀半ばまでには東・中央フランス，フランドル，ジェノヴァとヴェネツィアという「3つの結節点」をもつサブシステムを形成するに至ったというのである。これらのサブシステムは，すでにふれた「13世紀世界システム」「興隆」の要因ともなった。だが，このシステムの終焉とともに，ヨーロッパの多様性は構造に封じ込められ，そのなかで封建制の「脆弱さ」が露呈し，領主制，国家，教会の連鎖的衰退が起こり，いわゆる中世の危機に直面することになったのである。このプロセスのなかで留意しておきたいことが2つある。ひとつは秩序化の「インフラストラクチュア」であったキリスト教世界が，十字軍等を介してイスラム世界と接してその科学・技術，文化を摂取することにより自らを相対化し始めたことであり，もうひとつは中世都市市民（ブルジョア）が登場したことである。この両者の関連は複雑であり，ここでは省略する。

　「**長い16世紀**」　こうした諸地域の分断と世界システムの収縮は15世紀中頃から再び回復に向かう。ウォーラーステインはブローデルに拠って，ヨーロッパ史における1450年頃から1640年頃までの拡大期を「長い16世紀」と呼んでいるが，山下はこれを「全ユーラシア的現象」としてとらえることを主張している[21]。その理由は，すでに1節でふれた「ヨーロッパ中心主義」からの徹底した離脱にある。そのうえでこの「拡大期」を前半期と後半期に分け，前者を「リスクに対して積極的」であった時期，後者を「リスクに対して管理的」であった時期と特徴づけている。この点は少しく説明を要する。まず，この「リスクに対して」というのは，人口や生産の拡大が交通の需要を高め，萎えていた交通路を「リスクを冒して」開拓する，という意味である。その開拓は前半期のヨーロッパでは「大航海時代」としてあらわれた。だが，山下のいいたいことは，「この時代の交通路の開拓の主体をヨーロッパに限定する傾

向」[22]の否定にある。「大航海時代」も開拓の「一部」だというのである。そして,つぎのようにいう。「この時代のヨーロッパの海外『発展』は」,「参入のためのミニマム・チャージとしての銀を新大陸」から持ちだし,「すでにあるアジアの交易圏……に遅れて参入したにすぎない」[23]と。これに対して後半期は「交通の回路の制度化の時代」と要約される。「管理的」とは権力による交通回路の管理である。そのうえで重要なことは「このような管理の強化」が「地域的な求心性の形成」という帰結をもたらした,という主張である。その帰結こそ諸「近世帝国」の形成である。すでに述べたように,ヨーロッパの場合その「帝国」は実体としてではなく「理念」として存在した。具体的には,それはハプスブルグ帝国の歴史であり,フランス・ヴァロア家と覇権を争ったハプスブルグ家が,カール5世の時期にはネーデルラントを拠点とした新たな帝国を目指したが,その譲位後ハプスブルグ帝国は2分され,後継者と目されたフェリペ2世が「スペインの囚人」となり,1559年フランスとの間にカトー・カンブレジの和約を結ぶことで実体としての「帝国」は潰えた,とされる。ウォーラーステインは,この挫折の「空白」に資本主義世界=経済の離陸の「偶然性」をみるのだが,山下はそこになお「ヨーロッパ中心主義」を嗅ぎ取る。そして,諸帝国間に偏差はあるが,「重要なことは……近世的な地域的求心性の構造が,ひとつの型として,グローバルに共有されている」[24]ことを強調するのである。この点の評価は今後の論議の発展に委ねたいが,ただひとつ,筆者としては「ヨーロッパ中心主義」の相対化を評価しつつも,「偏差」の説明が必要であることを指摘しておきたい。その視点からすると,これまでふれてきたヨーロッパの特殊性,すなわち地理的多様性を前提とする社会・文化的な多様性,それをゆるやかに包摂するキリスト教世界による秩序化,その根底に潜む市民社会,これらの相関に留意することが重要となる。なぜならば,このことがヨーロッパ的偏差である「地域的な求心性」の低さを説明する鍵になると思われるからである。

　そして,その関連でいえば,この時期の宗教改革の評価が重要であろう。この点について,ウォーラーステインはつぎのように述べている。「つまり,北

西ヨーロッパが,より『先進的』なキリスト教徒支配下の地中海世界と経済的摩擦を惹き起こしたのが宗教改革だというべきであろう」[25]と。資本主義発展の地域的差異がキリスト教世界の分裂をもたらし,都市市民(ブルジョアジー)の活性化を惹き起こしたのである。そこにヨーロッパにおける「帝国」挫折の裏面をみる思いがするが,ここではこの問題にこれ以上立ち入らない。時代を進めよう。

3. 近代世界システムとヨーロッパ

山下によれば,近世帝国の時代は18世紀までつづいたとされるが,この「長い16世紀」後18世紀末までのヨーロッパは,別ないい方をすれば絶対主義体制の時代であり,近代国家形成の時代であった。したがって,そこには「理念」としての帝国の残像は残るにせよ,多様な近代国家への分割が進行していたのである。そして,この「分割」の動向は,これまでのヨーロッパの多様性をふまえ,またそれを塗り込めてしまうものであった。そこでまず,これまでの多様性と新たな「分割」の関連を,S. ロッカン (S. Rokkan) の歴史政治学の成果を借りてみておこう。

ヨーロッパの中心-周辺の諸構造 いうまでもなく,ロッカンが明らかにしようとしたことは,ローマ帝国崩壊後のヨーロッパにおける中心-周辺の諸構造 (Centre-Periphery Structures) である。すなわち,帝国崩壊後,その版図内にあったテリトリーはどのように離合集散しながら今日の中心-周辺の諸構造を形成したかを考察したのである。その主要な考察結果は以下の如くである[26]。

(1) 地中海からアルプスの東西を北上してライン川,ドナウ川流域に伸びる「中央交易地帯 (central trade belt)」は,「西ローマ帝国の心臓部」であり,そこには諸都市が点在し,同時にローマ・カソリック教会の拠点でもあった。この地帯では諸都市は都市国家を形成したりして競合したため地帯内の中心がなく,したがってまた近代の国家形成も遅れることとなった。そのため近代の初

めには半周辺の位置にあったが,ナポレオンの侵略でイタリア,ドイツで統一国家が形成され,欧州の中心となるに至った。ここでつぎのことに留意しておこう。それはこの地帯自体が多様な顔を内包していることである。現在は諸国民国家で覆い尽くされているが,その基層は多様で,また活力を秘めていたのである。

(2) 中央交易地帯の両端の地域では諸都市間の競合も少なく,また域内資源の支配が容易なため,比較的強力な中央集権国家が誕生した。フランスから西のイギリスへ,北のスカンジナヴィアへ,そして遅れてスペインにこの動きは広まった。この動きの第2波はドイツの形成である。これらの国々は16世紀に軍事的,文化的国境を凍結したまま,海上長距離貿易のための国境を開き,それに成功し,のちにそれらの間のヘゲモニー争いに敗れた国が周辺化したことを示している。ここで2つのことに留意しておこう。ひとつは,スペインとハプスブルグは対イスラムからカソリック国家に,ローマ帝国から外れたスカンジナヴィアではプロテスタント国家が形成されたことであり,もうひとつは,こうした中央集権国家の形成の過程で,多くの少数民族,少数言語集団など多様な欧州の顔がみえなくなっていることである。しかしそれはなくなったのではない。つぎの(3)にもみられるように,それぞれの国家の基層で生きつづけ,ときにこの中央集権国家をゆるがしている。

(3) 国家の形成は周辺を従属させていったが,なお完全に統合できなかった「境界域テリトリー(interface territory)」を生みだした。そうしたものとしてロッカンは,フランドル・ワローニア,ルクセンブルグ,アルザス・ロレーヌ,ベルンのジェラ,サヴォイ,ヴァル・ダオスタ,ニースを挙げている。さらにそのヴァリエーションとして,「失敗した中心としての周辺」(例えば,オクシタニー),「飛び地的周辺」(例えば,フリウリ・ジューリア),「外部的周辺」(例えば,南西フィンランド)を挙げている。これらは基層で生き残っている多様な顔そのものである。

このようにみてくると,ヨーロッパというのは多様な地域を基層にもち,それらが時代とともに中心-周辺関係をさまざまに変容させ,いわば重層化した

中心 - 周辺の諸構造をつくりあげていることがわかる。

「収縮の17世紀」とヨーロッパ　さて，ここで時代的文脈に戻ろう。「長い16世紀」ののちにヨーロッパの経済は収縮期に入った。ウォーラーステインはこの「収縮の17世紀は，世界システムにとっては危機でも何でもなかった。むしろ逆に，それは凝集（consolidation）の期間であった」[27]という。その意味は，「革命的な構造転換の時代」であった「長い16世紀」に比して「沈静化の時代」であり，「システムの強化」の時代であった，ということである。そのためには「国家機構の強化」が必要であり，それによる重商主義が実践された。ウォーラーステインによれば，重商主義とは「『経済上の国民主義（economic nationalism）』ともいうべき国家の政策を含むものであり」，また「商品流通への関心を中心に展開したもの」であるという[28]。前者の目的は「生産部門において全般的に効率を高める」ことであり，後者は世界市場への進出を意味した。そして，こうした重商主義の激烈な競合のなかから資本主義世界経済最初の「ヘゲモニー国家」が出現したという。ネーデルラント連邦，すなわちオランダである。それは軍事大国ではないが，先の重商主義の2つの側面で優位に立ったヘゲモニー国家だというのである。

ここで問題は，こうしたウォーラーステインの17世紀像を，「ヨーロッパ中心主義」批判の視点からどのように相対化するのかである。フランクは，「世界経済およびアジアの観点からすると」この期のヨーロッパ経済の収縮は局地的で短期的なものにすぎない，と述べている[29]。それは基本的な相対化の視点である。だが，そこではウォーラーステインのいう「凝集」にまで踏み込んだ説明はない。したがってここでは，以上の事柄を前提にその意味を考える以外にないのだが，あえていえば，「地域的な求心性」が低いという条件のなかで，アジアの諸近世帝国のニッチに潜り込む力量を強化する，といったことを意味するのではあるまいか。その「潜り込み」は「求心性」の低いヨーロッパでは多様であり，激烈な大国間の競争という形態をとることになるが，ヨーロッパ全体としては「システムの強化」という表現もできるであろう。

オランダ・ヘゲモニーからイギリス・ヘゲモニーへ　そのなかでまず「ヘ

ゲモニー」を握ったのがオランダなのである。すでにふれたように，ウォーラーステインは1625年から1675年にかけてオランダは「生産・商業・金融の3次元すべてにおいて，あらゆる中核諸国に対して優位を保っているような状態」(傍点原文)[30]にあったとし，これを「オランダのヘゲモニー」と呼んだのである。この点について山下は「オランダ植民地主義」の評価という側面から検討し，近世オランダ東インド会社による植民地貿易は近世帝国のニッチで展開したにすぎず，その意味で「すでにできあがった近世帝国の空間的分節に対して従属的ないし補完的に対応したもの」[31]としてその「限界」を指摘している。つまり，この時期のオランダを近代世界システムのヘゲモニー国家とみる視点にも「ヨーロッパ中心主義」を嗅ぎ取り，これを批判しているのである。

ところで，ウォーラーステインによれば，「オランダのヘゲモニーが（イギリスによる：筆者挿入）最初に挑戦をうけたのは，1651年のことであった。」[32] この年イギリスは航海法を発布したが，そこでは「イギリスに輸入される商品は，イギリス船か，その商品の原産国——最初に積み出された港——と既定」されており，それは「オランダの中継貿易の打破」を目的としていた，というのである[33]。これを契機として両国間で戦争が起こり，これにフランスも参入したが，1672年には抗争の中心は英仏間に移り，オランダは「第二義的な存在に転落」したという。こうして「オランダのヘゲモニー」は潰えた。そして，1689年には，イギリスとフランスはオランダよりも「強い国家」となったのである。その後1689年から1763年までは「間断のない英仏抗争」がつづくが，この「1763年という年は，いわゆる第二次英仏百年戦争が終わって，イギリスの勝利が決定した年」[34]とされる。ヘゲモニーはイギリスが手中にしたのである。産業革命はその前提のひとつであり，フランス革命はこの「ヘゲモニー争いの敗北」がもたらした帰結である。そして，この後者についてウォーラーステインが「『近代世界システム』史上初めて，本格的な反システム（つまり反資本主義）運動が勃興することになった」[35]と位置づけていることを付言しておきたい。つまり，そこに「反ブルジョア」としての社会運動の萌芽をみいだすことができるのである。そしてこの動きは「ブルジョアジーとしての市

民」から「シトワイアン／シヴィルとしての市民」への転換とも関わってくる。

「1800年の世界」　さて，こうして本章は，山下のいう「1800年の世界」にたどり着いた。すでに1節でふれたように，山下はこの1800年前後の時期を「グローバリティの句切れ」が生じた時期とし，近世から近代への転換点としている。この転換は「質的な断絶」であった。その「断絶」について山下は3つの点を挙げる。その第1は「国家体系の完結性」の単位が近世帝国からネイションに変化したことである。国家はネイションと一致することになる。その第2は「領土的な拡張主義の様式」が近世帝国的なそれ，つまり帝国としての求心性を保ちながら空白な外側を包摂する様式から，近代国民国家的な「植民地主義」へ転換したことである。そして第3は資本主義が「地理的な距離によって与えられている所与の差異を媒介とする」近世資本主義と「時間を先取りすることで創り出される差異を活用する」近代のそれとの「対照」である[36]。

この「質的な断絶」は「世界経済／世界システムにおけるアジアとヨーロッパの地位の『交替』」[37]をもたらした。フランクによれば，18世紀後半までは「衰退するアジアと勃興するヨーロッパとの間で，政治経済的なパワーが競合し，『共有』されていた」が，いまや「新しい『ヘゲモニー』的秩序が打ち立てられ，ヨーロッパがその中心の座を占めたのである。」[38]ヨーロッパはアジアの近世諸帝国の衰退に助けられて，世界システムのヘゲモニーを握ることができたというのである。すでに「求心性」の低さから諸国民国家を形成していたヨーロッパでは，このヘゲモニーは英仏抗争に勝利したイギリスが担うことになり，その「領土的な拡張主義の様式」は「植民地主義」に転ずることになる。それを経済的に担う資本主義が時間的差異による収奪を事としたのはいうまでもない。1800年前後の「グローバリティの句切れ」をくぐり抜けて，イギリスはまさに世界システムのヘゲモニーを握ったのである。

グローバル・ヘゲモニーとしてのイギリス　イギリスのヘゲモニーは最初のグローバルなヘゲモニーであった。秋田茂は「ヘゲモニー国家イギリスの特

徴」を3つ挙げる。その第1は「広大な公式帝国を保有していた点」である。ここで「公式帝国」とは従属植民地と自治領を指すから，イギリスの領土拡張様式は「植民地主義」に転じていたのである。その第2は「経済構造面での金融力」，すなわち「ジェントルマン資本主義論で強調されるシティの金融・サービス部門」の力であり，そして第3が海軍を軸とした「軍事力」である[39]。これら3つの点は相互に密接に関連してヘゲモニー国家イギリスの優位をもたらしたが，とりわけ「公式帝国」インドの果たした役割は「決定的に重要である。」G. アリギ（G. Arrighi）はいう。「19世紀のイギリスを中心とする世界資本主義システムは，最初から最後までインドからの貢納に依存していた」[40]と。さらにここで，「公式帝国」と並んで，19世紀の中国，ラテンアメリカ諸国，オスマン帝国らの「非公式帝国」も重要であったとの指摘も付け加えておこう[41]。以上をふまえれば，イギリスのグローバルなヘゲモニーはすでに述べた近世帝国の衰退のうえに可能であったことは明らかであろう。

　では，ヨーロッパ内でのイギリスと他の諸国との関連はどうであったか。この点についてP. K. オブライエン（P. K. O'Brien）は「競争相手国は，対革命・ナポレオン戦争で打撃を受けて動揺した政治経済制度の再建を優先した」[42]として，具体的に以下のように述べている。「フランスは当面，帝国形成の野望を棄てた。スペインとポルトガルは，アメリカ大陸の植民地の多くを喪失し，政治的な不安定に悩まされた。イタリアとドイツは，国家形成・統一・ナショナルアイデンティティの内政問題に専念した。オーストリアは，ハプスブルグ王朝が統治する多様な民族集団の統合にとらわれた」[43]と。そしてイギリスはこれらの国々の「嫉妬を避けるために，ヨーロッパ権力政治への関与を最低限に抑える」[44]戦略をとり，こうして求心性の低いヨーロッパ大陸での勢力均衡は不安定を内包しながらも保たれたのである。

　均衡の「ゆらぎ」は1871年の普仏戦争頃からあらわれ始めた。「ビスマルクの世界政策は，イギリス経済の卓越した地位，イギリス本国の安全保障，海外でのイギリス帝国の拡張に対する挑戦状を突きつけた」[45]のである。新たなヘゲモニーへの動きは「後発の」統一国家ドイツからあらわれたのである。この

「挑戦」はヨーロッパ諸国の勢力均衡を崩し，対抗関係を昂進させることとなった。その帰結として第一次世界大戦が起こるが，インドでの反乱を抱えるイギリスには単独でこれを処理する力はなく，三国協商によってドイツに勝利した。この時すでにイギリスのヘゲモニーは失われていたのである。その後「戦間期」を経てドイツは再び「第三帝国」として台頭し，新たな世界的ヘゲモニーの獲得を目指した。周知のように，これに対抗したのがアメリカであり，第二次世界大戦を通じてドイツに勝利し，資本主義世界＝経済のヘゲモニーを握ることになった。そして，この時，このアメリカの勝利を助けたのが「反システム運動」の成果としての旧ソ連邦であった。

東西ヘゲモニーの谷間　こうしてヨーロッパからヘゲモニー国家が失われた。ヨーロッパは依然として世界システムの中心部ではあったが，ヘゲモニーの中心ではなくなったのである。いいかえれば，ヨーロッパは東西のヘゲモニーの谷間に置かれ，そのなかで自らの運命を切り開かねばならなくなったのである。この点が後述する EC から EU への展開につながっていくことはいうまでもない。

その後今日にいたるまでアメリカのヘゲモニーはつづいているが，ヨーロッパとの関連で無視できない出来事が3つある。その第1は1968年革命である。ウォーラーステインはこの革命を，1848年革命につづく2度目の世界革命，すなわち世界システムを変える革命として非常に重視している。この評価の確定にはなお時日を要するように思うが，IMF・GATT体制のゆらぎ始めとも一致しており，アメリカのヘゲモニーに対する挑戦であったことは確かであろう。それはECの促進にもつながっていくことになる。その第2は1989年から91年にかけての東欧・ソ連の体制崩壊である。再びウォーラーステインによれば，それは1968年革命の継続であり，パックス・アメリカーナの終焉であるが[46]，それは前の革命よりも直接にヨーロッパに甚大な影響を与えている。そして第3が2001年9月11日の同時多発テロ事件である。それが第2の出来事からのいっそうの転換，すなわち「『和解と協調の時代』から『世界の無秩序化』へ」[47]の転換であってみれば，ヨーロッパ統合にとって試練の出来

事であるといわねばなるまい。この第2，第3の点については，次節で必要に応じてふれることにしたい。

4．世界システムとヨーロッパ統合

　最後に，以上をふまえて，現代的課題であるヨーロッパ統合の意味を，世界システムのパースペクティヴから検討しておこう。

　ウォーラーステインのヨーロッパ統合評価　まず，その世界システムにおける位置づけについて，ウォーラーステインの意見を聞いてみよう。かれは世界システム全体の展望という点からみると，ヨーロッパ統合にはひとつの巨大な否定面と，これに匹敵する3つの肯定面がある，という。すなわち，「否定面とは，……現存しないような相対的安定がつくりだされ，また世界システムにおける諸勢力の相対的均衡がもう一度つくりだされ，現存する資本主義世界経済に少なからぬ新たな生命が吹き込まれること」であり，3つの肯定面とは，第1には，インターステイト・システムが再編成され，より安定した力のバランスが生みだされること，第2には，既存のイデオロギーに替わる知的革命が起こるであろうこと，そして第3には，そのような知的革命によって世界の反システム運動が袋小路から抜け出すかもしれないことである，と[48]。

　以下，このウォーラーステインの意見を手がかりに検討を進めたいと思うが，それに先だって2つの点に注意を促しておきたい。そのひとつは，このウォーラーステインの「否定面」と「肯定面」の対比が，序章でふれたジオポリティクスおよびジオカルチュア論をふまえていることである[49]。すなわち，「現存する資本主義世界経済」の延命策に対して，それを乗り越える「インターステイト・システムの再編成」「知的革命」「反システム運動」が対置されているからある。したがって，「否定面」と「肯定面」は一応分けて検討することができる。もうひとつは，このウォーラーステインの意見には，本章で検討してきたヨーロッパの多様性および特殊性への視点はないということである。そこになおヨーロッパ中心主義の臭いを嗅ぐこともできるが，そのことはあま

り重要ではない。むしろ，ヨーロッパの多様性および特殊性の視点をウォーラーステインの意見にどのように接合しうるかを考えることが必要であろう。

　そこで，まず，「巨大な否定面」から検討を進めよう。いうまでもなく，「現存する資本主義世界経済」を否定しようとするウォーラーステインにとっては，その「相対的安定」「相対的均衡」を創り出すヨーロッパ統合は「世界システム全体の展望」にとっての「否定面」を意味する。いいかえれば，この動向はヨーロッパが世界システムの中心部として「攻勢的に」生き残ろうとする運動だということである。しかもそれは前節末でふれた第2，第3の出来事を契機に，肯定面の第1点をも包摂しつつあるようにみえる。

　では，この「世界経済」への「新たな生命」は誰によって，どのように「吹き込まれ」ているのであろうか。基本的には，それは多国籍企業を初めとする巨大資本の蓄積運動によってであろう。そして，この運動は，1980年代以降，アメリカおよび日本の巨大資本との厳しい競争を迫られるなかで，いっそう強化された。このことはすでに1節でふれた「統合」の第3の意味と関わっている。ドイツ統一と東欧革命はこの競争環境に「ゆらぎ」をもたらしたが，基本的な動向に変化をもたらすものではなかった[50]。つづく同時多発テロによる「ゆらぎ」にもEUは敏速に対応した。だが，それで「ゆらぎ」が収束しているわけではない。経済のグローバリゼーションの下での金融危機はリーマン・ショックを契機にEUに波及し，ギリシャ，アイルランドなどで国家とEUの関係が「きしみ」始めているからである。こうした「ゆらぎ」は，EUが「安定性」の原則に立つ限り繰り返しあらわれつづけざるをえないだろう。その際この「きしみ」は「新たな生命」の社会的，政治的領域への拡延にも定礎しており，EUは厳しい試練に晒されつづけることになろう。

　この最後の論点について平田清明の議論を手がかりにしてみよう。まず，かれは，冷戦終結後，東側での「インターステイト・ユーラシアン・コミュニティ」の形成に対して，西側では「トランス・ナショナル・ユーロピアン・コミュニティ」が形成されているとしたうえで，以下のように述べる。すなわち，「西側におけるこの新展開は，単に資本の支配としての資本主義の拡延を意味

するものではない。それは，資本主義的な経済システムがそれに先在する市民社会の現代的成熟とそれと共生してきたフォーデズム型福祉国家の発展によって調整される歴史的基調のうえに，諸国民国家間の覇権競争を制御する国際的合意機関の形成過程なのである」[51]と。この論理を借りれば，「フォーデズム型福祉国家」と「諸国民国家間の覇権競争を制御する国際的合意機関」との間に「きしみ」が生じているのである。つまり，共通「雇用・福祉政策」や「共通外交・安保政策」を「合意」によって「深化」しようとすると，それが「国家」との間に「きしみ」を生ずるのである。このことはEUの「拡大」にともなってさらに深刻化する。その根拠は「『安定性』の原則」(カッチャーリ)に立脚するEU機構と，ヨーロッパの特殊性，その多様性という基盤の矛盾・齟齬にあるといえよう。平田の主張ではこれらの点が充分ふまえられていないように思う。そして，さらにいえば，こうしたかれの論理には「インターステイト・ユーラシアン・コミュニティ」を相対化する視点がみられない。その意味ではウォーラーステインのいう「否定面」の含意はここにはないといわざるをえない。

　ここで論点は2つに分かれた。ひとつはヨーロッパの統合とその特殊性・多様性との関連であり，もうひとつはヨーロッパ統合の相対化の問題である。この後者の論点はのちにふれるとして，まず，前者の論点をとりあげよう。この点については，1節でふれたトッドは「政治的構築物としてはヨーロッパは極めて多様で細分化されているがゆえに，ヨーロッパは外的圧力と恐怖によってしか（統合へ：筆者挿入）前進しない」[52]と外在的契機を強調し，過去における「巨大なロシアへの恐怖」，最近でのアメリカ合衆国の「落ち着きを欠いた行動振り」を例に挙げている。そのうえでトッドは，内在的契機は考えない方がよいという。すでにみてきたように，筆者は，歴史をふまえることでヨーロッパの多様な基層の重要性を認めている。しかしながら，統合の契機を外在的なそれにのみ求める考えには疑問なしとしない。ヨーロッパの多様な歴史的基層を重視するならば，その多様性を組み上げ，統合を推進しているメカニズムにも留意しなければならない，と考えるからである。それはまさに外在的契機に対

応する内在的契機なのである。

ヨーロッパ統合の外在的契機と内在的契機　では，その内在的契機とは何か。すでにみたように平田は，「市民社会」という同質性の「現代的成熟」が「フォーデズム型福祉国家」を支えるという「歴史的基調」に，これをみいだしているようである。だが，そこにはいくつかの問題が存在する。まず，その場合の「市民社会」とは何であろうか。氏の立場からすればそれは「シトワイアン／シヴィルの社会」であろう。とすれば，それが「歴史的基調」となるとはいかなる意味か。すでに 2，3 節で折にふれてみてきたように，この概念はキリスト教との緊張関係のなかで生き延び，18 世紀にもうひとつの市民である「ブルジョアジー」との対抗関係のなかで新たな現代的意味を獲得してきたのである。したがって，それはのっぺりとした「同質性」ではなく，ダイナミックな時代の文脈のなかでヨーロッパの人びとを結びつけてきたものなのである。それ故にこそ，それは「多様な基層」との関連を持つことができるのである。平田氏の視点にはこうしたヨーロッパ的特殊性との関連が欠けている。内在的契機はこうした特殊性をふまえた「歴史的基調」であらねばなるまい。こうした問題を解決し，こうした批判に応えることは現行のヨーロッパ統合とは異なるオルタナティヴを探ることとなる。とすれば，これらはウォーラーステインのいう「肯定面」との関連で検討するのが適切であろう。

　すでにみたように「3 つの肯定面」は新しいジオポリテックスとジオカルチュアを求めるものであった。すなわち，「インターステイト・システムの再編成」はジオポリテックスの，「知的革命」と「反システム運動」はジオカルチュアの，それぞれ革新なのである。ではその意味は何か。まず，「国家間システムの再編成」。ウォーラーステインはこのことの意味を，「逆説的ながら，ヨーロッパは冷戦の中心舞台でなくなり」「核戦争の可能性が低下すること」に求めている[53]。だが，冷戦が終結したいまでは，この可能性は無視できないが低下しているとはいえよう。ここにはそれ以上の意味はないのか。つまり，「否定面」の止揚につながる意味はないのであろうか。筆者の判断は現行の「インターステイト・システムの再編成」ではまだ困難であり，そのフェデラ

ルな改革が必要だというものである。例えば，J. ズィーロンカ（J. Zielonka）は，序章でふれた「帝国」の概念によって「ウエストファリア型スーパー国家（帝国）」，「ネオ中世型帝国」という2つのモデルを構成し，EUは後者に類似しているとする。この場合，前者は「単一の権威的中心をともなう明瞭なヒエラルヒー的構造」，「ハードに固定された外部との境界線」など，後者は「多様な政治的単位とローヤリティの相互浸透」，「流動的でソフトな境界領域」などをそれぞれ特徴とする[54]。だが，この後者がフェデラルな改革にどれだけ接点をもつかはなお検討の余地があろう。

では，この「困難」はどのようにして乗り越えられるのか。ウォーラーステインにとっては，それが「知的革命」であり，それに基づく「反システム運動」の新展開なのである。前者は既存のイデオロギーを乗り越えるものであり，その根底にある知識の「ベーコン＝ニュートン」的段階を乗り越えることであり，後者はこれにより「世界の反システム運動がその戦略的選択を真の意味で再検討する余地が生じることである[55]」。だが，その中味はいまだ未知数である。ヨーロッパはある意味では，世界システムのなかでこの「未知数」を拓く可能性をはらんでいるのかもしれない。だが，それは知的エリートに委ねられるものでもあるまい。そのための基盤は上記の「多様な基層」をもつ「市民社会」に求められねばなるまい。要約していえば，それはグローバルな政治経済の出現のなかで，国家という政治的権威にかわって，多様なアイデンティティや権威が複雑なネットワークを形成し，共存している状態を創り出すことである。またそれはヨーロッパの基層に戻ることでもあろう。もちろんそれは単なる中世の再現ではない。基層を大事にした統合であり，新しいヨーロッパ像なのである。リージョナル・システムとしてのEUとその改革はこのような意味でも注目に値するのである。

1) 宮本光雄『国民国家と国家連邦―欧州国際統合の将来』国際書院，2002年，p. 30.
2) M. カッチャーリ（八十田博人訳）「講演　群島としてのヨーロッパ」『現代思想』

第 30 巻第 10 号（2002 年 8 月），p. 25 および p. 29.
3) E. トッド「〈インタビュー〉多様性としてのヨーロッパ」『別冊 環 ⑤ ヨーロッパとは何か』藤原書店, 2002 年, p. 67.
4) M. カッチャーリ, 前掲講演, pp. 26-29.
5) C. E. Black, *The Dynamics of Modernization : A Study in Comparative History*, Harper & Row, 1967（内山秀夫・石川一雄訳『近代化のダイナミックス―歴史の比較研究』, 慶応通信, 1968 年）邦訳：pp. 9-21.
6) W. W. Rostow, *The Stages of Economic Growth : a non-communist manifest*, Cambridge University Press, 1960（木村健康・久保まち子・村上泰亮訳『増補 経済成長の諸段階：一つの非共産党宣言』ダイヤモンド社, 1982 年）邦訳：p. 10.
7) I. Wallerstein, *The Modern World-System I : Capitalist Agriculture and the Origins of the European World-Economy in the Sixteenth Century*, Academic Press, 1974,（川北稔訳『近代世界システム I-II：農業資本主義と「ヨーロッパ世界経済」の成立』岩波書店, 1981 年）邦訳：I-p. 21.
8) E. W. Said, *Orientalism*, Georges Borchardt Inc., 1978（板垣雄三・杉田英明監修 今沢紀子訳, 『オリエンタリズム』平凡社, 1993 年）邦訳：下-p. 319.
9) A. G. Frank, *ReORIENT*, University of California Press, 1998（山下範久訳『リオリエント』藤原書店, 2000 年, ）邦訳：p. 550.
10) 山下範久『世界システム論で読む日本』講談社選書メチエ, 2003 年, p. 66.
11) 佐藤彰一『中世世界とは何か』岩波書店, 2008 年, pp. 1-2 および pp. 18-21.
12) J. L. Abu-Lughod, *Before European Hegemony : The World System A. D. 1250–1350*, Oxford University Press 1989（佐藤次高・斯波義信・高山博・三浦徹訳『ヨーロッパ覇権以前（上）（下）』岩波書店, 2001 年）邦訳：下-pp. 183-185.
13) *Ibid.*, 邦訳：上-p. 13.
14) M. Riedel, Bürgerliche Gesellshaft „*Geschichtliche Grundbegriffe*" Bd.2, 1979（河上倫逸／常俊宗三郎編訳『市民社会の概念史』以文社, 1990 年）邦訳：p. 19.
15) *Ibid.*, 邦訳：p. 20.
16) *Ibid.*, 邦訳：p. 21.
17) C. Chase-Dunn and T. D. Hall, *Rise and Demise : Comparing World-Systems*, Westview Press, 1997, p. 172.
18) M. Mann, *The Sources of Social Power Vol. 1 : A history of Power from the Beginning to A. D. 1760*, Cambridge University Press, 1986,（森本醇・君塚直隆訳『ソーシャルパワー：社会的な〈力〉の世界歴史 I 先史からヨーロッパ文明の形成へ』NTT 出版, 2002 年）邦訳：p. 408.
19) J. L. Abu-Lughod, *op. cit.*, 邦訳：下-p. 183.
20) *Ibid.*, 邦訳：下-p. 175-176.

21) 山下範久, 前掲書, p. 72.
22) 同, p. 76.
23) 同, p. 77.
24) 同, p. 87.
25) I. Wallerstein, *op. cit.*, 邦訳：p. 222.
26) S. Rokkan et al., *Centre-Periphery Structures in Europe: An ISSC Workbook in Comparative Analysis,* Campus, 1987, pp. 58-63.
27) I. Wallerstein, *The Modern World-System II : Mercantilism and the Consolidation of the European World-Economy, 1600-1750,* Academic Press, 1980（川北　稔訳『近代世界システム 1600～1750：重商主義と「ヨーロッパ世界経済」の凝集』名古屋大学出版会, 1993年）邦訳：p. 34.
28) *Ibid.*, 邦訳：p. 44.
29) A. G. Frank, *op. cit.*, 邦訳：p. 402.
30) I. Wallerstein, *op. cit.* (1980), 邦訳：46.
31) 山下範久, 前掲書, p. 144.
32) I. Wallerstein, *op. cit.* (1980), 邦訳：p. 92.
33) *Ibid.*, 邦訳：p. 94.
34) *Ibid.*, 邦訳：p. 306.
35) I. Wallerstein, *The Modern World-System III : The Second Era of Great Expansion of the Capitalist World-Economy, 1730-1840s,* Academic Press, 1989（川北稔訳『近代世界システム　1730～1840s：大西洋革命の時代』名古屋大学出版会, 1997年）邦訳：p. 106.
36) 山下範久, 前掲書, pp. 148-154.
37) A. G. Frank, *op. cit.* 邦訳：p. 585.
38) *Ibid.*, 邦訳：p. 526.
39) 秋田茂「総論　パクスブリタニカとイギリス帝国」（秋田茂編著『パクスブリタニカとイギリス帝国』ミネルヴァ書房, 2004年, 所収）p. 10.
40) G. アリギ／秋田茂訳「近代世界システムの形成と変容におけるヘゲモニー国家の役割」（松田武・秋田茂編『ヘゲモニー国家と世界システム：20世紀をふりかえって』山川出版社, 2002年, 所収）p. 322.
41) 秋田茂, 前掲書, p. 8.
42) P. K. オブライエン／秋田茂訳「パクス・ブリタニカと国際秩序 1688-1914」（松田武志・秋田茂編, 前掲書, 所収）p. 100.
43) 同, p. 100.
44) 同, p. 101.
45) 同, p. 121.

46) I. Wallerstein, *Geopolitics and Geoculture : Essays on the changing world-system,* Cambridge University Press, 1991（丸山勝訳『ポスト・アメリカ：世界システムにおける地政学と地政文化』藤原書店，1991 年）pp. 23-24.
47) 山下範久「ポスト冷戦と 9.11 のあいだ」（岩崎稔・上野千鶴子・北田暁大・小森陽一・成田龍一編著『戦後日本スタディーズ③ 80・90 年代』紀伊国屋書店，2008 年，所収）p. 46.
48) I. Wallerstein, *op. cit.* (1991), 邦訳：p. 111.
49) ジオポリテックス（geopolitics）が地理的な政治・軍事戦略を意味することは説明を要しまいが，ジオカルチュア（geoculture）は，序章 3 節で述べたように，ウォーラーステインにあっては「世界システムが作動する文化的枠組み」である，と同時にそれは世界の変革を思考する枠組みを孕んでいる。I. Wallerstein, *ibid,* 邦訳：pp. 36-39, 参照。
50) A. Gamble and A. Payne (eds.), *Regionalism and World Order,* Macmillan, 1996, p. 264.
51) 平田清明，『市民社会とレギュラシオン』岩波書店，993 年，p. 22.
52) E. トッド，前掲インタビュー，p. 54.
53) I. Wallerstein, *op. cit.* (1991), 邦訳：p. 112.
54) J. Zielonka, *Europe as Empire : The Nature of the Enlarged European Union,* Oxford University Press, 2006.
55) I. Wallerstein, *op. cit.* (1991), 邦訳：p. 112.

3章

ヨーロッパとイタリア

―― 世界システム分析の視点からの覚書 ――

1. イタリア分析の文脈――比較世界システム分析との関連で

イタリア分析の4つの文脈　今日，イタリアを論ずることの意味は何か。これまでの論議を振り返ってみると，主要には4つの文脈に整理できるように思う。比較世界システム分析の視点を援用しながらこの文脈をたどることを通じて本章の視点を提示してみたい。

歴史的にみて，まず最初の文脈は，古代ローマ帝国との関連を問うそれであろう。帝国の起源については諸説があるが，さしずめオクタヴィアヌスがアウグストゥスの称号を受けた前27年とすれば，以後395年の帝国の東西分裂までを帝国期とみるのが妥当であろう。この古代ローマ帝国を支えた経済的基礎は地中海の交易であり，その繁栄の恩恵を受けるイタリアは特権を持つ「ローマ市民共同体の母地」(弓削達) であった。こうした帝国は分裂によって崩壊した。だが，それは帝国の終焉ではあってもローマのそれではなかった。「文明の普遍的諸価値の創造者，保持者として意識されるローマの伝統」である「ローマ性 (romanità)」の概念は，その後「カトリックの総本山としてのローマ」を意味する第二のローマ」，「近現代イタリアの首都」を意味する「第三のローマ」等々として後世に引き継がれているのである[1]。これらについては，2節以下で折々にふれるとして，ここで再度強調しておきたいのは，この「伝統」の母体が地中海世界の繁栄にあったことである。

第2の文脈はルネサンスとの関連での論議である。ルネサンスが14世紀か

ら16世紀中頃にかけての美術，文学，建築を中心とした文化の著しい興隆であり，その発端の地がイタリアであったこと，そして，それが都市，とりわけ自由都市における「商工市民の経済的繁栄を基礎として」[2]生まれたことはいうまでもない。そのうえでこれまでのルネサンス論議をかえりみると，その多くは中世と近代の過渡期に興隆したブルジョア文化の先駆という文脈でなされているように思う。だが，それだけではあまりにヨーロッパ中心的な考え方ではあるまいか。少なくとも，先の自由都市が「13世紀世界システム」を構成する8つのサブ・システムのひとつである「ヨーロッパ・サブシステム」の結節点であったこと[3]，いいかえれば，ルネサンスは世界システムの「ひとつのサブ・システム」のダイナミズムと関わって起こったことを視野に入れるべきであるまいか。

そして第3の文脈は南北問題である。その淵源は近代以前に遡るが，ここで取り上げたいのは「近代化に立ち遅れたイタリア」という文脈である。これはイタリア近代国家統一運動であるリソルジメント（Risorgimento）の論議にもみてとれる。すなわち，その論議は，これまで存在したことのないイタリア国家をリソルジ（再興）することの意味を問い，フランス革命の思想と結びついた近代国家を，すでにふれた「ローマ性」をふまえて創り出すという方向で展開したが[4]，そこにはすでに少なくともフランスに立ち遅れた後発国イタリアを急速に近代化させようという強烈な意志がうかがえる。だが，こうした建国者たちの熱意にもかかわらず，北部と南部の経済格差，社会構造の差異は容易には埋まらずに今日に至っている。そこにはフランス，ドイツを軸とした「ヨーロッパ・センタード・システム（Europe-Centered System：ECS）」（チェイス＝ダン＆ホール）と地中海世界とのせめぎ合いをみいだすことはできないであろうか。

最後の文脈はヨーロッパ統合をめぐる論議である。まず，ヨーロッパ統合とは何かという論議があるが，それについてはウォーラーステインにならって「ヨーロッパが世界システムの中心部として『攻勢的』に生き残ろうとする運動」としておこう。そして，イタリアはその創始国のひとつである。しかし，

現実のイタリアの動きは「近代世界システム内のアンビバレントな位置」，すなわち「半周辺と中心の境界の位置」に規定されて不安定である。その背景には，上記第3の文脈でふれたECSと地中海世界とのせめぎ合いがあるように思う。それ故に，このせめぎ合う2つのシステムのどちらに重点を置くかでリージョナルな戦略が割れるのである。

さて，以上のように比較世界システム分析の視点を援用しながらイタリアについての論議の文脈を整理してみると，この分析視点にはこれまでのイタリア研究になかった有効性がみいだせるように思う。そこでこの視点に立って，改めて世界システムにおけるイタリアの位置づけを歴史的に再構成することを試みてみたい。もちろん，その作業は膨大である。本章はその前提をいくつか素描するにとどまる。

2．ローマ帝国とイタリア

アフロユーラシアとローマ帝国　前章でも指摘したが，ヨーロッパの多様性と特殊性を明らかにする鍵は「ヨーロッパ覇権以前」(アブー＝ルゴド) にある。このことはイタリアを考える場合にも当てはまる。そこでここでもアフロユーラシアにおけるローマ帝国の位置を検討することから始めよう。

いうまでもなく，ローマ帝国はこの世界システムの西端に含まれる。では，そこでの位置はいかなるものであったか。すでに述べたように，チェイス＝ダンとホールはこのシステムの歴史を3つの時期に区分しているが，ローマ帝国はその第1期に登場する。すなわち，その第1期は，紀元前500年頃から紀元600年位までの古代シルクロード時代であり，このシルクロード以前にはヨーロッパ自体まだ周辺部であったが，その後半に地中海世界を土台にローマ帝国が誕生するのである。この地中海世界，とくに東地中海世界は，メソポタミア文明とエジプト文明の影響を受けて，それに先立つ時代から生産と交易を発展させていた。地中海ダイナミックスの始まりである。

世界システム (World System)[5]の上昇・下降の歴史のなかでローマがヘゲモ

ニックな意味で登場するのは，アレキサンダー大王の帝国が繁栄した上昇期 (330-250/200 BC) のあとの下降期 (250/200-100/50 BC) である。先述のように，この時期に帝国として台頭したローマは，下降期の経済的，政治的困難をグラックスの改革などで乗り切り，ヘレニズム世界に介入するまでに至った。とはいえ，「世界システムのこの地域での唯一のヘゲモンというわけでは決してなかった。」[6) そしてこの時，イタリア地域，とりわけそのローマ以南は帝国の「マザーランド」として歴史に登場したのである。そしてこの「マザーランド」の中枢たる「母市」ローマからは域内の要衝に向かって街道が張りめぐらされた。その意味についてはのちにふれる。

つづくシステムの上昇期 (100/50 BC-150/200 AD) には，「ローマ帝国は域内の（ヘゲモニー的）平和と経済的繁栄・拡大の時期に入った。」[7) そしてこの帝国を軸とした西地中海世界は周辺部から脱してアフロユーラシアのひとつの中心を占め，それ以東の諸世界システムとの複雑な相互交流を持つこととなったのである。すでにふれた古代シルクロードを介した中国との交易が定期化したのもこの時期である。

ローマ帝国の特殊性　しかし，それはあくまで「ひとつの中心」であった。とすれば，その「ひとつ」の意味が問われなければなるまい。その特殊性とは何か。この問いに答えることは筆者の能力を超えるが，後述との関連からここでは以下の3点にふれておきたい。その第1点は先にふれた弓削達の「ローマ市民共同体」についてである。いうまでもなく，弓削はK.マルクスの古典古代的形態やM.ウェーバーの重装歩兵ポリスの概念をふまえながら「市民共同体」の概念を提起するが，そこではギリシャの「ポリス」とローマの「レス＝プブリカないしキウィタス」の共通性と相違性が指摘される。このうち共通性とは，商品貨幣関係発展に好都合な条件に恵まれていたことから「私的所有の原理が伸長」し，それに応じて共同体の分解速度が早かったこと，その過程で「世界史的には異例な，といわれる奴隷制を発展させた」こと，にもかかわらず「厳しい国際関係の場に置かれた」ため，「生存をつづけるための自然的・本能的な自衛力」として分解を復元させる力が強く働いたこと，の諸点で

ある。そのうえで弓削はローマの「復元作用」の特殊性として，その「植民の仕方」を挙げる。ここで「植民」とは，私的土地所有が進展して共同体所有の土地が減少し，そのため市民（農民）に共同体所有のなかから私有地として再割当する土地が不足した場合に，新たに土地を取得する方法である。ここまではギリシャもローマも同じであるが，その「植民の仕方」で両者は異なる。すなわち，ギリシャは植民市を「新たなポリス，独立の都市国家」としたのに対し，ローマは「母市ローマの行政的下位単位であるいずれかのトリブス（tribus, 区）に所属させられ」，植民者はトリブス員となり，さらに征服した土地の住民他の「他の共同体の成員」にも「ローマ市民権」を与えたのである[8]。

ローマ帝国の特殊性はほぼ以上の「市民共同体」の説明に込められているように思うが，それを補足する意味で，あと2つの点を説明しておきたい。そのひとつは，いましがた述べた「植民の仕方」に関わることであるが，この「母市ローマ」と「植民市」の関係はローマの「フェデレーション戦略」と呼ばれ，その起源はローマ人が国家形成前の地方部族としてエトルスキおよび広大な地中海ネットワークに組み込まれていったときに遡るとされていることである。この戦略をもって「ローマ人は拡張的で，ルーズにフェデレートする軍事同盟を形成し，そのことでイタリア半島を征服し」[9]，さらに帝国においてもこの戦略が用いられたというのである。とすれば，このフェデレーション戦略の根は深いわけであり，それは後述する都市国家間関係にまで連なっているように思える。

もうひとつは，前章でも「ヨーロッパの特殊性」として取り上げた市民ないし市民社会という「術語」（リーデル）との関連である。ここでも2つの点に留意しておきたい。1点目は市民（キウィタス）理念が「帝国に包括される諸国民と諸民族の連合（の理念）へと展開」されたという点で，これは先の「植民の仕方」の内実を語っている。2点目は「こうした土壌のうえに，キリスト教が古代世界に浸透することになった」[10]という点である。

ただしその初期の支持者の多くは奴隷などの貧困層であり，市民層は少なかった。市民権をもった使徒パウロはその先駆であろう。この点についてはまた

のちにふれる。

ローマ帝国の崩壊　さて，つづく世界システムの下降期（150/200-500 AD）に入って，ローマ帝国は中国の漢王朝と同時的に崩壊へと向かう。この「同時的に」ということの背景はアフロユーラシアの危機である。タリム盆地での戦争によってシルクロード沿いの諸民族が対立して交易が妨げられ，また交易の活性化にともなう病気の蔓延が起こり，「その統合はつづく一時的なシステムの不統合へとつながった」[11] のである。第1期の終了である。そのうえでローマ帝国について付言すれば，そこでは植民による拡張が限界に達し，これにともなって奴隷が不足し，経済が低迷することとなった。このことは，いいかえれば，この事態に対処する「市民共同体」の復元力はもはや尽きたということであろう。こうしてアフロユーラシアの危機の一環として，395年ローマ帝国は東西に分裂し，ローマに母市をおいた西ローマ帝国は476年滅亡した。

いくつかの補足　以上の叙述がいささかローマ帝国の位置づけ，その特殊性に記述が傾いたので，ここで後述との関連に留意しながらイタリアに関する補足を行い，この節のまとめに代えたい。まず，テーベレ河畔のローマに形成された地方部族がエトルスキ王権の支配を脱して共和政を成立させたのは前509年である。その後ラテンの諸都市，エトルスキを平定してイタリア半島に覇を唱えたのが前270年代であった。まだアレキサンダー大王の時代である。そしてこのあと，3次にわたるポエニ戦争でカルタゴに勝利したことで西地中海を手中に収め，帝国へと転化していったのである。留意したいのは，この帝国以前の歴史のなかに，ローマ帝国の特殊性であるローマ的市民共同体，植民市に対するフェデレーション戦略（すでにふれたローマと植民市を結ぶ街道もこの時期に整備された）がすでに形成されていたことである。ただし，キリスト教と習合した市民社会はまだ形成されておらず，両者は相克の関係にあった。すなわち，キリスト教が次第に富める人びとを受け入れ教義も修正すると，これがまた市民層・貴族層への浸透をもたらすことになり，ここに両者の相克が顕在化してくることになったのである。64年の皇帝ネロによるキリスト教徒迫害がそのひとつの証左である。「習合」は3世紀頃から急進展する。

3．ヨーロッパ・サブシステムとイタリア

アフロユーラシア第2期とイタリア　アフロユーラシアの第2期の前半は西ヨーロッパが周辺化した時期である。この時期，すなわち500-750/800年の時期は世界システムの上昇期であったが，ヨーロッパのみはその拡大・繁栄からは除外された。これがヨーロッパの「暗黒時代」である。しかし，その表現があてはまるのは北西ヨーロッパであって，地中海沿岸はそれ程壊滅的ではなかったという。この時期イタリア半島には，5世紀末に西ゴート族，東ゴート族，ついで6世紀にランゴバルト族が侵入するが，そのことはこの地域差と無関係ではあるまい。この侵入部族のうちランゴバルト族は教皇領やビザンチン帝国支配下の中南部を除く北中部を支配したが，その過程でゲルマン的な性格を喪失してローマ的なものに適合し，後述する「イタリア独特の中世都市コムーネ」の形成に重要な役割を果たした[12]。他方，これに対して教皇庁はフランク王国と結んでランゴバルト打倒に動き，774年ランゴバルトは滅ぶが，「中世都市コムーネ」の新しい胎動素地は保持された。また，ランゴバルト滅亡に先立つ8世紀初めには封建制がフランクから導入されたとされるが，イタリアではそれは「アルプスの彼方の国々におけるほど充分強固に確立されなかった」[13]という。この北中部における「中世都市コムーネ」と「脆弱な封建制」の併存は，のちのイタリアの歴史に深く関わってくる。そしてこの北中部に対して，先の教皇領やビザンチンの支配下の地域では封建的性格は近代にまで残りつづけたのである。

アフロユーラシア第3期と「ヨーロッパ・サブシステム」　750/800年頃からシステムは下降期に転じた。これがアフロユーラシアの第3期の始まりである。この時期に注目しておきたいのは，イスラムやマジャールによって西方との交易・交通が途絶えるなかで，ヴェネツィアのみがビザンチン帝国との友好関係から貿易上の特権を得ていたことである。ついでシステムは1000/1050年頃から上昇期に入り，これは1250/1300年頃までつづく。1節でふれたア

ブー＝ルゴドのいう「13世紀世界システム」はこの時期に立ち上がったものであり、「ヨーロッパ・サブシステム」はそのひとつのサブ・システムをなし、先述したイタリアの「中世都市コムーネ」はこのサブ・システムで重要な役割を担うことになる。

では「13世紀世界システム」とはいかなるものであろうか。まず、この概念の提唱者アブー＝ルゴドは、その著書『ヨーロッパ覇権以前』の冒頭で以下のように述べる。

「13世紀後半は、世界史のなかで注目すべき時代であった。たとえ表面的であれ、旧世界の内部で、これほど多くの地域が相互の接触を開始したことはなかったといってよい。(中略) 11世紀、あるいは12世紀までには、旧世界の多くの部分はひとつの交換システムのなかに組み込まれ、そこから目にみえる利益を引き出すことができるようになった。このサイクルは13世紀末から14世紀初めにかけて極点に達し」[14]た、と。

この記述にみられるように、「13世紀世界システム」とはアフロユーラシア第3期の上昇期にあらわれた交換システムであり、そこには第1期にもまして多くの地域がより強力に統合されている。その特徴は「単一の覇権（ヘゲモニー）」が存在せず、「複数の中核、半周辺、周辺」の対立と協力から成り立っていることであり[15]、したがって、そこには「内的連関のある8つばかりのサブ・システム」[16]が存在するとみることができる。再三繰り返すが、ヨーロッパはそのひとつのサブ・システムである。

ではそのヨーロッパはいかなるサブ・システムなのか。その「ひとつ」の意味は何なのか。アブー＝ルゴドは当時の世界システム全体からみれば、それは「蠢動を始めたひとつの周縁」[17]ではないかとみる。そしてつぎのように述べる。

「大半がまだ周縁であった13世紀半ばのヨーロッパを考えてみたとき、こ

の地域はまだ多分に農業中心の自給経済に重きが置かれていて，遠距離交易は国際経済にさしたる貢献をしていなかった。しかしヨーロッパのなかでも，イタリアやフランスのような『都市国家』とドイツやイングランドのような周縁のサブ地域とではかなりの相違があったのである。」[18]

アフロユーラシアの第2期に周辺化したヨーロッパはようやく「蠢動」を始めたが，それはイタリアやフランスの「都市国家」＝「中世都市コムーネ」が中心であり，それ以外の地域はまだ周縁のなかにあった，というのである。こうしてイタリアの中世都市コムーネはヨーロッパ・サブシステムの「蠢動」を代表するものと位置づけられた。

「ヨーロッパ・サブシステム」と中世都市コムーネ　　以下，このことを前提にイタリア半島に注目してみよう。まずはイタリア半島の北中部に位置した中世都市コムーネの経済発展について，アリギはつぎのように述べている。

「13世紀後期から14世紀初期にかけての……商業拡大の間，飛地にあった蓄積の中心地（都市国家）間の関係は，基本的に協力的であった。協力は，主に都市国家間での分業に基づいていた。『4大都市国家』でさえも，交易システムのなかで，かなり明確に市場の棲み分けを行っていた。フィレンツェとミラノは，どちらも製造業と北西ヨーロッパとの陸路貿易に従事していたが，フィレンツェは織物貿易に特化していたのに対して，ミラノは金属製品の貿易に特化していた。ヴェネツィアとジェノヴァは，どちらも東洋との海上貿易に従事していたが，ヴェネツィアは，香辛料貿易に基礎を置く南アジア回路の取引に特化していたのに対して，ジェノヴァは，絹貿易に基礎を置く中央アジア回路の取引に特化していた。」[19]

こうした補完関係をもつ「4大都市国家」を中心に北中部の中世都市コムーネは商業資本主義的に発展することになったが，その基本的性格はアルプス以北のそれに比して著しい特殊性を持つものであった。この点について清水廣一

郎はつぎのように述べている。

「すでに 12 世紀末の北中部イタリアには, 200 から 300 にのぼる自治的な都市（都市国家）が存在していたといわれているが, 重要なのは, それらが多かれ少なかれ周囲の農村地帯に拡がる領域（コンタード）を持つ領域国家の形態をとっていたこと, これが北中部イタリアにおける基本的な国家形態であったということである。」[20]

ここで留意すべきことが 3 つある。その第 1 は「コンタードを持つ領域国家」の持つ意味である。すなわち, このことは貴族, 地主など支配層構成が複雑であること, 後述する教皇庁とつながる司教もこれにからんでいること, したがってその内部に鋭い矛盾を抱えていることを意味するが, 後述するジェノヴァのようにその矛盾の処理方法で著しい地域差がみられる。第 2 はすべてとはいえないが, ボルゲーゼあるいはポーポロとしての「市民」もこの支配層に加わっていることである。このことは「自治的」の要素ではあるが, 1 点目とあわせて考えれば, おおよそのところその意味は極めて限定的である。第 3 はこれらの中心都市国家のなかでヴェネツィアだけはイタリア半島からはみ出し, アドリア海沿岸からギリシャに至る共和国を形成していたことである。

教皇領とシチーリア王国　では, イタリア半島のそれ以外の地域はどうであったか。概していえば, この地域は中部の教皇領と南部のシチーリア王国に分かれるが, 両者とも北中部都市国家の経済力に触手を伸ばしながら, 領地の維持・拡大の抗争に明け暮れたといえるのではあるまいか。もちろんその手法は異なる。すなわち教皇庁の場合は, 先にふれた司教を介して, また「神聖ローマ皇帝戴冠」を武器にヨーロッパ王侯との合従連衡を行うことによってであり, シチーリア王国の場合は, とりわけノルマンから王国を引き継いだフリードリッヒ（フェデリコ）2 世（1198-1250）のとき, かれはドイツ王にもなることで北イタリアの富に接近しようとしたのである。だが, こうした政治的戦略の基礎をなす経済的基盤は「脆弱な封建制」であり, その意味でヨーロッパ・サ

ブシステムの周辺にあったといわねばなるまい。後述する南北問題の基礎はこの辺りから始まるのかもしれない。

ところで、世界システムは1250/300年頃から1450年頃まで経済活動の下降期に入り、また人口が減少した。このことはヨーロッパ・サブシステムにおいても、イタリア半島においても、その地域的偏差はさまざまであるが基本的には同様であった。その背景こそがモンゴル帝国の衰退・分裂、ペストの広まり、そしてこれらと呼応する東西の交通・交易の停滞であった。そしてこの動向は西アジアでのオスマン・トルコ帝国の出現で決定的となった。こうしたなかでイタリア半島では経済的に行き詰まった商業資本家たちの競争が激化し、政治的にも混乱と抗争の地と化した。すなわち北中部ではすでにふれた領域国家の内部矛盾が噴出し、また集権的なプリンチパート（君主制）が生まれ、中南部では1308年の教皇庁のアヴィニヨン移転にともなって、ローマ支配をめぐる貴族の抗争が激化し、また教皇派を支えていたナポリ王国の衰退がもたらされたのである。

4．近代イタリアとヨーロッパ

大航海時代の意味　世界システムは15世紀半ば頃から上昇期に向かうが、前章2節で述べたように、ウォーラーステインはこの1450年頃から1640年頃までのヨーロッパ史における拡大期を「長い16世紀」と呼んでいる。これに対して山下範久はこれをヨーロッパにのみとどめるのではなく、「全ユーラシア的現象」として捉えることを主張している。そのことによってヨーロッパ中心主義を乗り越えようというのである。だが、このことを認めたうえで、この時期の前半にヨーロッパは西に向かっての大航海時代を開拓せざるを得なかったという特殊性をここでは重視せねばなるまい。そしてその特殊性をもたらした背景こそが、前節末でふれた経済的、政治的な東西の分断であった。

フィレンツェの戦略　ところで、この大航海の時代は、前節末でふれたように、イタリア半島では都市コムーネ間の競争激化の時期である。その同じ時

期にフィレンツェを中心にルネサンス文化が興隆している。一見あまり関連がないかにみえるこの両者は，実は深く関連している。すなわち，東西の分断を背景とした競争激化のなかで，「市場の棲み分け」をしていた都市コムーネ間に危機打開をめぐる戦略の優劣，差異があらわれ，そのフィレンツェ的戦略のなかからルネサンス文化が興隆してきたのである。いうまでもなく，15 世紀，フィレンツェを支配したのはメディチ家であった。1340 年代に台頭したメディチ家は 1434 年に市政府を掌握した。このメディチ家の戦略についてアリギは大要以下のように述べている。すなわち，この商人＝銀行家としてのメディチ家はヨーロッパ全域に支店網を持ち，各国政府との金融取引に主眼を置いていたが，とりわけローマ教皇庁とのそれが大きかった。このメディチ家にとっては，こうした取引からあげた膨大な収益を再投資する対象は，「生産的」事業も「非生産的」事業も変わりはなかった。金融，商業，工業の採算が低ければ政治，文化に投資するという戦略である。ルネサンス文化は「生産的」事業が低迷する時期に，まさにメディチ家の再投資を基盤にして花開いたのである。それはメディチ家がスノビズムに溺れたからではなく，収益が上がったからなのである。そのうえ「文化的産物の顕示的消費」は新たな君主制を強化するためにも必要であった。これによって都市国家の正当性をかちとり，ヨーロッパ諸国にこれを認めさせるのに役立ったからである[21]。イタリア・ルネサンス運動が市民的道徳を求め，「都市とその君主に尽くす」人文主義 (Umanésimo) と通底しているのも，このことと関連していよう[22]。

ジェノヴァの戦略　さて，以上フィレンツェ的戦略について述べてきたが，ここでもうひとつジェノヴァ的戦略について述べておこう。世界システム分析の視点から，アリギはむしろこちらの方を重視しているからでもある。いうまでもなく，先にふれた東西の分断は，「4 大都市国家」のうち，「東洋との海上貿易に従事していた」ヴェネツィアとジェノヴァにより大きなダメージを与えた。だが，この両者のうち，ビザンチン帝国と密接な関係を持ちつづけていたヴェネツィアは，「そのエリートを後背地から受け入れずに独自に発展した『新しい都市』」として支配層の「不和や闘争」が少なかったこともあっ

て[23]，ジェノヴァに比べてダメージが少なかった。そのうえで，黒海の独占をめぐる両者の抗争が1380年のキオッジャの海戦でのヴェネツィアの勝利で決着したことにより，東地中海を掌握し，その命脈を16世紀まで保持した。これに比して，ジェノヴァの危機はより深刻であった。アリギによれば，その「最も深い根は，ジェノヴァ資本主義の起源が貴族的であったこと，および，都市国家ジェノヴァが周辺の農村部を早めに併合していたことにあった」[24]という。このことの意味は大要以下の如くである。すなわち，ジェノヴァの商業拡大は封土を排他的に支配する小土地貴族によって推進されてきたが，交易の利益が低下するにつれてかれらは「再封建化」し，都市商人は土地貴族との提携から断たれて「その莫大な余剰資本を流動資産の形で保持せざるをえなくなった」のである。つまり，前節でふれた「コンタードを持つ領域国家」支配層の内部矛盾が鋭くあらわれたのである。この危機のなかで都市商人がとった危機処理方法は何であったか。それが1407年のサン・ジョルジュ銀行の設立である。アリギはこの年を「金の力と剣の力の間の政治的袋小路の状況のなかで，ジェノヴァの資本家階級が自らを組織化しようとしたプロセスの決定的瞬間であった」と解釈している。ここに端緒をもつ金融資本主義は貨幣改革等を経て，やがてスペイン王室と結びついてイベリア半島を圧倒し，1557年から1627年に及ぶ「ジェノヴァの時代」（ブローデル）を演出していくことになるのである[25]。

「ジェノヴァの時代」と「ヨーロッパ帝国の挫折」　ところで，この「ジェノヴァの時代」の始まりは，山下のいう「ひとつの帝国としてのヨーロッパ」構想の挫折の時点とほぼ一致している。これは何を意味しているであろうか。まず，「15世紀後半から16世紀の半ばにかけてのヨーロッパ政治の基本線は，ハプスブルグ家とフランスのヴァロア家との覇権争いであった」[26]ことを想起する必要がある。この両家の帝国化の争いは，北中イタリア都市国家の富，教皇庁の権威をめぐってイタリア半島にも及び，そこは戦場と化した（イタリア戦争）。そのなかで1556年，帝国を志向していたハプスブルグ家カール5世は譲位。後継者と嘱望されたフェリペ2世にはナポリ・北イタリア諸都市，ネー

デルラント，スペインが，弟フェルディナンドにはドイツ諸国が譲与された。しかし帝国実現を嘱望されていたフェリペ2世は「スペインの囚人」となり，帝国の構想は挫折した。そして覇権争いが膠着状態に入っていたハプスブルグ・ヴァロア両家は，1559年カトー・カンブレッジの和約を結び，ヨーロッパ覇権戦争は事実上幕を閉じたのである。山下のいう「ひとつの帝国としてのヨーロッパ」構想の挫折とはこのことを指している。そして，この挫折とすれ違うように，ネーデルラント革命が起こり，16世紀末から17世紀初の時点でオランダのヘゲモニーが確立してくるのである。国民国家時代の始まりである。このようにみてくれば，「ジェノヴァの時代」は帝国構想挫折後のスペイン覇権の衰退，ヨーロッパ各地での国民国家形成の模索と関連していることがうかがえよう。だが，この論点はすでにイタリア半島から離れている。

　「小さな統一国家」とリソルジメント　　対象をイタリア半島に戻そう。「長い16世紀」の後半，そこでは何が起こっていたか。ひと言でいえば，それは「世界経済」の中心から半周辺ないし周辺への転落である。この点についてはウォーラーステインの短い引用をするにとどめよう。かれはいう。「疑いもなく北イタリアは，地中海沿岸の他の地域，例えば南イタリアやシチーリアほどには落ち込まなかったが，それでもやっと数世紀先になって，小さな統一国家をつくれる程度でしかなかったのである」[27]と。かくして1648年に成立したウエストファリア体制にはイタリア国家は不在だったのである。

　さて，この「小さな統一国家」の形成過程こそがリソルジメントである。その歴史過程は18世紀末から19世紀中葉とされているが，ここに至るまでの17世紀，18世紀のヨーロッパとイタリアをどのように位置づけておいたらよいであろうか。周知のように，ウォーラーステインは17世紀のヨーロッパを「収縮」の局面と呼び，それは「システムの強化」の時代としているが，前章でふれたように，それは「アジアの諸近世帝国のニッチに潜り込む力量を強化する」ためのものであり，それが激烈な大国間の競争としてあらわれたのではあるまいか。そしてこの競争はヨーロッパ内の経済的地域格差としてあらわれた。ウォーラーステインは諸説を検討しつつ，おおよそ以下のような状況を紹

介している。すなわち，きわめてダイナミックな経済発展がみられた地域（オランダ，イギリス），発展のみられた地域（フランス，ドイツ等），停滞・後退がみられた地域（スペイン，イタリア等）という区分である[28]。17世紀末，イタリア半島の経済はヨーロッパのなかで「支配される側に転落していた」[29]のである。これに対して「支配する側」は当初スペインであったが，ついでオーストリア，フランス，イギリスが参入し，18世紀前半にかけてイタリア半島の政治地図はめまぐるしく変動した。

分割と簒奪の地イタリア　1789年のフランス革命とそれにつづくナポレオンの侵略はイタリア半島の諸勢力に大きな衝撃を与えた。だがその意味は何であったのか。まず，フランクによれば，この時期は勃興するヨーロッパが衰退するアジアに対して優位に立った時期であり，そのヘゲモニーをめぐってヨーロッパ諸国の抗争が激化した時期である[30]。そして，そのなかで起こったフランス革命については，ウォーラーステインが，それは「世界経済」のヘゲモニーをめぐる英仏の抗争で後者が敗れた結果であり，「イギリスの勝利を持続的なものにするのに，決定的な役割を果たした」[31]出来事であったと述べている。そうであってみれば，ナポレオンの「帝国的野望」はその失地を回復しようとするものであり，イタリア半島の制圧はその一環であったといえよう。しかしその「野望」はワーテルローで潰え，これに代わってオーストリアがウィーン体制の下にこの地に大きな影響力を持つことになった。そのなかで「世界経済」のヘゲモニーを握ったイギリスの態度は「好意を持って統一に接する」[32]というものであった。が，要するにイタリア半島は激化した抗争に打ち勝とうとするこれらヨーロッパ諸国による分割と簒奪の地となったのである。

では何故そうなったのか。L.アグッツィ（L. Aguzzi）はその理由として「国民的統一，独立・ヘゲモニー・力の伝統」がなかったこと，「ブルジョア階級勢力」が存在しなかったことを挙げているが[33]，フランス革命の衝撃後のイタリアは，まさにこの2つの欠陥をどのように克服するかの争乱となった。それがリソルジメント運動と呼ばれるものなのである。この運動の詳細は省くが，アグッツィの挙げた理由に関連して，以下の諸点を確認しておきたい。まずそ

の第1は，上述したようなヨーロッパ諸国による分割と簒奪の対象となったイタリアの地は社会的・市民的退廃が大衆から自由・平等への熱望を奪い「なんらかのものを産み出す革命的発酵素の存在という状況からはほど遠いものであった」[34]ということである。ついで第2は，運動を主導する勢力の階級的性格である。周知のようにこの運動の主導権をめぐっては，革命的な道を選択した民主派と穏健な立場に立つ自由派が争ったが，その階級的基盤は前者においては中小のブルジョアジーに，後者においては大ブルジョアジーと貴族にあった。争いは後者の主導権把握に落ち着くが，その階級的性格は「反革命 - 復古」と称されるものであった。そして第3に，この2点目と関わって，後者の路線は封建制の廃止，土地改革において不徹底であり，そのことはその後長く尾を引く南部問題を残すことになった。アグッツィはつぎのようにいう。

「イタリア統一を実現した方法や政権についた穏和な自由派がその後10数年にとった政策は，伝統的なイタリアの基本的諸問題，すなわち当時からイタリアの政治的，社会的景観の不変なもののひとつとなった『南部問題』のもととなった南部イタリア後進性の問題，『農業改革』の問題，そして国家の社会的基盤を拡大して市民社会を改革する問題，を解決しなかった。」[35]

要するに，リソルジメント運動は先の「2つの欠陥」を充分に克服し得ず，イタリア国家は実現したものの，「世界経済」の半周辺ないし周辺からの脱出の課題をその後に残すことになったのである。

「世紀の転換期」とイタリア　このリソルジメントから第一次世界大戦にかけての「世紀の転換期」についてはいくつかの要点を挙げるにとどめたい。その第1は，この時期が近代世界システムにおけるイギリス・ヘゲモニーの衰退し始めた時期だということである。そのことはヨーロッパ列強の競争を激化させ，「統一国家」を実現したイタリアも「リソルジメント的世界」から脱出して「帝国主義的世界」へ参入してゆくこととなった。第2は，この「脱出」から「参入」への基盤になったのが19世紀末から始まる工業化である。その

成長ぶりは「同時期のヨーロッパに類をみないもの」であり,「同時期の地中海諸国のなかで特異な成功例であった。」しかしなおその「規模と生産性」においては相対的後進性を残し,地域的には「北部」に偏するものであった。こうした特殊性は大量の移民輸出をもたらしたが,それはまた国内経済の補塡と安全弁の役割を果たすことになった[36]。第3は,こうした工業化にもかかわらず,ブルジョアジーのヘゲモニーは未成熟で,そのことは「国民統合」の不安定さをもたらした。この不安定を政治的に安定させようとする模索こそが,トラスフォルミズモ（Trasformismo）からジョリッティズモ（Giolittismo）への展開であろう。そして第4は,「国民統合」を目的とするナショナリズムと結びついた「帝国主義」への動向である。その端緒は1880年代のアフリカ植民に求められるが,ジョリッティ体制下の「平和の政策」においては抑制される。しかし1911-12年のリビア戦争でこの「政策」は終わりを告げ,イタリアは明白に「帝国主義世界」に参入することとなった。

南欧の発展型としてのイタリア　　第一次世界大戦は衰退し始めていたとはいえ,なお世界的なヘゲモニーを維持していたイギリスに対するドイツの挑戦であったが,これを境にして前者のヘゲモニーは崩壊に向かった。他方,すでに前世紀後半から活発化していた労働運動,社会主義運動の波は,この間にロシア革命を結実した。こうしたことを前提にアリギはつぎのようにいう。

「戦間期の南ヨーロッパにおけるファシズム傾向の強まりと広がりは2つの主要な事情にそのルートを持っている。すなわち,一方では,イギリスの世界的ヘゲモニーの崩壊と結びついた国家間システムのアナーキー状態,他方では,世界経済での半周辺的位置と結びついた時点での社会構造の在りよう,である。……こうした2つの事情の組み合わせが,南ヨーロッパで,イデオロギーの競合を越えてファシズムに有利に働く,紛争と紛争解決のパタンを産み出したのである。」[37]

ここで南ヨーロッパとは,スペイン,ポルトガル,イタリア,ギリシャ,ト

ルコの5カ国を指すが，もちろん国によってその傾向は異なる。ではイタリアはどのように位置づけられているのであろうか。アリギはこれを，とくにポルトガルと対比しながら，発展型（Developmentalist version）と呼ぶ。その意味は後発の上昇国として世界的パワーの再配分を求める型ということである。ではその内容は何か。

まず図3-1をみて頂きたい。これは国民1人当たりの国民総生産額の変化を，イタリアを100とした指数で示したものである。ご覧のように，戦間期の1920年代から30年代にかけて，イタリアはスペイン，ポルトガルに比して発展しているが，フランス，ドイツには水をあけられている。ここからいえることは，戦間期のイタリアは世界経済の半周辺に位置するが，そこから中心への上昇志向を強く示していることであり，これが「発展型」の基本的意味であ

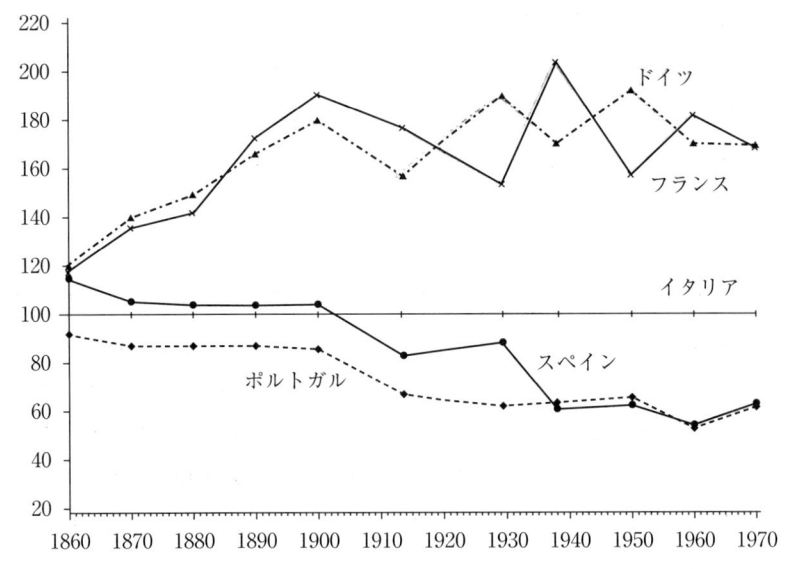

図3-1　国民1人当たり GNP の推移（1860年～1970年）

［出所］　G. *Arrighi, Semiperipheral Development : The Politics of Southern Europe in the twentieth Century*, Sage, 1985, p. 249 より引用。オリジナルは P. Bairoch, Europe's Gross National Product : 1800-1975, *The Journal of European Economic History*, V. 2 (1976, Fall).

る。しかし，中心に参入したとはいい切れない。何故なのか。ここからがファシズムとの接点になり，「社会構造の在りよう」が問題になる。

ファシズムとレジスタンス　この問題については多くの議論がある。それをここで吟味することはできないので，最低限4つの点にふれておきたい。その第1は，農村ファシズムの意味である。高橋進によれば，それは伝統的な「地域的・教区的」生活秩序の戦後における流動化を再び「順応主義的」に包摂する勢力として登場したが，それにとどまらず，ファシズム体制の「通奏低音」をなしたという[38]。第2は，ブルジョアジーとプロレタリアートの「在りよう」である。アリギはつぎのようにいう。工業化が急激であったあまりか，ブルジョアジーはナショナル・レヴェルでのヘゲモニーを確立し得ず，他方中間層下層や土地を持たない農民にヘゲモニーを持ちつつあった労働運動に脅威を感じていたが，この労働運動も職場と政治の場で抵抗するにはまだ弱体であった，と[39]。第3は，ファシズムの「母体」とされる中間層の評価である。これについては従来「没落しつつある中間層」が重視されてきたが，デ・フェリーチェ（R. De Felice.）による「上昇する中間層」論の提起により評価が定まっていない。それは「母体」としてイタリア・ファシズム論全体に関わるからである[40]。そして第4は，カソリック勢力の動向である。リソルジメント以来国家との断絶関係にあった教皇庁は，紆余曲折をへて1929年ファシスト独裁体制と「和解」した。ラテラーノ協定の締結である[41]。

　こうした社会的動向を縫合するかのようにファシズム運動が台頭し，「強力な協同体国家によって紡ぎ出され，保持された国内的な"社会的調和"」[42]（コーポラティスト）を形成し，それはやがてムッソリーニの個人独裁へと転化してファシズム体制を完成してゆくが，ここにみられる国家や体制についての議論は省略する。だが，ひとつだけ，「発展型」としてのイタリア・ファシズムがその運動の当初から持っていた，「世界的パワーの再配分」についてのみ，簡単にふれておきたい。それは帝国主義的な領土の拡大のことである。周知のように，この拡大は1930年代後半から地中海を舞台に展開したが，イタリアの第二次世界大戦参戦を機に，同じ舞台に強大な利権をもつイギリスの要請を汲んだ連合軍によ

って破滅に追い込まれることになった[43]。ファシスト的半周辺性の終焉である。

他方，同じ1943年から45年の時期に，その国内的な終焉はレジスタンス運動によってもたらされた。これに関連して重視しておきたいのは，この運動に集約した反ファシズム運動の広がりである。すなわち，G.クアッツア（G. Quazza）に依拠した北原敦の「政治的あるいは組織的反ファシズム」「実存的あるいは自発的反ファシズム」「ファシストたちの反ファシズム」という3類型のうちの2番目の類型[44]，また高橋進の「戦闘的反ファシズム」「民衆的非ファシズム」「消極的反ファシズム」のうちの2番目の類型の「反ファシズム」への移行形態[45]への着目である。これらの2番目の類型ないしそこからの移行形態は，半周辺からの脱出へのオルタナティヴの提起であり，第二次世界大戦後のイタリアに繋がる近代市民性の証といえるのではあるまいか。

5．現代世界システムとイタリア

さて，第二次世界大戦の末期以降については，4つの論点に絞って述べるにとどめたい。

戦争終結と戦後再建　その第1点は，この末期から47年にかけてイタリアの戦争終結と戦後再建がアメリカのヘゲモニーの下になされた意味である。ここで2つの点に留意されたい。そのひとつは，この時期が「資本蓄積システム・サイクル」（アリギ）のイギリスからアメリカへの移行のほぼ最終局面であったことである。このことは後述する両者の力関係に反映している。もうひとつは，アメリカ蓄積「体制の戦略と構造」が「団体的・国民的（corporate-national）」であることである。このことはイギリスのような資本主義世界経済の地理的拡大を進める「超国家的・帝国的（cosmopolitan-imperial）」体制に対して「地理的結合に責任をもつという意味で内包的」体制とされる[46]。このことも後述するアメリカ・ヘゲモニーの在り方に示されている。では，このヘゲモニーはどのように貫かれたのか。実はイタリアの占領統治をめぐってイギリ

ス，ソ連との間でこのヘゲモニーが貫かれる過程は極めて複雑であった．ここでは豊下楢彦の研究をもとにそのポイントを整理してみよう．私見ではそれは少なくとも3点ある．その第1は，イギリスとの連携で東欧圏とのからみで「占領統治」参加を要求するソ連を形式的参加にとどめたこと（「イタリア方式」の確立），第2は，「袋小路」に陥っていたイタリアの政治情勢を「国民統一政府」に向けて打開したイタリア共産党（PCI）指導者 P. トリアッティの提案（「サレルノ転換」）を受けとめたこと（連合軍の武力介入による内戦といった"ギリシャ的展望"の回避），そして第3は，戦後再建の最後の局面で，すでに明確に「衰退」を示していたイギリスの地中海でのヘゲモニー回復の目論みを押しとどめたこと，である[47]．アメリカの「内包的」ヘゲモニーはこのようなポイントを経て貫かれ，イタリアは内戦や「分断国家」化を回避し，アメリカ・ヘゲモニー下の西側陣営に取り込まれたのである．そして，この「取り込み」は47年1月の A. デ・ガスペリ首相兼外相の訪米，12月の共和国憲法制定を受けた翌年4月選挙でのキリスト教民主党（DC）単独政権の誕生（第1共和制の成立）で完成し，90年代半ばまで基本的に継続したのである．

半周辺部からの脱出 第2点は，前節でさまざまに検討された「資本主義世界経済の半周辺部とそこからの脱出」というイタリアの位置づけの問題である．この点についてアリギは1980年代半ばの時点で，それまでの「中心部と半周辺部の境界」[48]という位置づけを修正して「半周辺部から中心部に移動するのに成功した」[49]と判断している．その根拠は何であろうか．周知のように，イタリア経済は50年代半ばから60年代の初めまでに「奇跡の成長」をみせた．その中心は新技術の導入，南部からの「安い労働力」，イタリア特有の国家持株会社などを成長要因とした重化学工業化であった．しかし60年代を通じて「安い労働力」を組織した労組の台頭により，後述する「暑い秋」を介して80年代初めまで経済危機が継続する．だが，80年代後半に2度目の「経済の奇跡」が起こった．この2度目の成長は石油価格の低下，ドル安といった国際競争条件の好転に支えられた脱工業化，それと90年代までも高い成長率を示した北東・中部の中小企業群の活動（「第3のイタリア」）[50]に負っているが，

ここにアリギの根拠があったのではないかと思われる。しかし 90 年代後半以降は欧州通貨統合参加問題などともからんで経済は再び低迷しており,「中心部」入りに「成功」したかどうかはなお検討を要するのではあるまいか。

反システム運動の評価　第 3 点は,レジスタンスをふまえて戦後に展開された労働・社会運動,そして「暑い秋」とユーロ・コミュニズムの反システム運動としての評価の問題である。実のところ,世界システム学派のなかでも「反システム運動」の概念は明確ではない。そこでここでは,さし当たりつぎのように考えておこう。すなわち,世界システムの構造的危機への反応であり,資本主義世界経済に代わるシステムを産み出す動き,と。この視点からみると,レジスタンスの評価からして容易ではない。それはヘゲモニー「帝国」たらんとするファシズムに対しての武装蜂起であり,その意味では先に述べたヘゲモニー移行期における構造的危機への反応としてみることはできる。だが,新たなシステムを産み出す意味は薄い。そもそも「新たなシステム」とは何か。ウォーラーステインは,さし当たりの可能性として「社会主義世界秩序」,社会主義という名での「混合経済」,西欧文明に挑戦する「文明のルネサンス」の 3 つを挙げているが[51],レジスタンスにはこれらのどれかを目指したとはいい難い。むしろそれは豊富な可能性として存在していたのではあるまいか。

　こうしたレジスタンス運動の流れと交錯しながら,すでに述べたように「安い労働力」として経済成長を支えた労働者は 50〜60 年代を通じて階級として成熟し,68 年からの若者・学生の「叛乱」と複雑に響きあいながら,69 年の「暑い秋」と呼ばれる労働・社会運動の高揚を産み出した。ここで「社会運動」を併記したのは,労働運動と呼応した市民運動(地区住民評議会・教育評議会の形成,ドーポ・ラボーロ運動など)が噴出したからである。「反システム運動」の視点からみれば,これらはまさしくヴェトナム敗戦に象徴されるアメリカ・ヘゲモニーの危機への構造的反応の一環であり,しかも世界システムの中心部・半周辺部で同時的に起こった「世界革命」の「リハーサル」の一翼とされる[52]。その「リハーサル」は「失敗」した。しかし,それはいくつかの不可逆

的な変化も引き起こした。その詳細は省略するが，そのひとつとして「市民社会」が以前に比して国家権力に「ずっと従順でなくなっている」との指摘があることだけは紹介しておこう[53]。なぜなら，それは前節末で注目した「生存的あるいは自発的反ファシズム」「民衆的非ファシズム」とどのように重なるのかという問題をはらんでいるように思われるからである。

ひるがえって，こうした視点からみれば 70 年代の「ユーロ・コミュニズム」の動きは，「ソ連と断絶することなく距離を保」ちつつ，民族主義者との「融合」へと変化していた世界的なコミュニズムの動きに「追いつこうとする試み」と評価される[54]。この「評価」の意味に立ち入ることはできないが，そこには「ユーロ・コミュニズム」は「暑い秋」の一面を引き継ぐものであるが，他面ではナショル化という意味では「後退」でもある，との意味が込められているように思われる。その「後退」はまたつぎのヨーロッパ統合ともからんでいる。

ヨーロッパ統合とイタリア　　最後の点は，このヨーロッパ統合とイタリアという論点である。前章でみたように，ウォーラーステインによれば，ヨーロッパ統合は「ひとつの巨大な否定面」を持っている。このヨーロッパ統合にイタリアは当初より熱心であった。この点は筆者が 1995 年に行った現地調査（次章，参照）でも同様であった。通貨統合を前に，イタリアの財界・政界・ジャーナリズムは，ナショナリスト政党を除いて，右派も左派も全て統合に賛成であった。何故か。その理由について M. テロ（M Telò）は大要つぎのように述べている。すなわち，EU はイタリアにとっては他のメンバー国以上に重要であった，なぜなら，それは未熟な民主主義をしっかりと根付かせるポイントであると同時に，農業的な国からの極めて急激な社会経済的近代化のプロセスの核心をなすからである[55]，と。いいかえれば，イタリアは近代化とヨーロッパ化の立ち遅れを EU の熱心な中心メンバーたることを示すことでカバーしているというのである。先に述べた「ユーロ・コミュニズム」の動きも，このヨーロッパ化を後押しするものであった。しかし，だからといって，この「熱心さ」によって「相対的安定」に積極的イニシアを発揮しているわけではない。

とはいえ，通貨統合を初めとする統合の進展は深部においてイタリアの変化を推し進めている。94年総選挙において戦後政治を率いてきた主要政党が消滅し，新たな政党システムが生じたこともその一環であり，この変化は「第1共和制」から「第2共和制」への移行として論じられている[56]。それはどのような方向をたどるであろうか。八十田博人は2001年の時点で「中道・右派の新自由主義路線への再評価が高まった」ことをふまえて，「イタリアに根付いていない（この）路線を推進できる制度的な枠組みを構築すること」を強調しているが[57]，それは前章1節でふれたカッチャーリのいうマーストリヒトの「哲学」の推奨につながるであろう。ヨーロッパおよびイタリアの多様性を重視する筆者としては，これに対置されるフェデラルでソーシアルな志向に注目したいと考えているが，そのこともはらんでこの「第2共和制」はいまだ形成途上にある。

このようにヨーロッパ統合に対するイタリアの寄与度は依然として低いが，そのEU自体，世界システムの「リオリエント」化[58]のなかで，前章でもふれたように厳しい試練に晒されながら「相対的安定」を模索している。その先にどのようなプロセスでウォーラーステインのいう「否定面」の「否定」があるのか，未だつまびらかではない。それ次第では上述のイタリア第2共和制のEU貢献の意味も異なってこよう。この点は終章での近未来展望とも関連してこよう。

1) 藤沢房俊『第三のローマ―イタリアの統一からファシズムまで』新書館，2001年，pp.16-19.
2) 山崎功『ルネサンス』読売新聞社，1974年，p.35.
3) J. L. Abu-Lughod, *Before European Hegemony ; The World-System A. D. 1250 -1350*, Oxford University Press, 1989（佐藤次高・斯波義信・高山博・三浦徹訳『ヨーロッパ覇権以前（上）（下）』岩波書店，2001年），邦訳：序章，参照。
4) 藤沢，前掲書，pp.22-30.
5) ここでの「世界システム（World System）」概念はフランク＆ギルズのそれである。それは1章で述べたようにウォーラーステインやチェイス＝ダン＆ホールの「世界システム（World-System）」とは区別される。そのことを承知の上で，ここで

は世界システムの時期区分に補助的に用いた。根本的な検討は別途なされねばならない。
6) A. G. Frank & B. K. Gills (eds.), *The World System ; Five hundred years or five thousand?*, Routledge, 1993, pp. 162-164.
7) *Ibid.*, p. 164.
8) 以上, 弓削達『地中海世界とローマ帝国』岩波書店, 1977年, 第1章, 参照。
9) C. Chase-Dunn & T. D. Hall, *Rise and Demise : Comparing World-Systems*, Westview, 1997, pp. 156-157.
10) M. Riedel, *Bürgerliche Gesellschaft „Geshichtliche Grundbegriffe"* Bd. 2, 1979（河上倫逸／常俊宗三郎編訳『市民社会の概念史』以文社, 1990年）邦訳：p. 20.
11) C. Chase-Dunn & T. D. Hall, *op. cit.*, p. 168.
12) 森田鉄郎『中世イタリアの経済と社会：ルネサンスの背景』山川出版社, 1987年, p. 29.
13) 同書, p. 60.
14) J. L. Abu-Lughod, 前掲訳書（上）, p. 3.
15) 同訳書（下）, p. 183.
16) 同訳書（上）, p. 42.
17) 同訳書（上）, p. 13.
18) 同訳書（上）, p. 15.
19) G. Arrighi, *The Long Twentieth Century : Money, Power, and the Origins of Our Times*, Verso, 1994（土佐弘之監訳『長い20世紀─資本, 権力, そして現代の系譜』作品社, 2009年）, 邦訳：pp. 153-154.
20) 清水廣一郎『イタリア中世都市国家研究』岩波書店, 1975年, p. 1.
21) G. Arrighi, 前掲訳書, pp. 175-178.
22) 池上俊一「解説　イタリア・ルネサンス人文主義」（同監修『原典　イタリア・ルネサンス人文主義』名古屋大学出版会, 2010年, 所収) p. 9.
23) J. L. Abu-Lughod, 前掲訳書（上）, p. 145.
24) G. Arrighi, 前掲訳書, p. 185.
25) 同訳書, pp. 185-207.
26) 山下範久,『世界システム論で読む日本』講談社選書メチエ, 2003年, p. 51.
27) I. Wallerstein, *The Modern World-System : Capitalist Agriculture and the Origins of the European World-Economy in the Sixteenth Century*, Academic Press, 1974（川北稔訳『近代世界システムⅡ─農業資本主義と「ヨーロッパ世界経済」の成立─』岩波現代選書, 1981年）邦訳：p. 50.
28) I. Wallerstein, *The Modern World-System II : Mercantilism and the Consolidation of the European World-Economy, 1600 -1750*, Academic Press, 1980（川北稔訳『近代世

界システム 1600 〜 1750 —重商主義とヨーロッパ世界経済の凝縮—』名古屋大学出版会,1993 年)邦訳:pp. 20-21.
29) C. Duggan, *A Concise History of Italy,* Cambridge University Press, 1994(河野肇『イタリアの歴史』創土社,2005 年),邦訳:p. 102.
30) A. G. Frank, *ReORIENT,* University of California Press, 1998(山下範久訳『リオリエント』藤原書店,2000 年),邦訳:p. 526. なお,このアジアとヨーロッパの「質的交替」の意味について,山下範久は「グローバリティの句切れ(カエスラ)」ととらえているが,この点については山下範久,前掲書,pp. 148-154 を参照。
31) I. Wallerstein, *The Modern World-System III : The Second Era of Great Expansion of the Capitalist World-Economy, 1730-1840s,* Academic Press, 1989(川北稔訳『近代世界システム 1730 〜 1840s —大西洋革命の時代—』名古屋大学出版会,1997 年)邦訳:p. 94.
32) C. Duggan, Gran Bretagna e Italia nel Risorgimento, in *A. M. Banti e P. Ginsborg, (a cura di), Storia d'Italia annali 22, Il Risorgimento,* Einaudi, 2007, p. 796.
33) L. Aguzzi, L., La Rivoluzione Borghese in Italia(古城利明訳「イタリアにおけるブルジョア革命」中央大学社会科学研究所フォーラム「科学論」編『フランス革命とは何か—現代史認識の再建を目指して—』中央大学社会科学研究所,1993 年,所収)邦訳:p. 577.
34) L. Aguzzi, 同訳論文,p. 577.
35) L. Aguzzi, 同訳論文,p. 589.
36) 馬場康雄「ジョリッティ体制の危機(二)—形成期のイタリア民主政をめぐって—」『社会科学研究』第 31 巻,第 4 号,pp. 2-5.
37) G. Arrighi, Fascism to Democratic Socialism : Logic and Limits of a Transition, in G. Arrighi, (ed.), *Semiperipheral Development : The politics of Southern Europe in the Twenties Century,* Sage, 1985, p. 262.
38) 高橋進『イタリア・ファシズム体制の思想と構造』法律文化社,1997 年,p. 18 および p. 20.
39) G. Arrighi, *op. cit.* (Fascism), p. 256 および p. 258.
40) 村上信一郎「イタリアにおけるファシズム研究—デ・フェリーチェ『ファシズムについてのインタヴュー』をめぐる論争を中心に—」『西洋史学』113 号(1979 年)参照。
41) 村上信一郎「ファシズムとカトリック教会」(ファシズム研究会編『戦士の革命・生産者の国家』太陽出版,1985 年,所収)参照。
42) G. Arrighi, *op. cit.* (Fascism), p. 251.
43) 石田憲『地中海新ローマ帝国への道—ファシスト・イタリアの対外政策 1935-39—』東京大学出版会,1994 年および豊下楢彦『イタリア占領史序説』有斐閣,

1984年,参照。
44) 北原敦『イタリア現代史研究』岩波書店,2002年,第8章,参照。
45) 高橋進,前掲書,3章,参照。
46) G. Arrighi, 前掲訳書, p. 345.
47) 豊下楢彦,前掲書,参照。
48) G. Arrighi, op. cit. (Fascism), p. 276.
49) G. Arrighi & J. Drangel., The Stratification of the World-Economy : An Exploration of the Semiperipheral Zone, Review, X, 1 (Summer 1986), p. 44.
50) 重森暁「第三のイタリアと産業地区」『大阪経大論集』第46巻第1号(1995年5月),参照。
51) I. Wallerstein, Crisis in Transition, in S. Amin, G. Arrighi, A. G. Frank, and I. Wallerstein, Dynamics of Global Crisis, Monthly Review Press, 1982, pp. 50-54.
52) G. A rrighi, T. K. Hopkins and I. Wallerstein, Antisystemic Movements, Verso, 1989 (太田仁樹訳『反システム運動』大村書店,1992年)邦訳:第5論文,参照。
53) Ibid., 邦訳:p. 116.
54) I. Wallerstein, The politics of the world-economy : The states, the movements and the civilizations, Maison des Sciences de l'Homme and Cambridge University Press, 1984 (田中治男・伊豫谷登士翁・内藤俊雄訳『世界経済の政治学—国家・運動・文明』同文館,1991年)邦訳:pp. 190-192.
55) M. Telò, L'Italia nel processo di costruzione europea, in Storia dell'Italia repubblicana, vol.3 : L'Italia nella crisi mondiale : L'ultimo ventennio. 1. Economia e società, Eunaudi, 1996. pp. 131-132 and 145-146.
56) 例えば,C. Mershon & G. Pasquino (eds.), Italian Politics : Ending the First Republic, Westview Press, 1995.
57) 八十田博人「イタリアの欧州統合への対応:1992〜2001 移行期におけるテクノクラート,政党,社会アクター」『ヨーロッパ研究1』,東大院総合文化研究科・教養学部,2002年,pp. 154-155.
58) A. G. Frank, 前掲訳書, 参照。

4章

ヨーロッパ統合とイタリア
―― 1995年調査の分析を通じて ――

1．中心としてのイタリア・半周辺としてのイタリア

　イタリアは近代世界システムがヨーロッパで出現して以来，ほとんど半周辺と中心の境界の位置にあり，明確に中心の一角を占めるようになったのは1980年代半ば以降のことである。すなわち，「近代への序曲」が奏でられ始めた当初中心の一角を占めていた北イタリアの諸都市も，16世紀には半周辺へと後退し，19世紀半ばのリソルジメント後もその位置にとどまっていた。1920年代から30年代のかけてのイタリアン・ファシズムの台頭はこの位置からの脱出を意味していたが，その失敗により再びイタリアは半周辺的位置に舞い戻り，そこからの再脱出は第二次世界大戦後の2度にわたる「経済の奇跡」を待たねばならなかったのである。しかし，もっと正確にいえば，再脱出しえたのは北部イタリアであって，南部イタリアが依然として半周辺にとどまっているのである。こうしたイタリアの近代世界システム内でのアンビバレントな位置は，ヨーロッパ統合に対するイタリアの対応を基本的に規定している。すなわち，イタリアは1950年代のESCS，EDC，EEC創設6カ国のひとつとして統合に積極的な態度を維持している反面，南部問題も含めてこれに必要な実力がともなわず，表向きの態度と現実の対処とが齟齬，矛盾するとか，あるいはこの齟齬・矛盾を解決するために北部と南部を切り離した連邦制を構想する，といったアンビバレントな様相を示しつづけているのである。
　こうした基本的スタンスのうえに，冷戦の終結は2つの意味でこの様相を複

雑化している。そのひとつは，EC/EU が対冷戦体制という目標を失った結果，内部の結束に「きしみ」が生じてきていることである。すなわち，東西の「超大国」の「『利益』の死命を制する核心」としての現実を甘受するなかで統合への道を選択してきたヨーロッパは，いまやその目標を失うとともに，さらに経済のグローバル化に晒されて，一種のとまどいのなかにあるようにみえる。そのとまどいのなかで，すでに統合の過程で胚胎していた「きしみ」があらわれるようになっているのである。このことは EU 諸国間の関係，したがって EU 諸国とイタリアとの関係にも影響し，それを複雑化している。もうひとつは，このこととも関連して，イタリア国内で急激な政治変動が進行していることである。すなわち，キリスト教民主党（DC），イタリア共産党（PCI）を２つの核とした「不完全な２党制」，「両極化した多党制」あるいは「１党優位の政治システム」と呼ばれてきたものは崩れ，S. ベルルスコーニ（S. Berlusconi）率いるフォルツァ・イタリア（Forza Italia：FI）や地域主義政党の北部同盟（Lega NORD：LN）が台頭し，ファシスト党であったイタリア社会運動（Movimento Sociale Italiano：MSI）も国民同盟（Alleanza Nazionale：AN）へと変身し，イタリア共産党は左翼民主党（Partito Democratico della Sinistra：PDS）へと転身するなど複雑な政治勢力関係が形成されつつあり，これがイタリアの EU に対する態度に微妙に反映しているのである。

　本章は，現時点よりやや遡る冷戦終結直後の過渡的な事態のなかでイタリアと EU 統合の関連はどうなっていたのか，この関連をイタリア国内での諸動向を手がかりに分析したものである。そのため筆者が 1995 年 1 月にミラノ，トリノおよびローマで 7 つの団体と 2 人の個人へのインタビュー調査を行った。その団体とは，政党からは北部同盟と左翼民主党，労働組合からは労働総同盟（Confederazione Generale Italiana del Lavoro：CGIL），官庁からは EU 政策調整局（Dipartimento per il Coordinamento della Politiche dell'UE：DCPC）と準官庁としての全国社会保障保険公社（Istitute Nazionale per la Previdenza Sociale：INPS），新聞社からはコリエレ・デッラ・セーラ紙（Corriere della Sera：CdS），そして企業からはフィアット社（FIAT）の 7 つであり，個人はトリノ大学の C. グルア（C.

Gurua）教授と A. バニャスコ（A. Bagnasco）教授の 2 人である（このうちバニャスコ教授にはインタビューができず，文書回答であった）。これらのインタビューの質問と回答の要約は章末に一覧にしてある（ただし，回答が不充分であった INPS とバニャスコ教授は省略した）。

2．EU 統合に対する 4 つの立場

EU 統合への Pro と Con　まず，イタリアの諸団体の EU 統合に対する立場を析出することから始めよう。この析出のために 2 つの図を考案した。まず図 4-1 は EU 統合に賛成（Pro）か反対（Con）かを示す横軸と，この賛成・反対が政治的な意味でか経済的意味でかを示す縦軸で構成したものである。

　ご覧のように，賛成の立場にたつ諸団体は LN，PDS，CGIL，DCPC，CdS，FIAT と圧倒的であり，反対を表明するのは国民同盟のみである。しかし，このことはイタリアの世論が圧倒的に統合賛成で固まっていることを意味しない。なぜならば，調査当時この AN が勢力を増し，EU に対して懐疑的姿勢をみせるフォルツァ・イタリアと手を組んで，政権を奪取しかねない勢いを示していたからである。章末回答一覧の Q14「イタリアでの統合反対勢力はどこか」への回答をみると，多くは政党では AN と FI を挙げ，その社会的基盤は狭く，農民と中小企業者の一部であるにすぎないと答えているが，事態はそう簡単ではない。FIAT の回答が示しているように「ベルルスコーニがもう一度勝つと，他のヨーロッパ国との関係が悪くなる」のだが，その可能性はないわけではなかったからである。つまり，反対派の固い基盤は狭いが，政権次第でその幅が拡がる可能性があったのである。このことは冷戦体制終結後にデンマークやノルウェーの国民がマーストリヒト条約の批准に疑問を呈したのと同様な事態がありえたということである。とはいえ，表向きには統合賛成が圧倒的であることは事実である。そこでつぎにこの賛成派の立場の違いを析出してみよう。

　図 4-1 の縦軸はこの違いを，まず概括的にとらえるために設定したものであ

図 4-1　EU 統合に対する立場（Ⅰ）

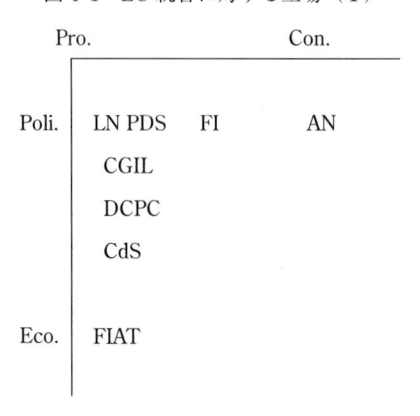

```
              Pro.           Con.
       ┌─────────────────────────
Poli.  │  LN PDS    FI     AN
       │  CGIL
       │  DCPC
       │  CdS
       │
Eco.   │  FIAT
       │
```

る。この分析のために使用される回答は章末回答一覧の Q4「EU 統合のプラス，マイナスは何か」への回答と Q2 の統合の展望への回答である。まず，経済的賛成派の代表として，FIAT を取り上げてみると，Q2 への回答にみられるように，「96 年のマーストリヒト条約の見直しに努力する」としながらも，通貨統合に入れるのは独仏，ベネルックス 3 国とオーストリアで，それも「今世紀末か 21 世紀初め」と予想し，イタリアが入れなくともこの統合は重要であるという現実的態度を示している。これに対し，政治的賛成派のひとつの中心である PDS は「統合が政治，経済，社会の均衡をもたらせばメリットであり，経済だけでは不均衡が増大しマイナスである」(Q4) とし，統合のプロセスについても「2 段階にわけての統合には反対であり，通貨統合だけでなく社会的，政治的統合も一緒に進めねばならない」(Q2) という態度をとっている。これに類似した考えを示しているのが CGIL で，「均衡のとれた政治」(Q4)，「緊密な統合の方向」(Q2) という表現で PDS と同様な展望を表現している。北部同盟の場合は Q2 および Q4 の回答をみる限りでは統合による経済競争のメリットを強調し，経済的賛成派のようにみえるが，Q3 の回答にみられるように「ヨーロッパ合衆国」を展望しているのであるから，政治的賛成派に入れることができるだろう。しかしその「政治統合」の仕方はのちにみるように

PDSとは著しく異なる。またCdSの場合もこの後者に入るだろう。すなわち，Q2, Q4への回答をみれば「プラスは経済的には市場統合のメリット，政治的には戦争をなくす意味」として，統合を「進展させる」立場をとっているからである。このようにみてくると多くの団体は経済的統合のみならず社会的，政治的統合を望んでおり，経済界のみが経済的統合に力点を置いているようにみえるが，こうした違いは前節でふれた「表向きの態度と現実の対処」との違いとみることもでき，したがって両者の違いは相対的なものとみなければならないのである。政治的賛成派も現実には経済的賛成派と類似の立場をとるかもしれないし，また経済的賛成派も現実の進展によっていずれかの政治的態度をとることになろうと判断されるからである。そこでEU統合に賛成する態度の違いを分析するためには，さらに立ち入った枠組みを用意しなければならない。

統合賛成派の差異　図4-2はこうした態度の違いを示すために用意したものである。すなわち，横軸には国家主権を重視するコンフェデラリズム(Confederalism)を展望するか，リージョンを単位としたフェデラリズム(Federalism)を展望するかの違いをとり，縦軸には経済的自由主義(Economic Liberalism)の立場にたつか，ソーシャル・ヨーロッパ(Social Europa)の立場にたつかの違いをとり，統合賛成派の違いを示そうとしたのである。まず，この図によって，対角線上に位置するLNとPDSの立場の違いが明確になろう。

図4-2　EU統合に対する立場（Ⅱ）

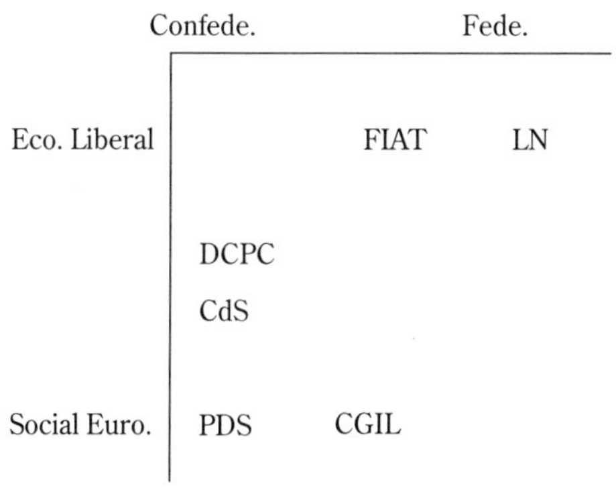

	Confede.		Fede.
Eco. Liberal		FIAT	LN
	DCPC		
	CdS		
Social Euro.	PDS	CGIL	

この2つの政党は，先にふれた AN-FI 連合に対立して手を組むことがある。しかし，その戦略は根本的に異なっているのである。すなわち，経済的自由主義を前提に「ヨーロッパ合衆国のもとでの国民国家のフェデレーション」(Q4) を展望し，国内的には「南部はヨーロッパに入れない危険性がある」(Q9) と考え，リージョンを単位とした連邦制を主張している LN に対し，PDS は左翼的な「社会的・政治的統合」(Q2) の展望のもとに，「国民国家はアイデンティティの対象である」(Q3) と考え，「南部の統合は非常に難しい」が「南北に分かれて統合するのは反対」(Q9) である，としているのである。ただし，PDS は南部問題については「現在討論中」(Q9) ともしている。

　こうした両極の間に他の賛成諸団体を位置づけると図 4-2 のようになるが，これらのなかで両極のいずれかに近いものを挙げれば，CGIL と PDS の類似の立場を指摘できる。すなわち，CGIL の場合，「ヨーロッパの首脳たちとソーシャル・ヨーロッパを討議している」(Q1) と答え，フェデラリズム戦略に立ちながら，イタリアの南北関係については「北部だけ統合というのは現実的仮説ではない。連邦制を討議中」(Q9) としているのである。これに対して，FIAT の場合はひとつの独自の立場を示しているように思える。すなわち，すでにみたように FIAT は明確に経済自由主義の立場にたつが，政治的には極めて慎重で「国民国家統合の道とリージョン統合の道」のどちらかを「答えるのは難しい」(Q3) とし，北部と南部の関係についても「2つに分かれるとは考えられない。連邦制になるかもしれない。分権化されていくかもしれない。北イタリアは地理的位置のためヨーロッパとの関係が強い。そうはいっても北も南も統合にはポジティヴである。イタリアの国家は充分機能していない」(Q9) と明確な回答を避けているのである。これは図 4-1 のところでふれた現実的態度と対応しており，ひとつの立場を示していたように思われる。また，CdS の場合も，統合の進展過程で「統合とナショナリズムという2つの傾向」がみられ，どちらが強いかわからないが「少なくともある時期までは国民国家は残る」(以上 Q3) とコンフェデラリズムからフェデラリズムへの展望を持ち，また，経済的自由主義かソーシャル・ヨーロッパかという点でも両睨み的であ

り，現実的にみえるが，立場としてはLNとPDSの中間的立場というべきであろう。さらにDCPCおよびINPSといった官庁・公社も立場としては中間的だが，その内実は複雑である。例えば，DCPCはEU決定を省庁間の調整をとりながら具体化するところだが，サブシディアリティの配分ひとつをとっても国内の立場の違いでゆれ動かざるをえないし，INPSにいたってはヨーロッパ内でも水準の高い年金制度をEU水準にあわせて低下させるのに四苦八苦していた。こうしたことは中間的立場の不安定さ，いいかえればEU統合に対するイタリアのアンビバレントな反応を意味している。

さて最後に，2人の教授の立場を瞥見しておこう。まず，ヨーロッパ連邦運動のメンバーであるグルア教授の立場は「政治的連邦制をともなった完全な経済・通貨統合」(Q2)を展望しつつ，現時点（当時）はフェデレーションか自由貿易地域かの「重要な転換点」にあると判断していた(Q2)。また，バニャスコ教授の場合もグルア教授と同様な展望を持ちながら，それを実現するのは右翼よりは左翼であり，南北関係についても「間違いなくイタリアは将来2つに分割されることはなく，リージョナル（あるいはフェデラル？）なシステムとなろう」としている。

以上から，ここでは基本的に「EU統合に対するイタリアの諸団体・個人の態度には，① ANに代表される統合反対の立場，② FIATに代表される経済統合推進・連邦制保留の立場，③ LNに代表される経済統合・連邦制推進の立場，そして④ PDSに代表されるソーシャル・ヨーロッパ推進の立場の4つの立場があることを析出できたかと思う。

3．EU統合をめぐる3つの争点

では，こうした4つの立場の相互関係はどうなっているのか。この問題を本節ではEU統合をめぐるいくつかの争点を通して探ってみよう。それは同時に，1節でふれた「近代世界システム内でのアンビバレントな位置」の実態をかいまみることにもなろう。

経済統合をめぐる争点　その第1は，経済統合をめぐる争点である。すでにふれたように多国籍企業であるFIATも，北部の職人，中小企業者に基盤を置くLNも，ともに経済自由主義であり，「リベラル・ヨーロッパ」の支持者である。したがって，両者はEUの拡大についても，通貨統合についても同じような考えを持っている。すなわち，FIATの場合は，章末回答一覧のQ1にみるように「50年代にECCができたときから関わり，統合の目的をいつも支持してきた」し，「最近はヨーロッパ統一通貨協会という通貨統合グループに参加」しているとし，「会社として興味があるのは市場統合，未来のヨーロッパ経済戦略」と明確に経済自由主義を主張している。これに対し，LNの場合もQ2およびQ4の回答で「中小企業は競争があった方がよい」と基本的に同じことを主張している。

　このようにFIATとLNは経済統合の基本路線においては共通の考えを持っているが，しかしまた，いくつかの点で著しく異なるのである。その最も際だっている点は南部に対する考えであろう。すなわち，FIATにあっては，すでに前節でふれたように，南部も経済統合の対象であるのに対し，LNにあってはそれは「ヨーロッパに入れない危険性」を持った地域なのである。もっともLNは，章末回答一覧のQ9にみるように，この言葉のあとに「北部同盟は分裂させる運動ではなく，連邦制が適当と思う。今のリージョンから出発して再検討する」とも述べている。だが，LNはこの考えで統一されているわけでもない。その1部の強硬派はイタリア南部のEUからの分離を強調しているのである。

　では何故このような違いがでてくるのか。その前提としては依然として低迷している南部経済の実態がある。この実態そのものについてはここではふれないが，ただ，EU統合との関連で，当時その「低迷」の意味に大きな変化が起きつつあったことは指摘しておきたい。1993年のSVIMEZ（Associazione per lo sviluppo dell'industria nel Mezzogiorno：南部工業化促進協会）の年次報告はつぎのように述べている。すなわち，「今日，ヨーロッパ統合の過程は，わが国の生産の競争力擁護のため，より緊急な財政上の抑制とより先鋭な集中投資の必要性

をもたらしている。……南部市場を北部からの輸入地として保持することはますます難しくなり，ヨーロッパと世界からの輸入にますます開放されるようになっている。地域の供給力水準を大幅にかつシステム的に超える水準で南部の需要が保持されれば，私的貯蓄の相当な部分が破壊される。その部分とは国家が財政支出をまかなうために徴発し，したがって，ヨーロッパの市場統一と通貨協定のなかでわが国生産システムの競争力を護るための投資に振り向けてきた部分である。それ故，南部経済の従属性はわが国の他の部分にとってはますます支えきれないものになった」[1]と。南部経済はEU統合の波にゆさぶられ，大きな変貌を起こしつつあったのである。そして，この変貌は先のFIATとLNの南部に対する態度の違いに大いに関わっているように思えるのである。

　まず，ヨーロッパ資本であり，多国籍企業であるFIATにとっては，南部はイタリア国家の1地域である以前に，それはヨーロッパ市場の一部であり，世界市場の一角であるにすぎない。もちろん，これまでイタリアを代表する資本として国家と密接な関係にあり，率先して南部問題の解決のため南部への投資を行ってきたいきさつもある。だが，新たな事態のなかでは，FIATの立場は基本的にはヨーロッパ資本，多国籍企業の立場にたち，SVIMEZのいう「ヨーロッパと世界」の地点から南部経済に対処しているのである。そうした立場からみれば，前節でみたように，FIATがEU統合におけるイタリアの経済的ポジションに現実的な態度をとり，その政治的統合の道について明確な判断を避けているのが了解されるであろう。章末回答一覧Q1およびQ7への回答にあるように，FIATはまさに「ヨーロッパ市場をドメスティック」とみる地点から自動車をはじめとするシェアの拡大をめざし，東欧へも精力的に市場を拡げようとしていたのである。

　これに対しLNの立場は，いうまでもなく，政治的なものである。ただし，その背景には，80年代後半の"イタリア経済第2の奇跡"の一角を占めたイタリア北東部の中小企業者の立場がある。すでによく知られているように，この時期，この地域の中小企業は「フレキシブルな特殊化」（C. セーヴル）によって発展し，国際市場での競争に参入した。それはある意味ではEU統合の構成

員たる資格をかちえたことでもあった。しかし，それはこの地域の中小企業がヨーロッパ資本や多国籍企業になったことではない。かれらは基本的には地域経済の主役であり，国際的な経済力をもつイタリア資本であったのである。そして，その地点からみると，国家が長年にわたって南部開発に公的資金を投入し，北部を南部の"犠牲"にしてきたことは許し難いことであったのである。LNが「反南部勢力」として登場したのにはこうした背景がある。この点についてR. レオナルディ（R. Leonardi）とM. コヴァックス（M. Kovacs）はいう。「レーガ（LNのこと：筆者）の反南部主義はその反党利党略（antipartitocrazia）のスタンスをよく反映しており，また公的セクターの拡張が政府の政策の質および公的サーヴィスの効率の及ぼしたネガティヴなインパクトの認知と直接結びついている」[2]と。つまり，キリスト教民主党を中心とした長年の「一党優位の政治システム」が南部出身者を北部での公職につけ，南部開発によって北部の私的セクターでの仕事を南部に移転させ，あまつさえ非効率な行政を助長し，マフィアをのさばらせたことへの反発としてLNの進出をとらえているのである。

こうした「反南部主義」は冷戦体制の終結ともあいまって一定の「成功」を収めた。LNは90年代始め，イタリアの政治を左右しかねない勢力に成長したのである。しかし，その「成功」は90年代半ばに入ると低迷し，LNの一部は離党し，その後もいっそうの分裂もとりざたされていた。その背景には，先にふれた北東部中小企業の低迷とかれらのLN離れがあったように思える。いずれにせよ，LNの南部経済に対する考えにはイタリア資本の立場が色濃く反映しているのであり，ヨーロッパ資本，多国籍企業としてのFIATとは同じ経済自由主義の立場にたちながら，一線を画すものであるといえよう。

そして，このことは同時に「EU統合と南部問題」の困難さを示しているともいえる。経済的に異なるこの2つの立場をどのように「統合」に結びつけてゆくのか，この問題は後述する政治統合の問題に密接に関わってくるようである。

経済統合と社会統合の関連をめぐる争点　　その第2は，経済統合と社会統

合の関連をめぐる争点である。この点は保守勢力と左翼勢力の争点であり，上記の諸団体ではサッチャーイズムを目指すFIとソーシャル・ヨーロッパを目指すPDSの争点としてみることができよう。すなわち，94年3月に政権についたFIは，それまでのイタリア政府のEU政策を変更し，イギリス型の市場統合中心の「必要最小限のヨーロッパ」を目指したのに対し，PDSは「レス・ヨーロッパ」ではなく「モア・ヨーロッパ」を主張したのである[3]。この後者はソーシャル・ヨーロッパの主張でもある。そこでは経済統合と社会統合の密接な結びつきが強調される。その場合，社会統合とは経済統合を基礎とした社会政策の充実であり，ヨーロッパ社会憲章の具体化である。しかし，この社会統合の具体化はイタリアにとってはアキレスの腱なのである。この点を少しく検討してみよう。

　イタリアは「保守主義レジーム」（G.エスピン・アンデルセン）の福祉国家である。つまり，そこでは伝統的なカソリック勢力や相互扶助組織の力が強く，それらが社会政策を国家のなかに持ちこみ，複雑な制度ができあがっているのである。したがって，「その大部分は先行する社会政策の骨組みに支えられ，パティキュラリズムとクライエント的支配の痕跡を残すかたちで発展を遂げてきた。そのことは過去との『構造的連続性』という側面にあからさまに示されている」[4]ということができる。だが，このことはその諸制度が現在でも古めかしいままだということではない。第二次世界大戦後の経済発展と労働者階級勢力の拡大に支えられて，それは伝統的「痕跡」は残しながらも基本的には近代化し，年金などの諸制度ではヨーロッパ諸国のなかでも最高度の水準の制度を備えるに至っていたのである。この「痕跡」と近代とのアマルガムが「複雑な」の内実である。

　こうしたイタリアの福祉国家は現在危機状態にある。この危機の要因は大きくいって2つある。ひとつは高齢者人口の増加であり，もうひとつは国家の財政危機である。いうまでもなく，これらの要因そのものはイタリアに特有なものではなく，ヨーロッパの福祉国家に共通したものである。しかし，イタリアではこれらにイタリア特有の事情がからんで著しい危機状態が産み出されてい

るのである。まず，高齢者人口に関連していえば，年金受給開始年齢が男性61歳，女性56歳と低いうえ，掛け金年数35年で受給資格をえられるとか，公務員の場合はそれが15年でよいとかの複雑な制度がからんで膨大な年金受給者を産み出したのである。その結果は，当然，国家財政に跳ね返る。すなわち，「この30年間の，イタリアでの保障と福祉への支出の増加は，ますます社会政策と一体視されてきた年金への負担に専ら起因している。年金への支出は国内総生産の8％を占めるまでに増加しているが，それは5％を下まわる増加にとどまる経済開発協力機構参加の諸国と比べると例外的といえる」[5]のである。もともとイタリアの財政赤字は"病的"でさえある。したがって，年金による財政圧迫は異常な危機状態を産み出していたのである。

　これに対して歴代のイタリア政府はその解消の政策を打ちだした。とりわけ，1992年以降の諸政権は熱心であった。その背景には，イタリア福祉国家の危機という事態のほかに，EU統合の進展という事態があったのである。すなわち，「一党優位の政治システム」が崩れた1992年4月にはマーストリヒト条約承認の閣議決定がなされ，翌93年にこの条約は発効するが，これにしたがってイタリアは財政赤字の解消を迫られたのである。そして，それにともなって，先にふれたイタリア独自の年金のしくみの改革も「ストラスブールから要請された」[6]のである。しかし，92年以降3代の諸政権はその改革に失敗し，とりわけFIのベルスコーニ政権は，すでにふれたようにEU政策をイギリス型に変更してまで年金を始めとする福祉削減を図り，「福祉国家を破壊するもの」として労組を始めとする社会運動の批判を浴び，これが内閣総辞職の一因ともなった。この点について，P.マッカーシー（P. McCarthy）はつぎのように述べている。すなわち，「サッチャー的な言辞はかれのやり方の特徴であり，ベルスコーニは福祉国家を削減し，個人と企業への減税を望んだ。……しかしながら，ベルスコーニが市場によるルール化を求めたのか，簡素だが強力な国家だけがルールをもたらすことができると考えたのかは，そのプログラムからは明かでない」[7]と。これをみると，ベルスコーニ政権が本当に市場統合中心のEU政策を押し進めようとしたのか疑問が残るが，しかし，社会統合

を切り捨てようとたことは事実である。この年金改革の試みは次のL. ディー二政権において一部実現されることになる。

　これに対して社会統合の重要性を主張するのがPDSである。すなわち，この党は，すでにみてきたような保守および右翼勢力の「市場のみが進歩と繁栄を保証できる」という考えでは，「『国民的利害』が再発見され，あれこれの社会的集団のコーポレート的な保護にポピュリスティックに依存することになろうが，こうしたやり方では事実上ヨーロッパ統合は阻止され，諸祖国と諸国民のヨーロッパに戻ってしまうことになろう。そして，イタリア——青銅の壺というより陶器の壺とされるイタリア——は疎外され，経済的従属と政治的屈従の危険に悩むことになろう」と批判し，「左翼はこうしたやり方を決して受け容れることはできない」とし，反対に「ヨーロッパ社会を駆け抜けている不安に応えうるモア・ヨーロッパ」[8]を明示すべきだ，と主張していたのである。だが，そうした経済統合と社会統合との結びつきはいかにして可能なのであろうか。すでにみたイタリア福祉国家をめぐる事態を考慮に入れると，それが「アキレスの腱」であることが了解されよう。

　政治統合の構想をめぐる争点　そして，その第3は，政治統合の構想をめぐる争点である。この点では，LNと他の諸団体とは著しく異なる。まず，LNは「ヨーロッパ連合のなかのイタリア連邦がユーロセントリスモに対する真の民主的選択肢である」[9]とする立場である。そこでは国民国家はヨーロッパ連合の単位ではあるが，主権はほとんどヨーロッパ連合に移される。そして，このイタリア国家もリージョンを単位とした連邦制となり，その場合南部はEUから排除される可能性もあるのである。このようになればイタリアの国民国家としての統一性は事実上崩れ，ネーションとステイトとの同一性という聖域も意味を失うことになりかねない[10]。これに対して，他の諸団体は多かれ少なかれ国家主権の重要性を認めている。すなわち，前節でふれたようにPDSは国民国家をアイデンティティの対象と考え，CGILはフェデラリズム戦略を採用しているものの，「北部だけ統合というのは現実的仮説ではない」とし，CdSはLNとPDSの中間的立場ながら，「ある時期までは国民国家は残る」との見

通しを示しているのである。これらの点を少しく検討してみよう。

章末回答一覧でのFIATの回答にもあるように、もともと「イタリアは国民国家として強い国ではない」(Q3)。このことはイタリア政治システムの多元性とか統一性の欠如というふうにも表現される。こうした特徴はもちろん前章でみたように歴史的な淵源をもっており、これまで繰り返しふれてきた南北関係はその基底的なものである。だが、それだけではない。ファシズム崩壊後の制度改革のなかで、権力の集中を妨げるために、制度的にも多元的な仕組みがつくりあげられているのである。この点について、D. ハイネ (D. Hine) はつぎのようにいう。すなわち、「憲法は一連のチェック・アンド・バランスをもたらした。それは権力分散あるいは徹底的な連邦制とまではいかないけれど、立法、行政、司法、地方政府、利害集団、さらには（国民投票を考慮すれば）有権者もが相互に強制し、統制しうるさまざまな方法をもたらしたのである」[11]と。ここで争点として取り上げている国民国家と連邦制の関連の問題、その焦点となる州（リージョン）制度も、この制度改革の重要な一環として制定されたのである。

だが、ハイネのいうようにこの州は連邦制を目指してつくられたものではない。それどころか周辺地域の特別州を除いては、この州制度の実施は1970年代初めまで見送られてきたのである。それは政府が急激な権力分散を嫌ったからである。そして、この州制度が全面的に実現されるには、1969年の「暑い秋」に始まる民主化運動を待たねばならなかった。だが、こうして実現した州制度も、今日から見れば、「旧いリージョナリズム」にすぎなかった。なぜなら、それは主要なナショナル政党の活動によって「上から」与えられたものだからである。それに対して、今日では、州そのものに根をおろした「下から」の「新しいリージョナリズム」が発展してきているのである[12]。連邦制はまさにこの「新しいリージョナリズム」を基盤にして主張されてきているのである。

いうまでもなく、この主張をしているのがLNである。かれらの主張の内容はすでにふれたが、ひとつだけ補足しておくことがある。それは連邦制の単位

であるリージョンをどのようにとらえているかということである。章末回答一覧では，かれらは「今のリージョンから出発して再検討する」と答えているが，これには党内でこの単位について必ずしも一致が得られていないという背景がある。すなわち，今はもう離党してしまったが，LN の創設者の1人 G. ミリオ（G. Miglio）は「今のリージョン」の再編成を主張したのに対し，党内ではなおコンセンサスが得られていなかったのである。ミリオはつぎのようにいう。「まず，20の州では連邦制国家はつくれないということをみる必要がある。20州は多すぎ，ひとつひとつが小さすぎるからである。……わたしのモデルは3つの大きな集合，パダノ，テュシャ，メディタラネオの3つのカントンからなる」[13] と。そして，このカントンのなかで現行の州が存置するのである。このことはカントンに大きな権限を持たせることを意味している。

これに対して他の諸団体は，連邦制を考えるにしても，「今のリージョン」を前提にして，その強化を図るというものである。そして，それは国民国家を脅かすものではないのである。例えば，PDS はいう。「われわれがリージョナリズムや国家統一を破壊しない連邦制を展望する」場合，国家や州から EU に主権・権力・権限を委譲すると同時に，州や地方の自治の発展を考慮に入れているのだ[14]，と。

このようにみてくるならば，政治統合の構想をめぐる争点も，その歴史的背景も含めて，実に複雑な内容を持っていることがわかる。そうした複雑さは EU 統合にどのように投影されるであろうか。この点について，A. バニャスコ教授はつぎのような文書回答をよせている。「確かなことは，イタリアは将来も2つに分裂することはないだろう，ということである。しかし，リージョナルな（あるいはフェデラルな？）システムはありうる。フェデラルな，あるいはリージョナルな配置は統合過程を促進することになる」(Q9)．そして，「州や大きなコムーネはヨーロッパ大の制度的文脈で活動を始めており，恐らくは EU 統合に関心を持つ重要な政治的ファクターになることであろう」(Q11) と。そうした現実がイタリア国内での構想の現実化を促し，また構想そのものの決断を要請していくのである。

4．ポスト冷戦，EU統合，そしてイタリア

　最後に，残されたいくつかの問題について簡単にふれておきたい。それは統合拡大の問題，統合展望の問題，そしてEU統合とイタリア国内の政治変動の関係である。

　まず，1節でふれた冷戦体制終結後にあらわれてきたEU構成諸国の「内部結束の『きしみ』」の問題だが，これについてはイタリア国内では危機感はみられなかった。イギリスへの警戒感，ドイツ，フランスへの期待は冷戦体制下でもみられたことである。むしろ目立つのはアメリカに対する醒めた態度であった。章末回答一覧にみられるように，FIATは「アメリカは未来のコストを払うつもりはない」(Q5) と評価し，CdSは「ポスト冷戦でアメリカのリーダーシップは終わった」(Q5) と述べているのである。こうした認識はむしろEU統合への強い責任感と連なっていたようである。そして，これに関連して，東欧諸国へのEUの拡大については積極的な姿勢が目立っていた。FIATと東欧との関係についてはすでにふれたが，「東への拡大はイタリアにとって安全上重要」(CGIL) とか，「過去にすでに重要なビジネス・ネットワークが確立している。問題があるとすれば移民の規制であろう」(バニャスコ教授) といった回答がみられるのである。そして，DCPCも東欧諸国のEU加盟に積極的に取り組んでいることを強調している。詳細は避けるが，その背景にはイタリアと東欧諸国，とりわけ旧ユーゴスラヴィアとの歴史的な関係が存在しているのである[15]。だが，この「きしみ」の問題は，経済のグローバリゼーションの下での金融危機をめぐって新たに浮上しつつあるかにみえる。

　つぎに，21世紀におけるEUの世界的位置についてはどうであろうか。章末回答一覧のQ5をみると，多くの団体が「統合がうまく進めば21世紀にヨーロッパは世界の指導的位置を占めるであろう」と答えており，そのなかでCdSのみが「リーダーシップをとらざるを得ない。そうでないと21世紀は戦争の世紀になる。ヨーロッパだけでやるのではない。日本・中国，アメリカと

のトライアングルで役割分担をする」とやや具体的な展望を示している。恐らく，このCdSの展望はその他の団体にも共有されているであろう。だが，その展望は，正直いって，漠然としている。何故なのか。この点について，グルア教授は，ヨーロッパ統合が世界全体のシナリオに与える影響は深甚であり，「可能性の範囲が広すぎて簡単には説明できない」と述べているが，諸団体の漠然とした回答もこうしたことからきているのであろう。だが，この展望の問題も，中国の「躍進」を媒介に新たな状況を生み出しつつある。ヨーロッパの「指導的位置」も安穏ではない。

　ところで，グルア教授は，これにつづけて2つの極端なケースを想定し，その場合の日欧関係を展望している。そのひとつは，政治的結束なしで巨大なヨーロッパ市場が形成されるケースである。その場合はヨーロッパの経済システムは各国経済の総額を下回り，各国で社会的，政治的混乱が起こり，日欧関係は日本の優位になる。つまり，ヨーロッパでの日本のシェアと投資が拡大するのである。もうひとつは，強力な政治的連合が形成されて，グローバルに重要な役割を演ずるケースである。この場合は日本はヨーロッパの経済的競争者であると同時に，長期に渡る共通の関心をもつよきパートナーになる。そして，つぎのようにいう。「日本とEUが一緒になって初めて（一方だけでは充分でない），アメリカが国内市場保護主義と全世界の『分割統治』というおきまりの政策で『唯一の世界のスーパー・パワー』という非常に危険な夢を追いつづけるのを止めさせることができる」と (Q6)。グルア教授はヨーロッパ連邦運動のメンバーである。したがって，第2のケースを支持しているのだが，章末の回答一覧での諸団体のQ6への回答をみると，グルア教授のような考えは統合賛成の諸団体には共通しているようにも思える。いずれにせよ，統合がひとつの節目にさしかかっている現在，展望に関する回答は「統合が進展すれば」といった条件付きの回答とならざるをえない。この点も上記の新たな「きしみ」や状況に即して再検討されねばなるまい。

　最後に，イタリア国内の急激な政治変動とEU統合との関係については，章末回答一覧にみるように，ほとんどの団体が直接的な関係を否定している。だ

が，グルア教授のみはこうした考えを批判し，ヨーロッパ統合こそが現在のイタリアでの政治的混乱の「主要な，恐らくは最重要な原因」だと指摘しているのである。そして，イタリアの政治家たちがこの関連を無理解ないしみすごしているところに他のヨーロッパ諸国との違いがあり，イタリアでの政治論議の貧困さと混乱がある，と苦言を呈している (Q13)。筆者はこの意見に同意する。したがって，EU 統合に対するイタリアの対応は，政治的取引や力関係に左右されて，著しく複雑な様相をみせる可能性があるのである。しかしながら，重要なのはすでに争点としてみてきた基本動向であり，その新たな展開であることはいうまでもない。

1) SVIMEZ, *Rapporto 1993 sull' Economia del Mezzogiorno,* Il Mulino, pp. 16-17.
2) R. Leonardi and M. Kovacs, The Lega Nord : the rise of a new Italian catch-all party, in S. Hellman and G. Pasquino (eds.), *Italian Politics : a review,* Vol. 8, 1993, Pinter, pp. 57-58.
3) P. Fassino, Le Elezioni Europee del 12 Giugno 1994, Relazione di riunione del 19 aprile 1994, PDS, p. 5.
4) U. Ascoli, Il Sistema italiano di Welfare tra Ridimensionamento e Riforma, in U. Ascoli e R. Catanzaro (a cura di), *La Societa italiana degli Anni ottanta,* Laterza, 1987, p. 283.
5) G. Cazzola, *Lo stato sociale tra crisi e riforma : il caso Italia,* il Mulino, 1994, p. 36.
6) INPS とのインタビューから。
7) P. McCarthy, *The Crisis of the Italian State,* St. Martin's Press, 1995, p. 164.
8) P. Fassino, *op. cit.,* pp. 4-5.
9) L'Europa della Lega Nord : Programma per le elezioni del Parlamento europeo del 12. 06. 1994, p. 5.
10) Prof. C. Grua の回答 (Q13) から。
11) D. Hine, *Governing Italy,* Clarendon Press, 1993, p. 2.
12) C. Desideri, Italian Regions in European Community, in B. Jones and M. Keating (eds.), *The European Union and the Regions,* Clarendon Press, 1995, p. 82.
13) G. Miglio, Un Federalismo Forte, in M. Sabella e N. Urbinati (a cura di), *Quale Federalismo?,* Vallecchi, 1994, pp. 86-87.
14) P. Fassino, *op. cit.,* p. 7.
15) V. Mastny (ed.), *Italy and East Central Europe,* Westview, 1995, 参照。

［付記］
　本章の分析の対象は 1990 年代中頃の動向である。その限界を補うために，ここでその後の 2 つの動向にふれておきたい。その第 1 は，当時は EU が冷戦終結を受けて懸命にその「深化・拡大」に取り組んでいた時期だったということである。そのことは本章に分析からもうかがえよう。だがその後 EU は，2001 年の「9.11」以後の対テロ対策と経済のグローバリゼーションにおける中国の台頭に向き合うなかで，その「深化・拡大」の複雑化と困難に直面しているかにみえる。「きしみ」の「深化・拡大」であり，このことはイタリアでは移民問題とアリタリア航空問題に象徴的にあらわれているように思う。その第 2 は，当時のイタリアの政治変動がその後 FI, LN, AN を軸とする中道右派勢力と PDS からの転身である民主党 (Partito Democrazia) を軸とする中道左派勢力に分極化し，両勢力間で政権交代が繰り返されたことである。そのことは EU の「深化・拡大」のなかでの 2 つの選択肢を示すものであり，DC を軸とした「第 1 共和制」とは異なる「第 2 共和制」移行の政治的表現であった。しかし現在それもなお不安定であり，このことは先の「きしみ」と深く関わっている。

LEGA NORD Prof. Carlo Corti e PDS Sig. Tiziana Arista からの聴き取り (950109 e 950112)

	北 部 同 盟	左 翼 民 主 党
Q1. これまでEUとのようにに関わってきたか。	80年代の初めにレーガ・ロンバルディアができ，85年に初めてコムーネの，87年に国政の選挙に出た。89年のヨーロッパ議会選挙で2人当選したが，このとき初めてヨーロッパ統合のことを語った。イタリアのプロジェクトを支持しただけだが。今は6人の議員を出しており，ドイツのCDU，フランスのシラク派と自由派を形成している。	党資料参照（要約省略）。
Q2. 21世紀には統合は進展か，停滞ないし後退か。テンポ，到達状態はどうなるか。現在はどのような段階か。	北部同盟は誕生以来統合を当然のこととしている。中小企業は競争があった方がよい。統合はマーストリヒトのテンポで進むだろう。現段階も予想通りである。	統合がなければイタリアは存在しない。その理由は，北アフリカとの架け橋の位置にあることと，輸出国としてヨーロッパ統合が大切だから。21世紀の進展をバラ色に描くのは難しい。2段にわけて統合するのは反対。イタリア，スペイン，スウェーデンなどは周辺化する。通貨統合だけでなく社会的，政治的統合も一緒に進めねばならない。96年のマーストリヒト見直しが重要。
Q3. EU統合の進展過程で国民国家はどうなるか。	ヨーロッパ合衆国のもとで国民国家のフェデレーションとなる。主権はほとんどヨーロッパで国民国家はローカルな法律のみ。19世紀の国民国家は変わってしまう。安全には小さすぎ，他のことには大きすぎる。庶民からは遠い存在。	ECの父と呼ばれるスピネッリをヨーロッパ議会に出した。最初は国境をなくすという考えだったが，今はそれはできないと判った。各国の歴史もあり，考えを変えた。国民国家はアイデンティティの対象である。サブシデアリティの政策を強めていく立場。ローカリズムを評価していく。リージョンは今のものでいく。
Q4. EU統合のプラス，マイナスは何か。	競争があることがプラス。価格競争。それから経済や金融で調整ができ，無駄が省けることもプラス。	統合が政治，経済，社会の均衡をもたらせばメリット。経済だけでは不均衡が増大する。スウェーデン，デンマーク，オーストリアが社会分野で貢献することを期待している。

Q5. 21世紀にEUは世界の指導的位置を占めるか。	その役割は経済状態如何による し，ヨーロッパが1つのものになるかどうかによる。	統合が進んで諸問題に対処できるようになれば，東ヨーロッパにも北アフリカにもリーダーシップを持つことができる。反対の方向ならダメ。南北協調の考えが必要。北米，ラテン・アメリカ，アジアとの関係考えねばならない。
Q6. EU統合の進展過程で日本との関係はどうなるか。	どこまで統合できるかによる。統合が進めばアメリカとヨーロッパは対等になり，日本とはトライアングルを形成することになる。関係は強化される。	統合が進まねば全てが複雑化し，国は保護主義になる。そうなると日本との関係も閉ざされる。統合が進むことで開かれた関係になる。
Q7. EU統合に対する戦略・プログラム・方針はどのようなものか	94. 6. 12のヨーロッパ議会選挙のためのプログラム：L'EUROPA della LEGA NORD 参照。	94. 6. 12のヨーロッパ議会選挙のためのファッシーノ報告および proposte per l'europa 参照。
Q8. イタリアはEU統合にどのような役割を果たしてきたか，またこれからの役割はどうか。	6つの創設国の1つである。ヨーロッパ主義は強い。だが，経済や金融はまだまだで，具体的には何もやってないようにみえるかもしれない。中東欧とは歴史的関係も深く，イニシアティヴをもつ。経済，とくに金融で問題を抱えており，政治的にはほとんどが支持しているのだが。	これまではポジティヴな役割。DCもPCIも。89年12月のヨーロッパ社会憲章通過に寄与。しかし，政治的に右派がナショナリズムを強め，経済的には財政が厳しい状態，労働ポストも減り，ブレーキがかかっている。休戦して事態を乗り越えねばならない。東欧は時間をかけて進めるべき。
Q9. イタリアの北部と南部の統合に果たす役割は違うか。イタリアは2つに分かれるか，連邦制になるか。	GNPはヨーロッパを100とすると，ロンバルディアは134。これはヨーロッパ第2位。エミリア，リグリア，ピエモンテも120前後。この範囲で2500万人いる。南部は下で，ヨーロッパに入れない危険性がある。北部同盟は分裂させる運動でなく，連邦制が適当と思う。今のリージョンから出発して再検討する。	南部の統合は非常に難しい。歴史からくる問題と南であることからくる問題を抱える。東欧問題がでてきて金がそちらにまわった。南部にはインフラがない。しかし南北に分かれて統合するのは反対。この問題は現在討論中である。

Q10. 国境を越えたリージョンづくりの評価。	積極的に評価する。統合が進展すれば国境がなくなる。これに寄与することだ。	Q3への回答参照。
Q11. コムーネやリージョンとの関係はどうか。	連邦の基礎はコムーネである。だが，それはある程度の大きさと人口が必要。現在8300もあるので減らすことが必要。リージョンは重要で，イタリアはこれの連邦になるべき。しかし，リージョン間の格差は大きい。税金を出したところに投資するというのが連邦制の原理だ。	コムーネはEUと直接関係はない。リージョンのところでEUとの関係があり，そこでプロジェクトや予算を決め，コムーネが具体化していく。プロヴィンチアもコムーネと同じ。
Q12. 他のEUメンバーをどのようにみているか。	フランス，ドイツを重視。マーストリヒトに従っている国だから。イギリスはまあまあ。	(個人的には) フランスの大統領がドロールならよかったのに。イギリスは統合に努力していない。
Q13. 現在のイタリアの政治変動は統合と関係あるか。	国民同盟はブレーキ。他は積極的。	今の事態には心配している。統合には冷静さが必要なのに自分のことしか考えていない。直接の関係はない。50年間同じシステムでやってきて，汚職事件がおこり，それによる変動だから。
Q14. イタリアでの統合推進勢力，反対勢力はどこか。	反対は国民同盟。北部同盟の連邦制が一番よい方針。	反対は国民同盟，農民，中小企業の遅れた部分。

CGIL Sig. Antonio Lettieri からの聴き取り（950112）

Q1. これまでEUとどのように関わってきたか。	社会研究ヨーロッパ研究所（Istituto europeo di studi sociali）CGIL-CISL-UILで93年に発足。イギリス，スペイン，フランス，ドイツなどの研究者が参加し，ローマとブリュッセルに所在している。研究所は労組のヨーロッパ連盟を通じてEUと関わる。労組の戦略は統合の方向である。ヨーロッパの首脳たちとソーシャル・ヨーロッパを討議している。ドロール白書にも積極的に関わった。昨年9月にはEUの委員会のなかに労働者の代表を参加させていくことになった（除くイギリス）。昨年はドロールが来伊し，「ヨーロッパでの労働の未来」というテーマで研究集会を開いた。
Q2. 21世紀に統合は進展か，停滞ないし後退か。テンポ，到達状態はどうなるか。現在はどのような段階か。	フランス，ドイツのヨーロッパの強化という考えとイギリスの自由市場の考えがあり，どちらになるかはっきりしていない。96年にどちらをとることになるか。イタリアの大多数は統合賛成だが，ベルルスコーニになってから立場を少しずつ変えて，イギリスの方向。見通しは明かでない。CGILは緊密な統合の方向をとっている。拡大はバルト3国，ユーゴまで進む。段階的にはウクライナも入るかもしれない。深化については見通しがたたない。
Q3. EU統合の進展過程で国民国家はどうなるか。	ドイツ型の連邦制をとりブリュッセルの力を強めるフェデラリズム戦略とフランス型の国家主権を重視しながらコンフェデラルな方向をとる戦略とがある。CGILは前者。
Q4. EU統合のプラス，マイナスは何か。	アドバンテージかデスアドバンテージかはオートマティックにでてくるものではない。政策による。ドロール白書にもあるように，均衡のとれた政治が行われればアドバンテージ。ダメならデスアドバンテージ。
Q5. 21世紀にEUは世界の指導的位置を占めるか。	効果的に統合されればリーダーシップをとっていける。アメリカ，日本と同じように。ドイツはやっていけるが他は難しい。ドイツが鍵。
Q6. EU統合の進展過程で日本との関係はどうなるか。	統合されたヨーロッパは日本と強くオープンな関係を持つことになろう。もし統合されないなら日本との関係も弱くなり，保護主義になろう。NAFTA，EU，ASIA-PACIFICといったリージョナリズムの傾向がありこれが世界の均衡を高める。それがダメなら不均衡となり，対立をまねこう。

Q7. EU統合に対する戦略・プログラム・方針はどのようなものか。	ヨーロッパ・レヴェルで労組の提携を進め，共通戦略に持っていく。通貨，産業，社会政策など。すべての国の労組がこのレヴェルになっているわけではない。今年5月にヨーロッパ・レヴェルの大会をする。
Q8. イタリアはEU統合にどのような役割を果たしてきたか，またこれからの役割はどうか。	イタリアは常に同意の方向で重要な役割を果たしてきた。1957年のECの調印はイタリアでなされた。国民投票でも80%が同意している。東への拡大はイタリアにとって安全上重要。分割されれば紛争。また，北アフリカ，中近東の発展にもヨーロッパは責任がある。統合は5国だけで先行するのでなく，イタリアもこの核に加わっていく必要がある。発展の速度の違いがあるのは当然のことだ。
Q9. イタリアの北部と南部の統合に果たす役割は違うか。イタリアは2つに分かれるか，連邦制になるか。	北部は自動的に統合に入れるが南部は困難を抱える。北部だけというのは現実的仮説ではない。連邦制は討議中。スイスやアメリカとは違うもので，地方の自治を重視したもの考えている。
Q10. 国境を越えたリージョンづくりの評価。	これは国家の終焉を意味する。北部同盟リーダーであったミリオ教授のリージョンの考えは非現実的。
Q11. コムーネやリージョンとの関係はどうか。	コムーネにはヨーロッパ・レヴェルでのアソシエーションがあり，ノウハウを交換している。
Q12. 他のEUメンバーをどのようにみているか。	イギリスの方針には反対。ヨーロッパを市場としかみず，社会的側面をみていない。フランス，ドイツの方向に同意。
Q13. 現在のイタリアの政治変動は統合と関係あるか。	チャンピ内閣は統合に協力。ベルスコーニはそれをイギリス型に変えた。政治の混乱は直接関係がない。
Q14. イタリアでの統合推進勢力，反対勢力はどこか。	反対勢力はサッチャーイズムのフォルツァ・イタリアと国民同盟。推進勢力は中道左派の進歩主義者，その中心は左翼民主党，それにカットーリコ・ポポラーレ。イギリス，フランスも同じ傾向。CGILはヨーロッパ主義を主張する立場。

FIAT Senior Vice President Giorgio Bodo からの聴き取り（950110）

Q1. これまで EU とどのように関わってきたか。	50年代に ECC ができたときから関わり，統合の目的をいつも支持してきた。特に G. アニェッリはつくした。最近ではヨーロッパ統一通貨協会という通貨統合グループに参加。会社として興味があるのは市場統合，未来のヨーロッパ経済戦略。何年もまえからヨーロッパ市場をドメスティックと考えている。ヨーロッパ市場のどこでも入りたい。トラック，農業機械はどこにも入ってるが，乗用車はまだまだである。ほとんどイタリアとポーランド。この分野では合併ができなかった。日本との関係では日立と建築機械でのジョイント・ヴェンチャーがあり。日産とはトラック用大型エンジンの研究。日本電装とは車のコンディショニングで提携。
Q2. 21世紀に統合は進展か，停滞ないし後退か。テンポ，到達状態はどうなるか。現在はどのような段階か。	ヨーロッパは長い統合の道にある。難しいのは統合しつつ拡大しなければならないこと。今後の 10～20年で東ヨーロッパに拡大すべき。安全問題や外交も一緒に考えねばならない。96年のマーストリヒト見直しにフィアットも努力する。今の国は小さすぎる。統合を進めないと内戦になる。通貨統合は今世紀末か21世紀初。独仏，ベネルックス3国とオーストリアでできよう。イタリアは入らない。入れなくとも通貨統合は重要。
Q3. EU 統合の進展過程で国民国家はどうなるか。	答えるのは難しい。イギリス，フランスはネーションの意味が強い。国民国家統合の道とリージョン統合の道がある。後者はドイツ。イタリアは国民国家として強い国ではない。逆にリージョンは強い。
Q5. 21世紀に EU は世界の指導的位置を占めるか。	21世紀にヨーロッパが重要な役割を持つかどうかは統合如何に関わる。ヨーロッパ・モデルは他のモデルにもなる。今ヨーロッパは政治的にはリスクに向かっている。アメリカは未来のコストを払うつもりはないし，ロシアはどうなるかわからない。南からはイスラムのプッシュがある。
Q6. EU 統合の進展過程で日本との関係はどうなるか。	統合が進めば日欧関係（経済的・市場的関係）は強くなる。統合が進まないと，この大きなエリアの役割は少なくなる．経済的にも弱くなる。

Q7. EU統合に対する戦略・プログラム・方針はどのようなものか。	ヨーロッパ内での自動車のシェアを拡大したい。イタリアとその他のヨーロッパを半々にしたい。ポーランドで今年1つの工場を合併した。ハンガリー,チェコにも販売ネットはある（ラテン・アメリカ,アジア,アメリカ合衆国については省略）。
Q9. イタリアの北部と南部の統合に果たす役割は違うか。イタリアは2つに分れるか,連邦制になるか。	2つに分かれるとは考えられない。連邦制になるかもしれない。分権化されていくかもしれない。北イタリアは地理的位置のためヨーロッパとの関係が強い。そうはいっても北も南も統合にはポジティヴである。イタリアの国家は充分機能していない。
Q11. コムーネやリージョンとの関係はどうか。	コムーネよりリージョンに影響がある。モデルはドイツ。イタリアが連邦制に向かうなら,リージョンの役割はどんどん大きくなる。
Q13. 現在のイタリアの政治変動は統合と関係あるか。	（個人的には）関係ないと思う。
Q14. イタリアでの統合推進勢力,反対勢力はどこか。	複雑な事態である。冷戦時代は強い共産党,不可能な政権交代,不合理な予算という状態だったが,これが崩れ,国民同盟やフォルツァが進出。しかし,これは統合とは関係ない。国民同盟は統合を完全には支持していない。フォルツァもできれば国内自由化の方向。ベルルスコーニがもう一度勝つと,他のヨーロッパ国との関係が悪くなる。

Corriere della Sera Dott. Stefano Cingolani からの聴き取り（950111）

Q1. これまで EU とどのように関わってきたか。	本紙のすぐれた寄稿者マリオ・モンテは数週間前から EU の市場統合と経済戦略の責任者になった。コリエレ・デラ・セーラ紙は統合をサポートしている。最近のベルルスコーニ政府は統合をそんなに支持していない。とくに外務大臣のマルティーノは懐疑的なので，本紙はこれを批判した。
Q2. 21 世紀に統合は進展か，停滞ないし後退か。テンポ，到達状態はどうなるか。現在はどのような段階か。	進展させる，とどまってはならない。統合がうしろに戻ると，保護主義など各国のわがままがでてくる。他方，統合が強くなり，要塞化するのもよくない。イギリスはテンポをゆるめ，これを利用しようとしている。本紙はテンポをゆるめることに反対である。東ヨーロッパへの拡大によってブレーキがかかる危険が大きい。現在も不景気というブレーキ要因がある。ドイツはリーダーシップを維持しなければならない。
Q3. EU 統合の進展過程で国民国家はどうなるか。	統合とナショナリズム（パテキュラリズム，ローカリズム）という 2 つの傾向がある。どちらが強いか。少なくともある時期までは国民国家は残る。とはいえ，フランスもドイツも独自の道をとることはない。
Q4. EU 統合のプラス，マイナスは何か。	プラスは経済的には市場統合のメリット，政治的には戦争をなくす意味。マイナスは格差づけと EU 官僚に金がかかること。分権化が必要。その対象が国民国家かリージョンかは国によって違う。イギリスは国家，大陸はリージョンか，まだあいまい。
Q5. 21 世紀には EU は世界の指導的位置を占めるか。	リーダーシップをとらざるを得ない。そうでないと 21 世紀は戦争の世紀になる。ヨーロッパだけでやるのではない。日本・中国，アメリカとのトライアングルで役割分担をする。アメリカはヨーロッパへの関心が低い。そこを EU が埋める。ポスト冷戦でアメリカのリーダーシップは終わった。
Q6. EU 統合の進展過程で日本との関係はどうなるか。	統合ができあがると日本との関係もはっきりする。日本からみても各国別の戦略がなくなり，戦略あるパートナーが 1 つの方がネゴシエイトし易いだろう。ヨーロッパには反日の考えはなかった。

Q8. イタリアはEU統合にどのような役割を果たしてきたか。また，これからの役割はどうか。	イタリアは統合の外に未来をみることはできない。今大きな問題は，独仏とベネルックス3国が早く統合し，まわりの諸国が後になる情勢なのに，イタリアが準備できていないこと。イタリア政府はこれに創設国の1つだからと文句をいった。1999年に5国の統合はできる。イタリアは後になる。
Q9. イタリアの北部と南部の統合に果たす役割は違うか。イタリアは2つに分かれるか，連邦制になるか。	北部は統合支持。すでに統合されている。南部は統合の利点がないのでまあまあ。しかし統合反対とはいわない。北部が先で南部が後ということは考えられない。北部同盟はそういっているが。
Q11. コムーネやリージョンとの関係はどうか。	ローカル・イニシアティヴは今までのところはない。
Q13. 現在のイタリアの政治変動は統合と関係あるか。	国民同盟，北部同盟ができてから問題が出てきた。ネオ・ファシストの右翼（中小企業や公務員で強い）は統合反対。北部同盟の支持者は東北部の中小企業経営者。輸出をしており通貨統合の利益がある。
Q14. イタリアでの統合推進勢力，反対勢力はどこか。	大企業はすべて支持。農民は批判的，しかし大きな力ではない。労働組合はいつも支持。

Dipartimento per il Coordinamento della Politiche dell'UE からの回答（950113）

Q1. これまで EU とどのように関わってきたか。	本省は，共同体交渉の「上り」の段階での国家的ポジションの調整とイタリア法体系におけるブリュッセル閣議で採択された指示の受容を法的に管轄する。共同体の規定は，実際，諸国民議会の意思から生まれるのではなく，諸政府の技術的，政治的交渉から生まれる。マーストリヒト条約は，管轄権をもつ諸大臣の会議による立法上の共同決定権をヨーロッパ議会にゆだねることで民主主義の欠如を乗り越えようとしているし，他方 1986 年のルクセンブルグでのヨーロッパ連合議定書は「協力の手続」，つまり強制力のない単なる参考意見のみを想定していた。
Q2. 21 世紀に統合は進展か，停滞ないし後退か。テンポ，到達状態はどうなるか。現在はどのような段階か。	たとえマーストリヒト条約が 1996 年の政府間会議において修正されうるとしても，ヨーロッパの統合には変わりはない（当然のこと）。ガット協定とウルグァイ・ラウンドで商業・農業・サーヴィスの世界市場がつくりだされた。メンバー国の経済統合によって統一されたヨーロッパのみが，日本とアメリカのオペレーターの競争に抵抗しうる。ヨーロッパ経済の一定のセクター（農業・テレコミュニケーション・ハードウェア・ソフトウェア）が危機状態になり，わが国の企業家が一兵卒の役割に滑り落ちる可能性があることは否定しえない。したがって，EU の統合過程はすべてに優先する。その第一歩は，たとえ現時点での交換体制がわが国の通貨にペナルティを科そうとも，通貨統一を進めることである。統合にとって憂慮すべき障害は，国民的規範をつくりだす論理に逆戻りしようとするサブシディアリティ原則の歪曲された解釈であろう。
Q4. EU 統合のプラス，マイナスは何か。	ヨーロッパ統合は間違いなくグローバル・システムにしたがうイタリア農業にペナルティを科してきた。しかし，その反面，ヨーロッパ統合はイタリア工業の競争力を強化し，これまで独占あるいは寡占的な外被に閉じこめられ，あるいは腐食されてきた信用とか，保険とか，公的発注とかのセクターでの企業家の競争を刺激した。公共サーヴィスの重要なセクター（水道，エネルギー，輸送，テレコミュニケーション）ではなお独占を規制したままである。こうした経済開放の打ち消し難い（明白な）プロセスは，マーストリヒト条約によって予見されたように，ヨーロッパ共同体の建設がいわゆる「市場ヨーロッパ」にとどまるのを避けるために，政治的保証によって必然的に完成されるべきであろう。

Q5. 21世紀にEUは世界の指導的位置を占めるか。	未来におけるEUのグローバルな指導的役割は，活発な経済競争だけでなく社会的均衡の探究でも，誰からも望まれていない。経済的，社会的結束は，事実，ローマ条約の著しく自由主義的な刻印を改めるために，ルクセンブルグでの単一ヨーロッパ議定書によって指示された目的の1つである。統一ヨーロッパは日本やアメリカのようなライバル・パートナーの経済にも刺激となろう。ヨーロッパ統合過程での虚脱状態は，不測の事態において，終局的には計画的で集合的な経済によって西洋経済へと方向づけられてきた諸国の経済的安定をそこない，ヨーロッパ経済が他の諸国の挑戦に抵抗しえない事態を産むことになろう。
Q6. EU統合の進展過程で日本との関係はどうなるか。	日本との関係は，GATTもあることだし，みなおしをしようとしまいと大きな変化はない。日本は消費者に対する優位というメリットを持っている。
Q7. EU統合に対する戦略・プログラム・方針はどのようなものか。	たとえ現在の政治状況が安定性の欠如で特徴づけられていようとも，国の導きを受け継ぐ諸政府の位置はすでに強固であり，東欧諸国は共同体的「習性」への正当性をととのえたのち，徐々にEUに入ってこよう。わが国が代表をつとめる内部市場会議では，PECO（今のところ，ハンガリー，ルーマニア，ブルガリア，ポーランド，チェコ，スロヴァキア）諸国が，EU加入前のプロセスで，採るべき戦略について長いこと討議しているが，その戦略とは，EUへの今後のアクセスが，自由市場と競争の原理への無理解からくる暴力的反対に晒されるのを避けるためのものである。

Prof. Claudio Grua (Torino University) の回答（950110）

Q1. これまでEUとどのように関わってきたか。	エコノミストとして，またヨーロッパ連邦運動の一員として関わってきた。ヨーロッパ統合の経済専門家として，教師の継続的育成と再教育，高校生のセミナー，市民の生涯教育などでピエモンテ州，トリノ県教育サーヴィス・センター，1RRSAEに協力している。ヨーロッパの家国際連盟の役員会メンバーであり，ヨーロッパ・レヴェル，ナショナル・レヴェル，ローカル・レヴェルでの連邦運動に携わっている。1992/93年と1993/94年にはコーク大学で「ヨーロッパ経済統合」の講師をした。
Q2. 21世紀に統合は進展か，停滞ないし後退か。テンポ，到達状態はどうなるか。現在はどのような段階か。	要点は，統合はある時点でストップできないダイナミックなプロセスだ，ということである。進展（完全連合）または後退（自由貿易地域ないし全くの不統合）のみが可能。①進展は不確かだが，可能性がある。その場合はフェデラルな政治組織をともなった完全な経済・通貨統合まで停止できない。タイム・テーブルは以下のようになろう。まず，1996年に通貨および政治連合を進展させるための強力な政治的決定（1984年のヨーロッパ議会プロジェクトにともなう新しい条約草案のようなものか，同趣旨でのマーストリヒト条約の修正），次いで，ヨーロッパ議会のための新選挙制度（と新しい勢力）によって1999年までに単一ヨーロッパ通貨を実現し，さらに，2004年の選挙によって（完全ではないにせよ）暫定的な連邦制を設立する。②後退はよりありそうなことである。この場合も1996年に重要な決定がなされよう。その結果は政治的結束も共同の政治制度もない（政府間協定，リージョナルなGATTのようなものだけはある）単一の自由貿易地域への急速な解体であろう。③現在は重要な転換点である。統合があまり進みすぎると本当のヨーロッパ政府がないと対処できない。M.サッチャーが指摘したように，オルタナティヴは連邦か自由貿易地域しかない。
Q4. EU統合のプラス，マイナスは何か。	メリットとデメリットはこれまでのプロセスでの矛盾と結びついている。経済発展の必要条件である巨大市場の創出。メンバー諸国の平和的協力は仏独間の平和の条件であった。本当のヨーロッパ政府抜きで高度に発展した官僚制機構。（主に経済的な）重要権限の国家権力からの（それは民主的である）ヨーロッパ・レヴェルへの（それは官僚的かつ／あるいは政府間でのことで，民主的ではない）移転。国際的責任を引き受ける政治力なしでの強力な世界貿易パートナーの創出。

Q6. EU統合の進展過程で日本との関係はどうなるか。	非常に難しい質問だ。というのはヨーロッパ統合過程の結果は経済と政治の分野での世界的シナリオに深く影響するだろうし，可能性の範囲が広すぎて簡単には説明できない。2つの極端なケースを描いてみよう（両大戦間のような閉鎖的で保護主義的な国民国家のヨーロッパというケースは，もしEU統合が後退すれば本当にありうるのだが，ここでは除外）。①政治的結束なし（ただし，共通関税は除く）での巨大ヨーロッパ市場のケース。ヨーロッパ経済システムは諸国民経済の総額を下回る（それは競争力の喪失を意味する）。社会的，政治的混乱がすべてのヨーロッパの国々に影響する。この場合，日本はヨーロッパでの市場シェアと投資を拡大する機会をつかむことができる（しかし，ヨーロッパ市場はあまり豊かでも安定的でもないだろう）。②強力な政治的連合（終局的には連邦国家）が非常に重要なグローバル・ロールを果たしうるケース。この場合，日本は経済的競争者であると同時によきパートナーである。なぜなら，両者は安定成長する世界市場という同一の長期的関心を持つから。日本とEUが一緒になって初めて（一方だけでは充分でない）アメリカが国内市場保護主義と全世界の「分割統治」というおきまりの政策で「唯一の世界のスーパー・パワー」という非常に危険な夢を追いつづけるのを止めさせることができる。EUと日本は冷戦後の危機を克服するため異なる方法でアメリカと協力することができる。世界をグローバルな統合過程へと導くこと。そのよき出発点は国際協力組織，なによりも国連の仕組みをよくし，もっと権力を与えることであろう。ドルとエキューと円をベースとした安定的な通貨市場を再設すること。民主主義と発展への道をみいだせるよう旧共産諸国を援助すること。第二次大戦後の危機（とその原因）を克服するべく1945年から50年の間に行われた議論は，今日われわれが利用すべき重要な教訓を豊富にもっていると思う。
Q13. 現在のイタリアの政治変動は統合と関係あるか。	現在のイタリアの政治的混乱はヨーロッパ統合過程抜きで分析されるなら理解することはできない。この過程がイタリアの状況に影響を与える主要な，恐らくは最重要な原因である。同じことはフランス，ドイツ，イギリス，ベルギー等々についてもいえる。その状況は異なっている。というのは同じ原因が異なる一般的条件（経済，歴史，政治構造等）のなかで異なる効果を産み出すからである。イタリアと他のヨーロッパ諸国との主要な違いの1つは，この関連が政治的指導者たちによって理解されなかったり，見過ごされていることにある。イタリアの政治論議を貧困で混乱したものにさせている原因の1つはここにある。統合過程が

最近のイタリアの政治シーンに影響を与えているさまを2つ示そう。①ヨーロッパ通貨システムは反インフレ政策を進めてきたイタリア銀行と国庫省の「離婚」の条件であった。マーストリヒト条約は経済と政治の「離婚」の条件であり，そこから第1共和制の終結が始まった。国家持株会社，その他国有企業の売却，国家独占の終焉についての論議。「清い手」要員であるミラノ検事たちへの企業家たちの協力。選挙制度の改革。②北部同盟の進出は多くの原因があるが，そのうち2つがヨーロッパ統合と直接関連している。国庫赤字と公債への新たな関心。これらはマーストリヒト条約での収束基準。北部は完全に基準を満たしているが，南部はイタリアを「ヨーロッパ外」へと追いやっている（われわれはヨーロッパへ，そして，やつらはアフリカへ，が北部同盟の人々の言いぐさ）。現実の権力や主権が国民国家からヨーロッパ・レヴェルへ移転することが可能（あるいは必要，あるいは何らかのやり方がある）となると，国民と国家との同一性はもはや聖なる原則でなくなり，国民国家の統一（統合，不可分性）を護る理由もなくなる。

5章

現代イタリアのリージョナリズム

1. グローバリゼーションとリージョナリズム

マクロ・リージョンとミクロ・リージョン　グローバリゼーションに呼応するように，EU（ヨーロッパ連合），NAFTA（北米自由貿易協定），ASEAN（東南アジア諸国連合）などのリージョナル・システム（「帝国」）の形成が進行している。この両者は同時進行しているのである。この両者の関連についてはここではふれない[1]。だが，つぎのことだけは確認しておこう。それは，現在のところ，前者の展開が基本であって，後者はこの「状況への反応」（A. ギャンブル）だということである。このことはリージョンの形成が地域ブロック間の対立でないということを含意する。リージョン間の競争や摩擦はもちろんある。だが，それらを超えてグローバリゼーションが展開しているのである。

ところで，リージョナル・システム形成の基本は地域的な経済統合である。だから，それは社会統合や政治統合を必ずしもともなわない。だが，それはそれなりに国民国家の相対化に踏み込まざるをえないのである。すなわち，域内経済発展のために国境を超えた産業政策が策定され，越境通勤者の増加，国境を越えた環境問題の発生，移民・難民の増加などに対処するため，トランスナショナルな関係が強化されてきているのである。こうしたなかで EU は社会統合や政治統合にまで統合を「深化」させようとしている突出したケースである。

他方，国民国家の相対化は国内におけるリージョンや世界都市の形成からも促進されている。すなわち，国家と市町村（コミューン）の中間レヴェルへの

州(リージョン)の形成，それにともなう分権化，国家を超える世界都市の発展などの動きである。むろん，これらの動きが意味するものは同じではない。州(リージョン)の形成や分権化は，当初は地方自治体の権限強化や都市問題，公害問題をふまえた市民の政治参加という様相が濃かった。しかし，近年ではそれもグローバリゼーションやリージョナル・システム形成への対応という意味を持ちつつあるし，世界都市の発展(メトロポリタン・アーバン・リージョンの形成)に至ってはまさにこの動向に棹さす動きといってよい。国民国家の内からも国民国家を越える動きがでているのである。

のちにふれるEUのケースを除けば，これら2つの動向，国民国家を越えたリージョナル・システムの形成(これをここではマクロ・リージョンと呼ぶことにする)と国民国家内でのリージョンの形成(これをここではミクロ・リージョンと呼ぶことにする)は別々のものであった。しかし，現在，これら2つの動向は相呼応しあって国民国家の相対化，国民国家の改革を迫っているかにみえる。そして，国民国家の方もこれを機に，自らの加重負担を解こうとしているのである。すなわち，国営・公営企業の民営化，各種の規制緩和，福祉・医療支出の削減などの動向がそれである。それは国民国家の新自由主義的再編成ということができよう。したがって，マクロ・リージョンとミクロ・リージョンの関連を問うことは，同時に国民国家のあり方を問い返すことにもなるのである。

さて，本章の課題は，こうしたマクロ・リージョン，国民国家，ミクロ・リージョンの関連を現代イタリアを舞台に考えてみることにある。何故，イタリアなのか。その理由はイタリアが長らくEUの中心部と半周辺部の境界にあり，これらの関連が露呈していることである。すでにふれたように，マクロ・リージョンのうち，EUのみが統合を「深化」させている。そのことは国民国家の相対化が進展していることを意味する。といっても，この国民国家発祥の地では，それぞれの国の制度に深い歴史があり，「相対化」も尋常一様には進まない。それ故，本章の課題を考察するにはミクロ・リージョンがそれなりの歴史をもち，中央集権制の「弱体な」国が適切であろう。もちろん，「弱体」というのは相対的なものである。だが，リソルジメント以来南部と北部あるいは

「3つのイタリア(北西部,北東・中部,南嶋部)」(A.バニャスコ)の地域格差とそれに基づく地域摩擦に悩まされてきたことは[2],この国の中央集権制の「弱さ」を示すものであろう。そのなかで1960年代末以来,イタリアではミクロ・リージョンの動きが急である。その詳細は3節で述べるが,ここでも当初の自治・分権・参加の動きからグローバリゼーションあるいはEUとの対応へという動向がみられるのである。

EUの展開とミクロ・リージョン　ここで,本題に入る前に,前提となることを2つだけふれておきたい。そのひとつは,本章に関連する限りでのEUの展開史であり,もうひとつはこのEUの展開史のなかでのEUとミクロ・リージョンとの関連である。前者は本章を論述するうえでの大枠の設定であり,後者はそのなかでのミクロ・リージョンの位置づけである。

まず,前者からみてみよう。第二次世界大戦後のヨーロッパ統合運動の契機は,戦時下のナチス・ドイツに対する抵抗運動にあったとされる。すなわち,この運動に加わった人びとは,国民国家が経済的単位としても,平和維持の単位としても不適格であり,「地方分権化による民主主義の実現」「超国家的な権力の創出」を構想していたというのである。ここにすでにマクロ・リージョンとミクロ・リージョンによる国民国家の相対化という論理をみいだすことができるが,それが現実化してくるのは1980年代以降のことである。この間,1940年代から1950年代にかけてのESCS(ヨーロッパ石炭鉄鋼共同体),EEC(ヨーロッパ経済共同体),EURATOM(ヨーロッパ原子力共同体)の設立,そして1967年のEC(ヨーロッパ共同体)へのこれら3共同体の統合と統合化は進んだが,それは「国民国家のヨーロッパ的救済」(A. S.ミルウォード),つまり国民国家がその国益を増強する限りでの統合という側面が強かった[3]。こうした国民国家を軸とする動向は,その後の1970年代には経済危機に対する戦略のなかでむしろ強化される。この時期が国民国家を基礎とするネオ・コーポラティズムの時期であったということは興味深い。だが,この70年代はヨーロッパ統合にとっても大きな転機であった。アメリカや日本の経済危機脱出戦略にたち遅れて,ユーロ・ペシミズムが広がったのである。脱出の努力は80年代初

めからのヨーロッパ大企業による産業再編成を契機に始まった。それがECの統一された意思として示されたのが，1985年3月の『ドゥーグ報告』以来88年の『チェッキーニ報告』に至る一連の意思決定である。その本質はグローバリゼーションに対応しうるリージョナルな市場統合にある。そうであってみれば，このことはネオ・コーポラティズムとその実体をなしていた福祉国家をゆるがし，その新自由主義的再編成をうながすことにならざるをえない[4]。1985年11月に始まる社会的対話から89年のヨーロッパ社会憲章への動きは，この再編成とのせめぎあいのなかで「ソーシャル・ヨーロッパ」を実現していこうとする社会統合の動きである。そして，これらの統合の延長上に，通貨統合によるよりいっそうの経済統合，共通外交・安全保障政策や司法・内務分野での協力による政治統合の展望を打ち出したのが1991年のマーストリヒト条約である。その背景に湾岸戦争から冷戦終結への国際的政治環境の変化があったことはいうまでもない[5]。

　後者に移ろう。ECのミクロ・リージョン政策の出発点は，1975年のERDF（ヨーロッパ・リージョン発展基金）の発足にある。それ以前にも貧困地域への支援はあった。だが，それらは断片的で極めて限られたものであった。そのなかでこの時期に何故この基金が発足したのか。それは，すでにふれたユーロ・ペシミズムと関連がある。すなわち，70年代の経済危機に際して国家のマクロ経済政策は失敗し，そこから再建の場をミクロ・リージョンに求める動向があらわれたが，ECもこれを支援する政策を打ち出したのである。だが，当初の基金は限られたものであり，効果も少なかった。こうしたなかで1988年はこのリージョン政策の転機であった。ECはERDFを構造基金の包括的改正のひとつに位置付けるなどミクロ・リージョン発展の新政策を採択したのである。それが先に述べたヨーロッパの市場統合に対応するものであることはいうまでもない。テリトリー間の競争，ECとミクロ・リージョンとのパートナーシップが叫ばれ，ミクロ・リージョンの諸アクターによるブリュッセルでのロビーイングが急増した。その際にサブシディアリティの原則（最小自治体優先主義）が有効に働いたとされている[6]。こうしてグローバリゼーションへの対応はミ

クロ・リージョン・レヴェルまで浸透した。これに対して社会統合についてのミクロ・リージョン政策はまだないようである。だが，すでにこれまでのミクロ・リージョン政策は環境，健康管理，消費者保護などのさまざまな社会的帰結をもたらしており，EU がそれらにどのように対応していくかは緊急の課題になっているのである。また，こうした課題が「深化」するにつれ，EU，国民国家，ミクロ・リージョンの政府間関係をどうするかも避けて通れない課題となろう。だが，いまはそこまで踏み込める段階ではない。

以上をふまえて，本章は以下のような構成をとる。まず，2 節では，ヨーロッパ統合のなかでイタリアがどのような位置を占め，どのような問題をかかえてきたかをみる。つづいて 3 節では，2 節でみたコンテキストのなかでイタリアのミクロ・リージョンがどのように展開してきたかを，とくにエミリア - ロマーニア（Emilia-Romagna）州に焦点をあててみる。つぎの 4 節では，視点を変えてイタリアでの連邦制をめぐる思想と運動を検討し，そこからフェデラル・イタリアの可能性を展望して結びに代える。

2．ヨーロッパ統合とイタリア

では，舞台をイタリアに移してみよう。そこでは EU と国民国家との関連はどのように考えられているのか，どのような問題群が存在しているのか。また，これらの点はミクロ・リージョンの動向とどのように関連しているのか。

イタリアのアンビバレントな位置　まず，現在の関連を検討するまえに，これまでの章でも繰り返しふれてきたことだが，イタリアが近代ヨーロッパあるいは近代世界システムのなかで中心と半周辺との境界をゆれ動くというアンビバレントな位置を占めてきたことを，ミクロ・リージョンの動きとも関連させながら，簡単に跡づけておこう。なぜならば，現在のイタリアのヨーロッパ統合への基本的スタンスも，このアンビバレントな位置に規定されていると思うからである。

3 章でみたように，「近代への序曲」が始まった時期，北イタリアの諸都市

は「ヨーロッパ世界経済」のひとつの中心であった。このことは，裏を返せば，これら以外の諸地域は半周辺ないし周辺的位置にあったことを意味する。その差異的な複雑性はその後のイタリアのアンビバレントな動向の，そして同時にミクロ・リージョン展開の，基盤である。19世紀半ばのリソルジメントはこれらの地域を統一して国民国家を形成した。しかし，ブルジョアジーに地域の差異的な複雑性を越えるだけの力量はなく，これに「統一性」を与えるため国家は集権的な体制をとらざるをえなかった。そして，この頃には北イタリアの諸都市もかつての勢いを失っていたから，イタリアは全体として近代世界システムの半周辺の位置に後退することになったのである。20世紀前半のイタリアン・ファシズムの登場はこの位置から中心部への脱出の試みとみることもできよう。だが，それに失敗し，イタリアは第二次世界大戦後，差異的な複雑性をかかえたまま，再び半周辺の位置から出発することとなったのである。

　4章でもふれたが，中心部化への契機は1950年代の"イタリアの奇跡"と呼ばれる経済発展によってもたらされた。そして，この時期，イタリアはECSC，EDC，EEC創設6カ国のひとつとしてヨーロッパ統合に積極的に参加していることは重要である。そこには中心部化への並々ならぬ意欲がうかがえ，その態度がその後のEC，EUへの姿勢を規定していくことになるからである。とはいえ，発展をしたのは北部であって，南部開発公庫の設置等による国家の梃子入れにもかかわらず，南北格差は容易には縮小せず，1970年代初めまではなお半周辺の位置にあったといわれる。この間，1947年の共和国憲法で導入が決められたにもかかわらず特別州を除いて25年間放置されていた州制度が，「暑い秋」と呼ばれる労働・社会運動の要求をふまえて1972年から動き出すことになるが，これはイタリアのミクロ・リージョンの実質化を意味する。こうしてイタリアをめぐるマクロ・リージョンとミクロ・リージョンの舞台装置は整うことになったのである。

　1970年代はいろんな意味でイタリアの転換期であった。基本的にはこの時期のイタリア国家はコーポラティズム志向をみせるのだが，その推進勢力が「暑い秋」の運動勢力でもあったことから，この志向は州制度の活性化をとも

なっていた。他方，この時期，北東・中部の中小企業地帯で顕著な経済発展がみられ，すでにふれたように北西部，南嶋部とあわせて「3つのイタリア」の視点が提起されたが，このことはイタリアの中心部化の重要な要素となった。そして，この時期の末にはイタリアは北部・中部と南嶋部との経済格差を残しながら，全体として近代世界システムの中心部に入ることになったのである。この位置は1980年代後半の"イタリア経済第2の奇跡"によって確定したといってよいが，しかし南嶋部は依然として半周辺あるいは中心部との境界の位置にあり，アンビバレントな要素をはらんだままなのである。こうした要素を内包しつつ，1990年代のイタリアはEUの通貨統合問題と向きあうことになったのである。そこで現在のイタリアをめぐるマクロ・リージョン，ミクロ・リージョンの関連の問題に移ることにしよう。

「EU／国民国家／ミクロ・リージョン」に関する4つの立場　　すでにふれたようにイタリアはECSC, EDC, EEC創設以来EC, EUの積極推進派である。そしていまや全体としては近代世界システムの中心部化を達成した。にもかかわらず経済発展の遅れた南嶋部をかかえている。他方，コーポラティズム化に失敗したとはいえ，福祉国家の維持・発展を志向する労働運動・市民運動も強固であり，これはヨーロッパ統合による福祉水準の低下に警戒的である。さらにまた，イタリア国家の寄生性・腐敗性は国民による強い批判にもかかわらず一掃されておらず，国家の財政赤字は依然として天文学的数字を示している。1999年のヨーロッパ通貨統合に向けて，こうした事態はイタリアの緊急な経済改革，財政改革の必要性を意味していた。この事態にイタリアはどのように対処しようとしていたか。また，その対処とミクロ・リージョンとの関連はどのように模索されていたか。こうした問題を，4章と多少ダブルが1995年1月の団体調査を素材に若干検討してみよう。

前章でみたように，この団体調査はイタリアの諸団体のヨーロッパ統合への態度を知るために行われたもので，その基本的な検討から，筆者は以下のようなヨーロッパ統合への4つの立場を析出した。すなわち，①国民同盟（Alleanza Nationale：AN）に代表される統合反対の立場，②フィアット（FIAT）に代表さ

れる経済統合推進・連邦制保留の立場，③北部同盟（Lega NORD：LN）に代表される経済統合・連邦制推進の立場，④左翼民主党（Partito Democratico della Sinistra：PDS）に代表されるソーシャル・ヨーロッパ推進の立場，の4つである。ここで2つのことについて注釈しておきたい。そのひとつは，対象にしている団体は国家の政策を動かす勢力であるとともに，国民の諸態度をもそれぞれに代表していることである。とくに政党の場合はそうである。もうひとつは，連邦制とはイタリア国家を現行の州ないし独自のリージョンの連合体として構想する考えだということである。この点についてはのちに4節で詳しくふれる。

　では，これら4つの立場がEU，イタリア国家，ミクロ・リージョンの関連をどのように考えていたかをみてみよう。表5-1は前章末に掲げた3つの団体の関連回答のみを一覧にしたものである（ANについては団体調査を行っていない）。

　まず第1は，ヨーロッパ統合反対の立場である。この立場を政治的に代表するのはANであるが，この政党は第二次大戦後もネオ・ファシズムを標榜していたイタリア社会運動の転身であり，もはやファシズムへの復帰は主張していないがナショナリズム志向は強い。したがって，マーストリヒト条約に強い反発をもっており，旧ユーゴスラヴィアに併合されたファシズム時代の領土（イストリア，フィウーメ，ダルマチア）の回復を要求している（イッレデンテズモ：未回収地回収主義）。また，連邦制にも反対しているから，ミクロ・リージョンの強化にも反対である。むしろ地域的な差異性を克服した強固なイタリア国家を志向しているのである。こうした志向は一部の中小企業者，農民を除けば国民のなかにそれ程広くはない。しかし政権の腐敗や社会秩序の混乱が著しくなると，その基盤を拡大する可能性があるのである。

　第2は，経済統合推進・連邦制保留の立場である。この立場を代表しているのはFIATである。この立場を明確に示している政党はないが，イタリア経済界の主流とかかわりあいのある政治勢力に共有されている立場ともいえる。そして，それはまたイタリア国民のかなりの部分に共有されている立場でもある

のである。表 5-1 における FIAT の回答にみられるように，この立場は経済自由主義の視点から統合に積極的に賛成であるが，政治的展望については慎重である。すなわち，EU 統合には「国民国家統合の道とミクロ・リージョン統合の道があ」(Q3) り，イタリアは国民国家として強い国ではなく逆にミクロ・リージョンが強いが，「2つに別れるとは考えられない」(Q9) とし，他方で「連邦制になるかもしれない」(Q9) としているのである。だが，もう一歩ふみこんでみれば，この立場は"ゆるい連邦制"を展望しているといえるかもしれない。なぜならば，この立場はこれまでのイタリア国家に対して批判的であり，EU の統合が進めばミクロ・リージョンに影響が出てき，「イタリアが連邦制に向かうなら，ミクロ・リージョンの役割はどんどん大きくなる」(Q11) とみているからである。とはいえ，これはミクロ・リージョン統合の道ではない。それはリージョン（州）から成る連邦制としての政治統合を展望しているのである。ただし，この場合のリージョン（州）は現行のそれを前提にしている。

　第3は，経済統合・連邦制推進の立場である。この立場を政治的に代表するのは LN である。表 5-1 にみるように，この立場は統合による経済競争のメリットを強調しているから第2の立場と同じく経済的には自由主義の立場である。しかし，政治的には「ヨーロッパ合衆国のもとでの国民国家のフェデレーション」(Q3) を展望する。だが，ここでの国民国家は第2の立場よりはるかに弱いものである。なぜなら「主権はほとんどヨーロッパで，国民国家はローカルな法律のみ」(Q3) と考えられているからである。そして，この連邦制においてはリージョン（州）が重要になる。「イタリアはこれの連邦になるべき」(Q11) である。しかし，連邦制の原理は税金を出したところに投資するというものであるから，南部は「ヨーロッパに入れない危険性がある」(Q9) のである。これは連邦制だが，一部のリージョンはヨーロッパ合衆国から排除される可能性を意味する。その場合のリージョンは「いまのリージョン（州）から出発して再検討する」としているが，現実には 1996 年 10 月の「パダーニア連邦共和国」独立宣言にみられるように，独自のリージョンを構想している。

表 5-1 EU・国民国家・リージョンに関するイタリアの

	ＦＩＡＴ
Q2・21世紀にはEU統合は進展か，停滞ないし後退か。テンポ，到達状態はどうなるか。現在はどのような段階か。	ヨーロッパは長い統合の道にある。むずかしいのは統合しつつ拡大しなければならないこと。今後の10～20年で東ヨーロッパに拡大すべき，安全問題や外交も一緒に考えねばならない。96年のマーストリヒト見直しにフィアットも努力する。いまの国は小さすぎる。統合を進めないと内戦になる。通貨統合は今世紀末か21世紀初。ドイツ，フランス，ベネルックス三国とオーストリアでできよう。イタリアは入らない。入れなくとも通貨統合は重要。
Q3・EU統合の進展過程で国民国家はどうなるか。	答えるのはむずかしい。イギリス，フランスはネーションの意味が強い。国民国家統合の道とリージョン統合の道がある。後者はドイツ。イタリアは国民国家として強い国ではない。逆にリージョンは強い。
Q4・EU統合のプラス，マイナスはなにか。	Q2への回答参照。
Q9・イタリアの北部と南部の統合に果たす役割は違うか。イタリアは2つに分かれるか。連邦制になるか。	2つに分かれるとは考えられない。連邦制になるかもしれない。分権化されていくかもしれない。北イタリアは地理的位置のためヨーロッパとの関係が強い。そうはいっても北も南も統合にはポジティブである。イタリアの国家は充分機能していない。
Q10・国境を越えたリージョンづくりの評価。	［無回答］
Q11・コムーネやリージョンとの関係はどうか。	コムーネよりリージョンに影響がある。モデルはドイツ。イタリアが連邦制に向かうなら，リージョンの役割はどんどん大きくなる。

諸団体に対するインタビューの結果

(1995年1月)

北 部 同 盟	左 翼 民 主 党
北部同盟は誕生以来統合をとうぜんのこととしている。中小企業は競争があった方がよい。統合はマーストリヒトのテンポで進むだろう。現段階も予想通りである。	統合がなければイタリアは存在しない。その理由は、北アフリカとの架け橋の位置にあることと、輸出国としてヨーロッパ統合が大切だから。21世紀の進展をバラ色に描くのはむずかしい。2段階に分けて統合するのは反対。イタリア、スペイン、スウェーデンなどは周辺化する。通貨統合だけでなく社会的、政治的統合も一緒に進めねばならない。96年のマーストリヒト見直しが重要。
ヨーロッパ合衆国のもとで国民国家のフェデレーションとなる。主権はほとんどヨーロッパで国民国家はローカルな法律のみ、19世紀の国民国家は変わってしまう。安全には小さすぎ、他のことには大きすぎる。庶民からは遠い存在。	ECの父と呼ばれるスピネッリをヨーロッパ議会に出した。最初は国境をなくすという考えだったが、いまはそれはできないとわかった。各国の歴史もあり、考えを変えた。国民国家はアイデンティティの対象である。サブシディアリティの政策を強めていく立場。ローカリズムを評価していく。リージョンもいまのものでいく。
競争があることがプラス。価格競争。それから経済や金融で調整ができ、無駄が省けることもプラス。	統合が政治、経済、社会の均衡をもたらせばメリット。経済だけでは不均衡が拡大する。スウェーデン、デンマーク、オーストリアが社会分野で貢献することを期待している。
GNPはヨーロッパを100とすると、ロンバルディアは134、これはヨーロッパ第2位。エミリア、リグリア、ピェモンテも120前後。この範囲で2500万人がいる。南部は下で、ヨーロッパに入れない危険性がある。北部同盟は分裂させる運動でなく、連邦制が適当と思う。出発して再検討する。いまのリージョンから出発して再検討する。	南部の統合は非常にむずかしい。歴史からくる問題と南であることからくる問題を抱える。東欧問題がでてきて金がそちらにまわった。南部にはインフラがない。しかし南北に分かれて統合するのは反対。この問題は現在討論中である。
積極的に評価する。統合が進展すれば国境がなくなる。これに寄与することだ。	Q3への回答参照。
連邦の基礎はコムーネである。だが、それはある程度の大きさと人口が必要。現在8300もあるので減らすことが必要。リージョンは重要で、イタリアはこれの連邦になるべき。しかし、リージョン間の格差は大きい。税金を出したところに投資するというのが連邦制の原理だ。	コムーネはEUと直接関係はない。リージョンのところでEUとの関係があり、そこでプロジェクトや予算を決め、コムーネが具体化していく。プロヴィンチアもコムーネと同じ。

第4は, ソーシャル・ヨーロッパ推進の立場である。ここで「ソーシャル・ヨーロッパ (social europa)」とは経済統合と社会統合の密接な結びつきを強調する考えであり, その場合の社会統合とは社会政策の充実を意味するから, それは市場万能に反対し福祉国家の遺産を保持しようという立場といえよう。この立場を政治的に代表するのはPDSである。すなわち, 表5-1にみるように, PDSは「統合が政治, 経済, 社会の均衡をもたらせばメリットであり, 経済だけでは不均衡が増大しマイナスである」(Q4) とし, 統合のプロセスについても「2段階に分けての統合には反対であり, 通貨統合だけでなく社会的, 政治的統合も一緒に進めねばならない」(Q2) と主張しているのである。その場合「国民国家はアイデンティティの対象」(Q3) であり, これを「南北に分かれて統合するのは反対」(Q9) である。そして, そのなかで「いまのリージョン (州)」(Q3) の強化を図るというのである。すなわち, PDSはいう。「われわれがミクロ・リージョンや国家統一を破壊しない連邦制を展望する」場合, 国家や州からEUに主権・権力・権限を委譲すると同時に, 州や地方の自治の発展を考慮に入れているのだ, と。これは第2の立場より"きつい連邦制"とみることができよう。

以上のようにみてくると, EU, 国民国家, ミクロ・リージョンの関連について4つの立場がそれぞれに自己主張し, 競合・対立しあっている事態がわかるであろう。だが, それらの立場は対等の力関係にあるわけではない。現在のところ, 4つの立場のうち第2の立場と第4の立場が比較的優勢であり, 競り合っているかにみえる。そこではマクロ・リージョンとミクロ・リージョンの関係拡大は共有されているが, 国家の評価が違うのである。他方, 他の2つの立場も立場を失っているわけではない。状況次第では出番がありうるのである。この2つの立場ではミクロ・リージョンと国家の評価は正反対である。では, こうしたコンテキストのなかで現実のミクロ・リージョンはどのような動向を示しているのか。それはEUとどのように対応しているのか。つぎに, これをみてみよう。

3．イタリアのミクロ・リージョン

　ここではエミリア‑ロマーニア州を例にとって現実の動向をみるが，その前に，すでに前節において部分的にふれてもいるが，近代以降のイタリアでのミクロ・リージョンの展開を，A. ブル（A. Bull）にしたがって簡単にスケッチしておく[7]。このことはエミリア‑ロマーニア州の位置づけのためにも必要なことであろう。

　ミクロ・リージョンの展開　　かの女はこの展開を3つの時期に分けて述べている。第1の時期はリソルジメントから第二次世界大戦終結時までの時期である。この時期には州制度は実現していない。統一後，イタリア政府は集権制か分権制かのジレンマに晒されることになったが，結果的にはナポレオン路線をうけいれて1865年に県制度を敷き，集権的国家を形成したのである。その理由は，2節でふれた「差異的な複雑性」が中央政府に対して遠心的に働き，国家としての統一性をそこないかねなかったからである。こうした集権制がファシズムの統治に「貢献」したことはいうまでもあるまい。

　第2の時期はファシズムからの解放から1960年代末までの時期である。ファシズムへの反省から，新しい民主的な政治システム再建へのコンセンサスは広範に広まった。にもかかわらず，州制度の問題での明確なコンヴァージェンスはなかった。それは左翼勢力が周辺地域の自治権が反動勢力に利用されるのを警戒したためである。その結果1948年憲法では州の権限は制限され，20の州が定められたが，そのうち実施に移されたのは周辺地域の5つの特別州のみであった。1948年の選挙で左翼勢力が後退し，キリスト教民主党（DC）が権力を握ると，左翼勢力の分権強化への転換にもかかわらず，この状態は固定化された。なぜなら，普通州の実施は，イタリア共産党（PCI）の勢力の強い中部諸州の権力を強化することになるからである。エミリア‑ロマーニア州はその中部諸州の中心であった。この状態の打開は1960年代末まで待たねばならなかった。打開の契機となったのは1968年の「暑い秋」であった。この年の

秋に起こった労働協約改訂をめぐる大労働争議は，左翼勢力による政治の民主化のバネとなり，その一環として1970年に普通州の実施が実現したのである。それは県制度を傘下におく集権的国家から分権化への重要な一歩であった。

そして，第3の時期は1970年代以降の時期である。この時期に入ると州の自治権が行政・財政両面で拡大されていったが，それとともに国家と州，州と県およびコムーネの間のさまざまな紛争も避けられなかった。しかし，もはや分権化の路線に変更はなかった。とはいえ，その実態は財政の逼迫，汚職の発生など多くの困難を抱え込んだものであった。また，北部・中部と南嶋部との経済格差も州の運営に大きな影を落としている。すなわち，前者の地域では住民は中央政府に対しては批判的であるものの州政府に対しては好意的であるのに対し，後者の地域における住民の政府評価はどちらに対しても辛いのである。

エミリアン・モデル　さて，こうした展開のなかで，ここでとりあげるのはエミリア-ロマーニア州である。すでにふれたように，それはイタリア中部の州であり，19世紀末以来左翼勢力の活発な地域としても知られている。そして，それはまたリージョナリズムが強い州であり，今日（1990年代半ば）でも「ヨーロッパで最もダイナミックな州のひとつ」[8]といわれている。それは何故か。まず，この点からみていこう。図5-1はS. O. ガルミーゼ（S. O. Garmise）とR. J. グローテ（R. J. Grote）がイギリス，ドイツ，フランス，イタリア4カ国から24の州を選び，それらの州の3カ年（1971年，1981年，1984年）の諸データをクラスター分析し，ランキングした結果である。これをみるとエミリア-ロマーニア州は一貫してクラスター3に属している。かれらによれば，このクラスターは出入りの激しい中間的な位置にあるとされる。しかし，このことはいくつかの限定つきで理解されねばならない。そのひとつは，ここで選び取られた州はヨーロッパ全体のなかで中心国の諸州であり，残りの諸州はほとんどがクラスター4に入るであろうということであり，もうひとつは，クラスター3のなかでエミリア-ロマーニア州は上昇志向を示している州だということである[9]。そのことは表5-2のデータからも推測できるであろう。こ

図5-1 クラスター分析による州のランキング

1971	1981	1984
	クラスター1	
イル・ド・フランス	イル・ド・フランス	イル・ド・フランス
ノール-パ・ド・カレ	ノール-パ・ド・カレ	
ロレーヌ	ロレーヌ	
アルザス	アルザス	
ラングドック-ルション	ラングドック-ルション	
ニーダーザクセン	ノルドライン-ヴェスタファーレン	
ノルドライン-ヴェスタファーレン		
	クラスター2	
ヘッセン	ヘッセン	ヘッセン
バーデン-ビュルッテンベルク	バーデン-ビュルッテンベルク	バーデン-ビュルッテンベルク
バヴァリア	バヴァリア	バヴァリア
ザールラント	ザールラント	ザールラント
	ニーダーザクセン	
	ミディ-ピレネー	
	クラスター3	
ロンバルディア	ロンバルディア	ロンバルディア
エミリア-ロマーニア	エミリア-ロマーニア	エミリア-ロマーニア
ミディ-ピレネー	イースト・ミッドランド	ニーダーザクセン
	イースト・アングリア	ノルドライン-ヴェスタファーレン
	サウス・イースト	ノール-パ・ド・カレ
	サウス・ウエスト	アルザス
	ウエスト-ミッドランド	ロレーヌ
	ウェールズ	ミディ-ピレネー
		ラングドック-ルション
	クラスター4	
トスカーナ	トスカーナ	トスカーナ
マルケ	マルケ	マルケ
バジリカータ	バジリカータ	バジリカータ
カラーブリア	カラーブリア	カラーブリア
イースト・ミッドランド		イースト・ミッドランド
イースト・アングリア		イースト・アングリア
サウス・イースト		サウス・イースト
サウス・ウエスト		サウス・ウエスト
ウエスト-ミッドランド		ウエスト-ミッドランド
ウェールズ		ウェールズ

［出所］ R. Leonardi & R. Y. Nanetti (eds.), *The Regions and European Integration : The case of Emilia-Romagna,* Pinter, 1990, p. 63.

表 5-2　ヨーロッパのサンプル州の経済的指標

	GDP（エキュー表示）			失業率			工業に雇用された労働力の比率		
	1977	1984	1990	1977	1984	1990	1977	1984	1990
エミリア-ロマーニア（伊）	4816	11563	18730	2.4	8.7	4.3	39.8	34.6	37
ロンバルディア（伊）	5153	11897	19960	2.0	6.6	3.4	55.2	42.9	44
トスカーナ（伊）	4235	10221	16397	3.2	8.7	7.6	44.0	34.8	34
マルケ（伊）	3802	9277	14938	2.9	7.3	6.3	41.6	36.2	39
カラーブリア（伊）	2397	5274	8181	9.3	14.9	22.6	25.4	20.4	17
ニーダーザクセン（独）	6379	11027	15962	3.2	8.9	6.8	38.6	34.8	37
ノルドライン-ヴェストファーレン（独）	7348	12429	17641	3.4	8.5	6.9	47.1	42.6	42
ヘッセン（独）	8014	14365	21457	1.8	5.7	4.1	41.1	38.1	38
バーデン-ビュルッテンベルク（独）	7832	13387	19634	2.0	4.3	3.0	49.1	47.0	47
ザールラント（独）	6391	11786	17087	3.5	10.5	7.2	49.2	46.0	40
ノール・パ・ド・カレ（仏）	5530	9472	13562	5.0	12.3	11.8	44.9	39.0	36
ロレーヌ（仏）	6017	10003	14468	2.7	10.9	8.0	44.2	39.6	35
アルザス（仏）	6422	11773	17152	2.8	7.0	4.5	43.1	39.3	35
ミディ-ピレネー（仏）	4908	9751	13549	4.7	8.9	8.7	30.0	28.1	26
ラングドック-ルシヨン（仏）	4984	9221	13059	4.4	11.9	12.9	26.9	24.0	20
イースト・ミッドランド（英）	3783	9216	12900	3.8	10.0	5.3	47.2	40.3	38
イースト・アングリア（英）	3829	9738	13682	4.5	8.3	3.9	34.7	30.8	30
サウス・イースト（英）	4551	11517	16167	3.8	8.4	4.3	30.6	25.9	27
ウエスト-ミッドランド（英）	3817	8741	12229	4.5	13.5	6.3	48.9	40.5	39
ウェールズ（英）	3376	8053	11145	4.8	13.3	6.9	39.3	31.9	33
サンプル平均	5179	10435	15395	3.7	9.4	7.2	41.1	34.0	34.7

［出所］　S. O. Garmise Economic development strategies in Emilia-Romagna, in M. Rhodes (ed.), *The regions and the new Europe : Pattern in core and periphery development*, Manchester University Press, 1995, p. 138.

れもガルミーゼが作成したものであるが，1990年のGDPでみると，エミリア-ロマーニア州のそれはヘッセン，ロンバルディア，バーデン-ビュルッテンベルクに次ぐ位置にある。したがって，ヨーロッパで最も経済活動の活発な州とまではいえないにしても，「最もダイナミックな州のひとつ」という評価は妥当であろう。そしてまた，以上の分析とデータは，この州がイタリアの諸州のなかでは，ロンバルディアと並んで，最も経済的に強力な州であることも示している。

3つの特殊要素　しかし，エミリア-ロマーニア州が注目されるのは，こうしたランキングの高さからだけではない。ガルミーゼとグローテが経済活動の「社会的埋め込み (social embeddedness)」と呼んだ経済発展の特殊なメカニズムがある。すなわち，州政府の権威，地域社会の規範と伝統，組織された利害間での集合的行為のネットワークといった州レヴェルでの非市場的諸制度が経済的アクターに決定的なインパクトを及ぼしているのである[10]。N.ベッリーニ (N. Bellini) も同様な事態に注目してこれをエミリアン・モデルと呼び，その特徴を「プログレッシヴな政府，社会的な統合，企業的成功の魅力的な組み合わせ」[11]と表現している。いずれにしても，政治的，社会的，経済的な特殊要素とその組み合わせがあるわけで，つぎにこれらの点を明らかにしてみよう。

まず，経済的要素である。いうまでもなく，エミリア-ロマーニア州はA.バニャスコのいう「第三のイタリア」に属する。それは中小企業や職人が経済発展を支えている地域であり，重化学工業による経済発展に代わる経済戦略が展開されている地域として，1970年代以来注目されてきた地域である。その「第三のイタリア」のなかでも，この州はまた特殊な経済発展の要素を持っていた。ガルミーゼはその秘密をインダストリアル・デストリクト (industrial district) に求めている。それは中小の諸都市がそれぞれ高度に特殊化された中小企業を擁し，それらが相互に関連を持ちながら消費者志向の，多様な，国際的市場に対応する諸商品を産みだす，ひとつの統一された生産システムを形成している事態を指している。図5-2の地図はニットウエアのカルピ，家具のフ

図5-2 エミリア-ロマーニアにおける地域別生産活動

[地図]

- ⊚ ニットウェア（カルピ）
- ▲ 陶　器（サチェルノ-スカンディーノ．ファエンツァ）
- ■ 家　具（フォルリ，ボローニア，モデナ，パルナ）
- ● 化　学（フェラーラ，ラヴェンナ）
- ⊙ 機　械（ボローニア，モデナ，レッジョ・エミリア）
- ◐ 履き物（ラヴェンナ，フォルリ，ボローニア）
- ⊡ 食料品（パルマ，レッジョ・エミリア）

- PC ＝ピアチェンツア
- PR ＝パルマ
- MO＝モデナ
- RE ＝レッジョ・エミリア
- BO ＝ボローニア
- FE ＝フェラーラ
- RA ＝ラヴェンナ
- FO ＝フォルリ

［出所］ P. Bianchi and G. Gualtieri, Emilia-Romagna and its industrial districts: the evolution of a model, in R. Leonardi & R. Y. Nanetti (eds.), *The Regions and European Integration : The case of Emilia-Romagna,* Pinter, 1990, p. 89.

ォルリ，陶器のサチュルノ-スカンデーノ，機械のレッジョ・エミリア，そしてこれらの核としてのボローニアとモデナの配置を示している。これらはジャスト・イン・タイムの生産システムであると同時に共通市場であり，またコムーネやリージョンの多様な制度を共有しているのである。だが，反面で，中小企業，とりわけ下請け企業間の競争が激しさや長時間低賃金の労働が，そのフレキシビリティを支えていることも見逃してはなるまい[12]。

つぎは社会的要素である。実はこれが最も説明しにくい。先にふれたようにベッリーニはこれを「社会的な統合」と呼んだし，またR. レオナルディ（R.

Leonard）とR. Y. ナネッティ（R. Y. Nanetti）はそれを「社会的連帯の歴史」と名付けた。さらにまた後述する左翼的な政治的サブカルチュアもこれと深く関連している。だが，その核をなしているのはアソチアツィオニスモ（associazionismo）の思想といってよいであろう。その内容も一義的には規定しがたいが，おおよそのところ，相互扶助協会以来，労働者，農民，勤労市民が思想・信条を異にしながら，生産・労働・生活上で助けあい，協力しあってきた「民衆的社会連帯思想」（佐藤一子）のことである。ここで留意しておきたいことが2つある。そのひとつは，「思想」といっても論理的なものではなく，カルチュアの概念に近いゆるい思考のまとまりであることである。もうひとつは，それが社会関係のなかに深く埋め込まれ，農民から労働者，労働者から中小企業者へという世代的社会移動のなかで受け継がれてきていることである。そして，この「思想」は日常的な諸組織の運営に生かされ，後述する「社会的ブロック」の強化に重要な役割を果たしているのである。

　最後に政治的要素であるが，その鍵を握っているのが中産階級と労働者階級との「社会的ブロック」である。ガルミーゼやベッリーニはこれを両者の「同盟システム（alliance system）」と呼んでいる。それは前世紀以来の農民運動，労働運動，そして反ファシズム・レジスタンスのなかで形成され，日雇農業労働者・折半小作農から労働者へ，そして中小企業主へという世代交替のなかでひきつがれ，拡大してきたものであり，共産党から左翼民主党への左翼政権を支えてきたのである。アソチアツィオニスモがそのセメント化の役割を担ってきたことはいうまでもあるまい。こうしたブロックを基盤に，左翼政権の巧みなリーダーシップとその優れた政策があるのである。

　図5-3はR. O. パットナム（R. O. Putnam）らが作成したものである。縦軸は州の諸制度のパフォーマンスについてパットナムらが測定した「客観的」評価であり，横軸は市民のそれに対する満足度である。ごらんの通り，エミリア-ロマーニア州の評価はイタリアのなかでは両軸とも断突である。もちろん，これだけでは不充分であるにしても，「巧みなリーダーシップ」と「優れた政策」の証左ではあろう。実際，イタリアの州政府に許されている政策領域はそんな

図 5-3 制度パフォーマンス (1978-85 年) と市民満足度 (1977-88 年)

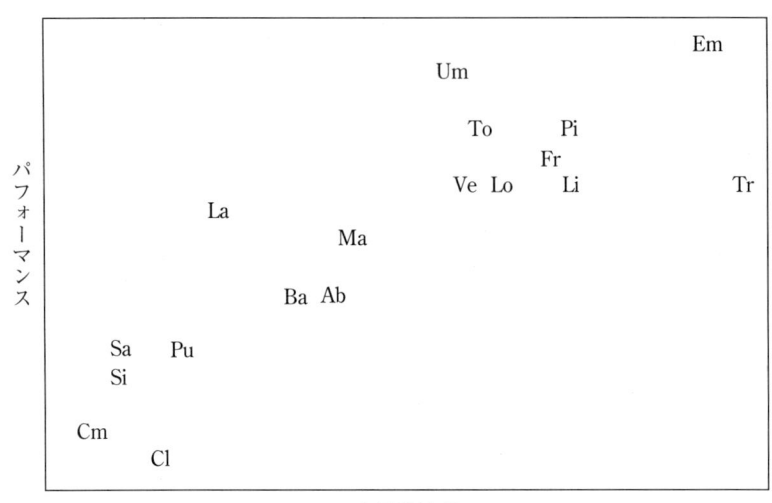

```
                                            Em
                    Um
                         To    Pi
パ                              Fr
フ                         Ve Lo  Li        Tr
ォ
ー        La
マ              Ma
ン
ス           Ba Ab

     Sa   Pu
     Si

   Cm
        Cl
```

市民満足度
相関係数 $r = 0.84$

Ab = アブルッツオ　　　　　　Ma = マルケ
Ba = バジリカータ　　　　　　Pi = ピエモンテ
Cl = カラーブリア　　　　　　Pu = プーリア
Cm = カンパーニア　　　　　　Sa = サルディーニア
Em = エミリア - ロマーニア　　Si = シチリア
Fr = フリウリ - ヴェネツィア・ジューリア　To = トスカーナ
La = ラツィオ　　　　　　　　Tr = トレンティーノ - アルト・アディジェ
Li = リグーリア　　　　　　　Um = ウンブリア
Lo = ロンバルディア　　　　　Ve = ヴェネト

[出所] P. O. Putnam, *Making Democracy Work : Civic Traditions in Modern Italy,* Princeton University Press, 1993 (河田潤一訳『哲学する民主主義―伝統と改革の市民的構造』NTT 出版, 2001 年, p. 93). 邦訳に州名を付加.

に広くはない。手工業, 農業および林業, 観光およびホテル業, 市場, 都市計画, 技術および職業教育ならびに育英事業, 公共慈善事業ならびに健康および医療事業などが主で, 経済計画は中央政府と共有, 産業政策, 雇用, 金融および信用についてのフォーマルな権限はなく, 徴税権もない。したがって, その範囲内でさまざまな工夫がなされ, これが評価されているのである。一例とし

て，ガルミーゼは ERVET（州の経済発展局）を挙げている。それは地方産業の支援・促進と州経済の研究をする制度であるが，先にふれたインダストリアル・デストリクトに注目し，それを強化する政策を打ち出していった「産業政策推進の主要手段」であったのである[13]。

エミリアン・モデルの変動　さて，以上エミリアン・モデルのもつ特殊的諸要素に注目してきたが，こうした諸要素も自らの論理で，あるいは環境との相互作用のなかで変動する。ガルミーゼによれば，1990年代のその変動は，これらの諸要素の力を衰退させ，新たな経済発展戦略の必要性を要請するものだという。変動のひとつは経済的なものである。吸収合併，株の独占，下請化，ジョイント・ヴェンチャーなどによる大企業の出現がそれで，これは上述したインダストリアル・デストリクトの水平的な協力関係を堀崩していくことになる。そして，このデストリクトの安定的要素であった社会的ネットワークは，この新たな競争条件のなかでむしろ障碍へと転化する。何故ならば，社会的ルールや規範は容易には変化せず，新たな環境になじみにくいからである。出現した大企業の方が容易にフレキシビリティを身につけ，インダストリアル・デストリクトのシェアに食い込んでいけるのである。

　もうひとつの変動は政治的なもので，これには国内的な変動と国際的なそれとがある。国内的変動というのは80年代までの政党制の崩壊である。すなわち，それまでイタリア政治を支配してきたDCが解体し，これと対抗してきたPCIがPDSに転身し，新たにLNやFIなどの新政党が登場し，力をつけてきたのである。このことはエミリア-ロマーニア州の左翼的な政治的サブカルチュアの力を弱め，ひいては「社会的ブロック」の結集力をゆるめることになる。こうした弱体化はゆるやかではあるが，進行している。国際的な変動とはEUの進展である。それはすでに前節でみたようなイタリア国家の変貌を通じて州に影響を及ぼすと同時に，後述するような州に対する新たな発展のチャンスと新たな規制をもたらすことになる[14]。

　では，新たな経済発展戦略とは何か。ガルミーゼによれば，それは特殊的要素のメリットを維持しつつ，国家，EU，世界のカウンターパートと資本，技

術，市場において密接に結びついていくことだという[15]。エミリア-ロマーニア州にとってEUのもつ意味はますます重要になってくるのである。

それではエミリア-ロマーニア州はEUと具体的にどのような結びつきをもっているであろうか。この州がECとの関わりを重要な課題として考え始めたのは1985年からだという。この年に発足した第4会期の州政府は折からの経済成長を維持していくために，交通・運輸能力向上のためのインフラ整備とともに，新しいヨーロッパの不可欠な部分へと州を変貌させて行くことが必要だとの考えを持つに至ったのである[16]。ここから「統合地中海の諸プログラム (Integrated Mediterranean Programs : IMPS)」に積極的に関わることになるのである。このプログラムは，1985年，スペインとポルトガルがECに加入したことに対応して，地中海地域の農業のリストラと経済の再組織を援助するために企画されたものである。イタリアでは14の州がこのプログラムに関わり，エミリア-ロマーニア州はそのなかの2つのプログラムに加わった。すなわち，アペニン山岳地域社会のプログラムとアドリア海沿岸デルタ地帯のそれである。ナネッティによると，エミリア-ロマーニア州のこれらプログラムへの関わり方には2つの特徴があるという。そのひとつは，これらのプログラムへの参加が自主的なものであったということである。すなわち，自らの国やECへの政治的圧力の結果であったのである。そのことはもうひとつの特徴とも関わる。すなわち，それはこれらのプログラムを州の最新の発展計画とかなりの程度統合してしまったということである[17]。自主的であったが故に，すでに持っていた1986-89年計画とのすりあわせをすることができたのである。

また，1989年にはヨーロッパ連邦運動のイニシアによるレファレンダムに応じた。それはヨーロッパ連邦をつくるためのヨーロッパ憲法制定集会に関わることを意味した。同年，国民国家内外の他の州との協力およびECとのコミュニケーション強化を目的とした州法規の改正がECで承認されたが，エミリア-ロマーニア州はこれには新しい政策を求めて「建設的不信任票」を投じた[18]。この点の評価は定まっていないが，こうしてエミリア-ロマーニア州はECとの関連強化を基本としながらも，それに自主的に対応していく姿勢を貫

いているのである。
　さて，このようにみてくると「ヨーロッパで最もダイナミックな州のひとつ」と評されるエミリア-ロマーニア州においてもEUとの関連強化はまだ始まったばかりである。それにはこの州のもつ特殊な要素というものも大いに貢献している。こうしたコンテキストで考えると，イタリアを舞台とするマクロ・リージョンとミクロ・リージョンの関連，そしてイタリア国家の位置も実態としてはまだ判然としない。そこで視点を変えて，最後にイタリアでの連邦制をめぐる思想と運動を手がかりに，この3者の関連を考えてみよう。

4．フェデラル・イタリア

　リージョナリズムとフェデラリズムは使用するコンテキストによって重なったり，ずれたりする。すなわち，EUはマクロ・リージョンであり，現状では国家間の連邦制を志向しているが，他方でこれをミクロ・リージョンの連邦制にしようという運動もある。またイタリアはミクロ・リージョンを制定しているが，国家レヴェルでの連邦制は採用していない。しかしこれを連邦制にしようという運動もある。このようにヨーロッパ・レヴェルでのリージョナリズムとフェデラリズム，国家レヴェルでのリージョナリズムとフェデラリズムがあり，それらが錯綜しているのである。ここではそうした事情をふまえたうえで，イタリアでの連邦制の思想と運動を通じてマクロ・リージョン，国家，ミクロ・リージョンの関連を展望してみたい。

フェデラリズムの歴史　イタリアのフェデラリズムの歴史も3つの時期に分けられる。第1の時期はリソルジメント前後から20世紀初めの時期である。この時期のフェデラリズムはイタリアでの南北問題をベースにしていた。すなわち，「北」からの国家統一の動きに対して「南」から自治の要求が起こり，これに対して「南」の自治能力を否定し「北」の援助を主張するフェデラリズム＝連邦制の主張がなされたのである。「南」からの自治要求の嚆矢をなしたのは1847年のサルディーニア自治主義であるといわれる。その後こうした要

求はシチリア，ナポリなどを舞台に繰り広げられ，それは統一後もつづいた。しかしこうした思想と運動の存在は，逆に統一勢力による集権化への志向を強化することになった。そうしたなかで G. サルヴェーミニ（G. Salvemini）や L. ストルツォ（L. Sturzo）の連邦制の主張がなされたのである。サルヴェーミニはいう。「行政の統一というトルソの下にリージョナリズムが誕生することはありえない。フェデラリズムがリージョナリズムの唯一の救済策である」[19]と。だが，こうした主張も集権化の志向を押しとどめることはできず，1865年に県制度が施行されたのである。

　第2の時期はレジスタンスから第二次世界大戦後の1950年代までの時期である。この時期のフェデラリズムはヨーロッパの連邦制を主張する。その背景は反ファシズムとこれに貢献した集権制への反省であり，ヨーロッパの平和を実現する思想と運動であった。この主張を代表するのが A. スピネッリ（A. Spinelli）であり，かれに主導されたヨーロッパ連邦運動であった。スピネッリはレジスタンスのなかでヨーロッパ連邦を構想するが，それはイタリア連邦の構想とも重なりあっていた。しかし，1943年，ヨーロッパ連邦運動が誕生するに及んで，かれの口からはイタリアの連邦制のことは発せられなくなっていった。その理由はヨーロッパにおける平和の実現が優先されたからであり，また2節でもふれたように，かれの協力していた左翼勢力がイタリア周辺部への自治の付与が反動勢力に利用されることに警戒的であったからであろう。そして，この運動はヨーロッパ経済共同体が発足し，ヨーロッパ統合の動きが現実化するにつれ，そのなかに取り込まれていった。だが，この運動はそれ自体として存続し，その展開のなかでイタリア連邦制の構想も復活していった。しかし，2つの構想の重なりあいは必ずしも明確ではなかった[20]。

　こうした2つの時期をふまえて，1970年以降の第3の時期がくることになる。この時期にはすでに述べたようにイタリアでミクロ・リージョン＝州制度が実現し，これを契機に再び国内での連邦制が論議されだしたのである。だが，それだけではない。この時期にはフェデラル・ヨーロッパにおけるフェデラル・イタリアを掲げる政治運動が台頭したのである。その契機になったの

は，これもすでに述べた EC の展開である。そのなかで，ロンバルディア同盟，ベネト同盟などの地域政党が誕生し，やがてそれらは 1991 年に LN へと統一され，イタリアの政治を動かすひとつの勢力となっていったのである。この政治運動は「リージョンのヨーロッパを求め，イタリアの現行制度を敵視し，国内政治のフェデラル化を目指す」[21]ものであった。このように，この運動はヨーロッパ・レヴェルでもナショナルなレヴェルでもリージョンのフェデラルを主張したが故に，それは新しいリージョナリズムとも呼ばれている。だが，この運動は第 1 期のフェデラリズムとも第 2 期のそれとも異なる。まず，南北問題をベースにしている点では第 1 期のフェデラリズムと同じである。だが，北部のみが EU に統合される力を持つという分離主義的傾向を持っている点は大いに異なる。また，第 1 期とは異なりすでに文化的に同質化している時点での分離主義という点でも違いがあるといえよう。ここからこの運動には，南部の人びとに対する，ひいては移民に対する疑似レイシズムがあるとの指摘もある。つぎに，第 2 期のフェデラリズムとの異同だが，ともにフェデラル・ヨーロッパを求めるにしても，この運動には平和の論理はない。そこにあるのは経済的豊かさの共有という論理のみである。その意味でヨーロッパ連邦運動とも相容れないのである。実際，この運動のフェデラル・ヨーロッパのイメージははっきりしない。「リージョンのヨーロッパ」を求めるといいながら，表 5-1 にもみるように，国民国家のフェデレーションも主張する。この点，前者を追求するヨーロッパ連邦運動とは一定のズレがある。その意味でもこの運動は，これまでのフェデラル・イタリアの思想・運動の系譜における異端である。

ところで，1990 年代前半には前進に前進を重ね，1994 年には入閣も果たした LN は，その後半になると勢いを失い始め，次第に政治勢力のなかで孤立化の傾向をみせてきている。だが，これに代わるフェデラル勢力が台頭しているわけではない。2 節でみたように，広い意味では PDS も連邦制に関心を示しているが，それに踏み切ってはいない。したがって，フェデラル・イタリアはひとつの曲がり角にきているといえよう。

3 つのシナリオ　さて，こうしたフェデラル・イタリアの展開をふまえ

て，最後にイタリアのリージョナリズム，フェデラリズムの展望に関して，いくつかのシナリオを考えてみよう．

その場合，いままでのフェデラル・イタリアの展開からして，前提となることが2つある．そのひとつはイタリアにおける南北問題がどうなるかである．すなわち，その格差が大きくなれば分離主義が復活しうるし，小さくなれば連邦制が必要なくなるかもしれない．だが，ナショナリズムがアイデンティティとして定着している以上，分離主義の復活は難しいし，また格差が縮小するような経済展望ももちにくいので，この点はいまのところ決定的な要因になるとは考えにくいように思う．むしろ重要なのはもうひとつの点，ヨーロッパ統合がどうなるかである．すなわち，それが順調に進展するか，大きな苦境に立たされるか，それとも破綻するかによって，イタリアのリージョナリズム，フェデラリズムの展望は大いに異なってくるように思われる．そこでこの後者の前提の変化が大きく作用するという仮説の下でシナリオを描いてみよう．

まず，シナリオ1は，ヨーロッパ統合が順調に進展する場合である．これは現在の状態の延長上に考えればよい．そこでは3節でみたようなミクロ・リージョンの活動がいっそう活発化することになろう．バニャスコもいう．「州や大きなコムーネはヨーロッパ大の制度的文脈で活動を始めており，おそらくはEU統合に関心をもつ重要な政治的ファクターになることであろう」[22]と．そこではリージョナルな，フェデラルなイタリアは促進され，おそらくはゆるやかな連邦制へと移行するであろう．

シナリオ2は，ヨーロッパ統合が苦境に陥った場合である．アメリカおよびアジアの市場との競争が厳しくなり，なんらかの戦略転換が迫られた状態である．そのときEUはその生き延びのため，最小限の核心維持に踏み切らねばならないかもしれない．そしてこのとき，イタリアは極めて苦しい選択を迫られることになろう．すなわち，分離主義が再び台頭する可能性があるのである．すでにゆるやかな連邦制が成立しているのであれば，その実質的解体となるであろう．あるいは国民国家の強化がなされるかもしれない．

そして，シナリオ3は，ヨーロッパ統合が破綻した場合である．この危機は

おそらくヨーロッパのみにとどまらないであろう。それは近代世界システムの危機あるいはそれにつながる危機であろう。そのときイタリアはどうなるのか。にわかには予測しがたい。システムは極めて不安定状態に突入し、イタリアもそのなかで変動の波に晒されつづけるであろう。あるいはそのときに、ミクロ・リージョン自立への経験は、変動のなかでしなやかな耐久力として発揮されるかもしれない。

ともあれ、このシナリオ 3 は、ヨーロッパ統合が近代世界システムに「新しい生命力を吹き込む」動きである以上、前章でふれたように、かなり長期の展望である。しばらくの間、イタリアのリージョナリズムとフェデラリズムは、シナリオ 1 を基調としながら、1 と 2 の間をゆれつづけるのではあるまいか。

1) 古城利明「世界システム・リージョン・国民国家」（中央大学社会科学研究所研究報告第 18 号『統合するヨーロッパ／重層化するアジア』中央大学社会科学研究所、1997 年、所収）参照。
2) 古城利明「南北問題から都市自治へ」（北川隆吉・蓮見音彦・山口博一編『現代世界の地域社会』有信堂、1987 年、所収）2 節参照。
3) 田中昌樹「ヨーロッパ統合運動の形成と展開——ヨーロッパ統合の前史にかんする近年の研究をめぐって——」（高柳先男編著『ヨーロッパ統合と日欧関係　国際共同研究 I』中央大学出版部、1998 年、所収）p. 58.
4) 小野耕二「EC 統合の進展とヨーロッパ各国政治の変容」（日本政治学会編『EC 統合とヨーロッパ政治』年報政治学 1993、岩波書店、1993 年、所収）2 節参照。
5) 高柳先男「政治的妥協としての『マーストリヒト』」（同編著、前掲書、所収）参照。
6) S. Mazey, Regional lobbying in the new Europe, in M. Rhodes (ed.), *The regions and the new Europe : Patterns in core and periphery development,* Manchester University Press, 1995, pp. 79-80.
7) A. Bull, Regionalism in Italy, in P. Wagstaff (ed.), *Regionalism in Europe,* Intellect Books, 1994, pp. 70-74.
8) S. O. Garmise, Economic development strategies in Emilia-Romagna, in M. Rhodes (ed.), *op. cit.,* p. 136.
9) S. O. Garmise and J. G. Rolf Grote, Economic performance and social embeddedness : Emilia-Romagna in an interregional perspective, in R. Leonardi and R. Y. Nanetti (eds.), *The Regions and European Integration : The case of Emilia-Romagna,* Pinter,

1990, p. 66.
10) *Ibid.*, p. 72.
11) N. Bellini, The Management of the economy in Emilia-Romagna : the PCI and the regional experience, in R. Leonardi and R. Y. Nanetti (eds.), *op. cit.,* p. 109.
12) Garmise, *op. cit.,* p. 145.
13) *Ibid.,* p. 151.
14) *Ibid.,* pp. 154-155.
15) *Ibid.,* p. 156.
16) R. Leonardi, Political developments and institutional change in Emilia-Romagna, 1970-1990, in R. Leonardi Robert and R. Y. Nanetti (eds.), *op. cit.*, p. 35.
17) R. Y. Nanetti, The Emilian approach to regional 'management' and 'protagonism' : the third and fourth legislatures, in *ibid.,* p. 141.
18) Leonardi, *op. cit.,* pp. 35-36.
19) G. Salvemini, *Il ministro della mala vita e altri scritti sull Italia giolittiana,* Feltrinelli, 1962, p. 173.
20) Cf. G. Gangemi, *Meridione Nordest Federalismo : Da Salvemini alla Lega Nord,* Rubbetino, 1996, capitolo 4.
21) J. Farrell and C. Levy, The Northern League : Conservative Revolution? in C. Levy (ed.), *Italian Regionalism,* Berg, 1996, p. 132.
22) 2節で用いた筆者のアンケート調査に対する文書回答。

［付記］
　本章で扱われている時期は1990年代中頃までの動向であり，それ以降は分析の対象になっていない。それは残された課題であるが，さし当たりは前章付記を参照されたい。

6章

ヴェネツィア・ジューリア試論
──世界システム分析の視点から──

1．本章の対象と視点

　バルカンの地域は「ヨーロッパの火薬庫」といわれる。その前提は，ひとつには古代以来さまざまな民族が流入，混在・混血し，複雑に重合した社会を形成していること，もうひとつには，これも古代以来さまざまな帝国の支配が交錯し，複雑に重合した社会をさらに捩れた対立関係に構成したことにある。この前提に近代の国民（民族）国家の刺激が与えられたとき，この「火薬庫」は爆発する。1912年から1913年にかけての二次にわたるバルカン戦争，冷戦終結後のユーゴスラヴィア紛争はそれを証左する。他方，この前提は，それ故にこそ，絶えざる共存・共生の動きを産み出すことにもなる。

　本章の対象は，このバルカン地域の西端に位置するヴェネツィア・ジューリア（Venezia Giulia，英語ではJulian March）地域である。R. ファブリス（R. Fabris）はリソルジメント直後の1878年に出版した『イタリアの東部国境』と題する小著のなかで，この地域は「ゴリツィア（Gorizia），トリエステ（Trieste），イストリア（Istria）という3つの県」から構成され，「精神的，政治的に密接に結びついているが故に，分かちがたい」[1]と簡潔に述べているが，その後の歴史はこの地域をさまざまに分断し，現在はイタリア，スロヴェニア，クロアチアの3国にまたがる空間を形成している。もっともファブリス自身はイッレデンテスタ（未回収地併合主義者）であるから，当時ほとんどがオーストリア・ハンガリー（二重）帝国の下にあったこの地域を「イタリアの東部国境」のうち

に回収したいという動機が強すぎるが,それだけに「密接な結びつき」を的確に言い当てている面もある。ともあれ,のちにみるようにこの「結びつき」はこの地域の歴史的地層に深く埋め込まれており,現在でもそれをふまえた共存・共生の動きが国境を越えて活発であり,そこに豊かなフロンティア性の発露をみる思いがする。

さて本章の目的は,世界システム分析の視点からこの歴史的地層の変化とそこに潜むフロンティア性を探り,現在の共存・共生の動向にふれ,そこからの展開の方向性とその条件を検討することにある。そのためには,これまでの章とも重なるが,視点に関わるいくつかのことにふれておく必要がある。それは3点ある。

その第1点は帝国概念についてである。本章では帝国,「帝国」,〈帝国〉の概念が使い分けられる。その内容はこれまでの章と同じであるが,歴史的地層を探る意味で帝国概念が多用されるが,そこには古代帝国(ローマ帝国)と近世帝国以外に,オーストリア・ハンガリー(二重)帝国といった慣用的用法も用いられる。

その第2点は,2章でふれたロッカンのヨーロッパの中心-周辺構造におけるこの地域の位置づけについてである。ロッカンは詳しくこの地域にふれている訳ではない。だが,大要,この地域を中央交易地帯におけるドイツ・ブロックとイタリア・ブロックにはさまれた境界的周辺(interface periphery)として位置づけているように思われる。そのうえで2つの点に留意しておきたい。ひとつは現在ヴェネツィア・ジューリアとともにイタリアの特別州を構成しているフリウーリ(Friuli)地域は「飛び地的周辺」としてヴェネツィア・ジューリア地域との言語・文化の違いが指摘されていること,もうひとつはイストリア地域を含むダルマチア地方が「外部的周辺」とされていることである。しかしこの後者はイストリアよりも西の地域を念頭に置いているようにもみえる[2]。以上の位置づけは本章にも有益であると思われる。

そして第3点はフロンティア(frontier)についてである。これについては8章および9章で詳しく述べるが,境界域としてのヴェネツィア・ジューリアの

歴史的地層の分析にも援用したい。そもそも後章で用いられるこの概念は，世界システムがその外部世界をシステムの周辺部として組み込む際に生まれる空間を指し，その空間での社会関係のポテンシャリティを含意している。それをここでは帝国あるいは大国がその外部世界を周辺部として組み込むケースにも用いたいのである。すなわち，境界域はフロンティア性を備えているとみるのである。そのうえでこのポテンシャリティの源泉と帰結を探るにあたって，A. メルレル（A. Merler）・新原道信の視点を補助線としたい。その内容は２つある。ひとつは社会を「混交し混成する複合・重合社会（società composita）」とみる視点である。そこでは社会を構成する諸要素が「自己の固有性を表出しつつ共生せざるをえない」[3] 状態が強調される。すでにふれた境界域やフロンティアの概念にもこのことは含意されているように思うが，メルレル・新原はそれを明快に押し出している。もうひとつはリージョナルな空間を「社会文化的な島々のつらなり」とみる視点である。ここで「島」とは①「客体・実体としての島嶼（l'insularità）」，②「集合表象としての島嶼主義（l'insularismo）」，③「心意現象としての内なる島嶼（l'insulità o l' isolità）」という島嶼性（l' insularità）の３つの位相を持つとされるが[4]，詳述は避ける。ただ，ここからみると境界域やフロンティアはもちろん島であるが，帝国や国民国家にも島々が隠されており，それらは社会の基層において「つらなっている」という点には注意を促しておきたい。そのうえで本章が注目するのはフロンティアとしての境界域の「島」としての自立・自治の可能性という点である。以上をふまえて，まずこの地域の歴史的地層を探ることから始めよう。

２．古代ローマ帝国とヴェネツィア・ジューリア

まず，ヴェネツィア・ジューリア地域を地図上で確認しよう。図6-1はこの地域の自然地理に紀元前16年のローマ帝国の境界線を乗せたものであるが，おおまかにいってヴェネツィア・ジューリア地域はこの地図のウェネティア（Venetia）からイストリア（Histria）にまたがる地域と考えてよいであろう。自

図 6-1　イストリアの自然地理とローマ帝国時代（紀元前 16 年）の境界線

［註］　鈴木鉄忠氏が D. Alberi, *Istria: Storia, Arte, Cultura,* 2001 を参考に作成したもの。図中の地名はローマ時代の呼称である。

　然地理的には，図 6-1 のカルニケ・アルプスからジュリアン・アルプスに沿って南下しカルスト台地にいたる山々の西側がその主要部分をなすといえよう。そのうえでこの地域の歴史的地層の社会文化的最深層は何かということが問題になるが，これはよくわかっていない。ただ地名に関連させていえば，ウェネティアには紀元前 2000 年頃にバルト海沿岸から南下したイリュリア族ウェネティとされるウェネト族が定住していたとされているし，イストリアにはこの半島東部に縦断して流れるアルシア（Arsia）河から北東一帯にイリュリア系イ

ストリア族が多く居住し、それより西部には同じくイリュリア系の部族が散在していたとされる。また現トリエステの地名もウェネト族が名づけたという説が有力だという[5]。だが、「そうこうしている間に、カルシア (Carsia) 占拠後、ケルト族 (Celti) がイストリア南方の海に至る地域に支配を広げ、支配階級が形成された」[6] とされる。いずれにせよ、この地域ではその他の民族の居住、来住も含めて緊張をはらんだ共存・共生が始まっていたのである。そのなかでイリュリア族がすでにギリシャ文明との接点を持っていたことに留意しておこう。

古代ローマ帝国とアクイレイア　そうした社会的文化的基層を持つこの地に、紀元前3世紀末頃から、もうひとつの地中海ダイナミックスの波が押し寄せることになる。いうまでもなく古代ローマ帝国の支配である。M. クェルチォリ (M. Querucioli) によれば「すでに紀元前221年からローマは、海への重要な出口、すなわち東方に向けての港の建設と、イストリアおよびイリュリアへの遠征およびカルニケ・アルプスとジューリアの通路支配に有効な基地づくりのため、イストリアの西の国境に植民の制度を計画していた」[7] とされる。こうして選ばれたのが図6-1のアクイレイア (Aquileia) であり、前181年ローマ帝国はここに基地を建設した。ここで3つの点に注意を促しておきたい。その第1はこの建設が、すでに「この地を占拠し、カルニ族の波状的な移住に恐れを抱いていたケルト族との合意を得て」[8] なされたことであり、その第2は、上記引用文からもうかがえるように、この建設の背後にイリュリア族優勢なアドリア海深奥部での船舶航行に対するローマ帝国の不安があったことである。事実前178-177年には、ローマによる支配に脅威を感じたイストリア族がアクイレイアに敵対し、2年間にわたる戦闘の後平定されたが、その後もたびたびの抵抗があった。このことはフロンティア性の素地として重要である。既存の社会関係と文化を防衛しようとする行為は、フロンティア性の源泉だからである。そして第3は、これら2点を重ね合わせるとローマ帝国の地域支配の仕方がうかがえることである。すなわち、一方で合意・妥協をしながら、他方で苛烈な征服を厭わないという方法で、3章で述べた「フェデレーション戦略」が

展開されたのではないかということである。

こうしてローマ帝国はアクイレイアに根拠地を築き，ここを足がかりにヴェネツィア・ジューリア地域を支配下に収めてゆき，前16年には「オクタビアヌス帝がアルシア河岸に『ローマ第10州ウェネティア・イストリア（Venetia et Historia）』の新しい国境を画定した」[9]のである。その東北部は属州イリリクム（Ilyricum）であった。そしてその後395年の東西ローマの分裂まで，この地域の「パックス・ロマーノ」がつづくが，この時代に人びとの移動にともなってローマ化が進められたことは，トリエステやイストリア半島各地に古代ローマの遺跡が存在していることからも明らかである。ちなみに半島南端のポーラ（Pola/Pula）にあるアレーナは世界で5番目の規模をもつ古代ローマのそれである。

このパックス・ロマーノの時期は，すでに1章で述べたアフロユーラシア形成期にあたる。このことをふまえていえば，中国とヨーロッパ・北アフリカが古代シルクロードで緩やかに結びついてひとつの世界システムをつくりあげるなかで，地中海の交易を基礎に古代ローマ帝国のダイナミックスが起こり，ヴェネツィア・ジューリア地域はその比較的早い時期に，このシステムに組み込まれたのである。いうまでもなく，古代ローマ帝国の版図はこの地を越えて北は東中欧，東はバルカンから中東まで広がったから，この地域が帝国の先端であるフロンティアの意味を持ったのは短期間にすぎないかもしれない。しかしながら，こうしたローマ化によってこの地域の社会的文化的基層がすでに重層化したのは確かであろう。だが，その様相を探るのは困難である。

東ローマ帝国とイストリア半島　ところで，先にふれた東西ローマの分裂は，西ローマの衰退により，この地域にビザンチン，すなわち東ローマ帝国の支配をもたらした。しかしながら，この地域は，5世紀初頭にはゲルマン系西ゴート族，6世紀末から8世紀半ばにかけては同じくゲルマン系のランゴバルト族，そして7世紀初頭には南スラヴ族とフン系アヴァールがそれぞれ「侵入」し，衝突しあい，版図的にはこの帝国に編入されたり外れたりしており，不確実な支配の下に置かれたといえよう。その不確実さのなかで，10世紀に

かけて，3つの重要な変化がこの地に起こった。その内容を，資料の関係から，イストリア半島を中心に押さえておこう。

その第1はキリスト教化である。アクイレイアの大司教区はこの時期に，ビザンチンとも関係を持ちつつ大きく発展した。クェルチョリはいう。「アクイレイア共同体の伝道努力は，この暗闇の世紀にも，アルプスを越えダニューブ中流地域まで精力的につづけられ，こうして，アクイレイアが以前商業や軍事の分野でもっていた西方世界と東方世界の仲介機能を，宗教界で追求した。アクイレイア総大司教たちは，その世界とラテン，スラヴおよび中央ヨーロッパ間の基本的な媒介を展開し，かれらの管轄権はウェネティア・イストリアのみならず，ノリック，サヴィア（スロヴェニア），パンノニア（ハンガリー），ラエティア・セクンダ（チロル，バイエルン）にも広がった」[10]と。このことはローマ化との相克を内包するが，同時にローマ・イタリア的社会文化の再活性化をも意味しよう。

その第2は，8世紀のゲルマン系フランク族の征服によって封建制が導入されたことである。それはゴリツィア，ピシーノ（Pisino/Pazin）を初めさまざまな地域で建設された伯領や王領で導入された。中世の出現である。その様相は地域によっては基層にまで浸透したと思われる。しかしながら，「イストリアでは，封建制はビザンチンの下でも存続しつづけている古代ローマの諸制度を消し去ることはできなかった」[11]とされる。ここの中世はより脆弱であり，表層的だったのである。

そしてその第3は，アヴァール族に押されて，スロヴェニア人，クロアチア人といったスラヴ民族が南下したことである。このことはアフロユーラシア中央部の変化との間接的な関連を示している。そして，このスラヴ化は，すでに述べたローマ化以前の社会文化的基層，これに重層化したローマ化，キリスト教化によるイタリア的社会文化的地層，これらに亀裂をもらすことで，以後のこの地域のもうひとつの重要な社会的文化的地層を付け加えることになる。これらはフロンティア性の根ではあるが，その発露とはいい難い。

3．「13世紀世界システム」とヴェネツィア共和国

　まず，図6-2をみて頂きたい。これはD．アルベリ（D. Alberi）の2つの地図を基に，鈴木鉄忠氏が作成した1535年頃のヴェネツィア・ジューリアの地図である。これをみると，この時期この地域はヴェネツィア共和国とオーストリア（Austria）に2分されているのがわかる。しかし，この時期は本節の表題にある「13世紀世界ステム」が終焉して，次節で対象とする「長い16世紀」に入っている時期であり，この間ヴェネツィア共和国は1250年頃からこの地図上の地域を保持していたが，オーストリアと記されている地域は，既述のアクイレイア総大司教領からハプスブルグ家の神聖ローマ帝国領へと複雑に変化しており，地域の意味が異なる。地域を分断する境界域の始まりともいえよう。

　「結節点」としてのヴェネツィア共和国　すでに2章で述べたように，この時期，ヴェネツィアは「13世紀世界システム」のひとつである「ヨーロッパ・サブシステム」，その「3つの結節点」のひとつをジェノヴァとともに形成している。ここで「3つの結節点」とは，①シャンパーニュ大市を主催する役割を担った東・中央フランス，②織物生産地としてのフランドル，そして，③イタリアの国際交易港であるジェノヴァとヴェネツィアである。これらは13世紀半ばまでには「ひとつの交易回路を形成しつつあった」が，その前提はそれまでのヨーロッパは「東洋の後塵を拝していた」ということであり，その意味はこの地域が「1250年から1350年の1世紀」に前者が後者を追いついてゆく際の「蠢動」の「結節点」になったということである[12]。

　ではヴェネツィアは「結節点」のひとつとして，どのような役割を果たしたか。少々ヴェネツィア・ジューリアとは離れるが，3章を補足する意味も込めて，この点に少しくふれておきたい。周知のように，ヴェネツィアの起源は，6世紀，上述のランゴバルド族から逃れてヴェネト地方のラグーンに逃げ込んだ人びとの移住にある。かれらは「海の民」として地中海を媒介にビザンツ帝国との関係を維持し，「海をまたぐ重要なリンクとしての役割を果たしてい

図 6-2 ヴェネツィア共和国とオーストリア家の境界線（1535 年頃）

［註］ 鈴木鉄忠氏が D. Alberi, *Istria: Storia, Arte, Cultura,* 2001 を参考に作成したもの。

た」[13)]とされる。それから程なく 7 世紀になると中東から北アフリカにかけて広大なイスラム帝国が形成され，その勢力のおよぶ範囲は西は南スペイン，東はインド北部，中国西部にまで拡大した。この「聖地奪回」のため 11 世紀末から十字軍が開始されるが，アブー＝ルゴドによれば，それはヨーロッパにとって，そしてヴェツィアにとって 2 つの意味で重要であった。

そのひとつは，第 1 回十字軍（1096 年）を除いて，「北がその軍隊をイタリアの船で運んだ」ことであり，これはそれまで分岐していた「北ヨーロッパと地中海沿岸部」を結びつけ，「ヨーロッパ・サブシステム」形成の契機となる

ものであった。ヴェネツィアはジェノヴァとともにこの十字軍運搬の中心的役割を担った。もうひとつは，これを契機に「北ヨーロッパを，イタリアの仲介者を通じて，既存の商業回路，つまり，中東をインドと中国につないでいた既存の商業回路に，結びつける定期的な交易チャンネルを確立させた」ことである[14]。それは「北西ヨーロッパの農業，鉱業，製造業のルネサンス」をもたらし，上述の「3つの結節点」を中心とする「サブシステム」を確立したのである。ヴェネツィアがこの交易で15世紀にかけて大きく発展したことはいうまでもない。

ヴェネツィア共和国とイストリア半島　ここでいったん論述をヴェネツィア・ジューリアに戻そう。再び図6-2をみると，この地域でのヴェネツィア共和国の支配地はその大半がイストリア半島南西部である。あとの支配地はチビダレ以西とダルマチア地方沿岸部だから，それらはヴェネツィア・ジューリアから外れる。そこでイストリア半島に絞って少しく検討してみよう。

この地域にヴェネツィアが進出するのは13世紀半ば，1267年にパレンツォ（Parenzo/Poreč）が服従し港を開いてからである。それまでこの地域はアクイレイア総大司教領であった。その後ウマーゴ（Umago/Umag），ピラン（Pirano/Piran），ロヴィーニョ（Rovigno/Rovinj），ポーラがつづき，ヴェネツィアはアクイレイアと対立関係になる。しかし上述のように十字軍と交易の担い手としてヴェネツィアは発展期にあり，世紀末には両者は妥協し，以後18世紀の同共和国終焉までこのイストリア半島南西部はヴェネツィアの支配下にあった。しかしその統治についてW. H. マクニール（W. H. McNeill）は，それは直接の統治ではなく，「地方の伯，司教，その他の伝統的な支配者たち」に統治をつづけさせ，「ヴェネツィア貴族は，つねにこれらの地位にもぐり込み，ヴェネツィア人の利害がとくに尊重される可能性を増大させ」るという方法であったという。具体的にその方法は，戦時援助，港の自由な利用，その港から出港する船舶のヴェネツィア寄港とその商品の販売のための提供等であった[15]。いずれにせよ，こうした支配はこの地域におけるローマ-イタリア的な社会文化を深く定着化させることとなった。アルベリはいう。「イストリアにおけるヴェネ

ツィアの支配は, 3 世紀にわたって, モニュメント, その建築法, 言語, 文化において市民生活の骨格にぬぐい去れない証を残した」[16]と。とはいえ, その支配が安泰であったわけではない。14 世紀末まででも, ゲルマン系のピシーノ伯, アドリア海に参入してきたジェノヴァらと支配権を争ったが, このうちジェノヴァとのキオッジャの闘い (1380 年) に勝利したことについては 3 章でふれた。

ヴェネツィア共和国以外のイストリア半島　つぎに図 6-2 のヴェネツィア共和国以外の地域についてみてみよう。だがこの時期のこの地域については資料の制約が大きいので, 本節冒頭で述べた「複雑に変化」の内容についてのみふれておきたい。すなわち, アルベリの 1250 年の地図[17]ではこの地域は半島中央のピシーノ伯領とその北西部のアクイレイア領 (1451 年に終焉) およびドゥイーノ領から成り立ち, 1381 年の地図[18]では北西部でカルニオーラ (Carniola) 公爵領が拡大するとともにオーストリア公領が散在するようになる。そしてこの北西部は図 6-2 ではオーストリア領へと変化するのであるが, 正確には, この間にカルニオーラがオーストリア領に編入され, そのオーストリア領がハプスブルグ家に帰し (1278 年), 他方トリエステもヴェネツィアとの抗争を経て 1382 年にオーストリア公領となり, その結果 1512 年にこれらの地域が「ドイツ国民の神聖ローマ帝国」(以下「神聖ローマ帝国」と略す) のものとなったのである[19]。このことは何を意味するか。上述の「ヨーロッパ・サブシステム」を踏まえていえば, この動向は,「システム」のやや周辺にありながら,「結節点」ヴェネツィアと対抗しつつ新たに立ち上がってきた帝国にこの地が「擦り寄る」過程とみることができる。それは自治都市トリエステがヴェネツィアの攻撃からの庇護を帝国に求めたことに象徴される。地中海への出口を切望していた帝国はこれに応じた。フロンティア性の発露はなかったのである。

以上, ヴェネツィア・ジューリアの動向を 2 つに切り分けて述べてきたが, 両地域の共通する問題を 2 つ挙げておこう。そのひとつは, スラヴ族の浸透が依然つづいたことである。それは「イストリアの人びとと容易に融合しないため対立を引き起こした」[20]とされる。混交から混成は容易ではない。もうひと

つはペストの流行である。それはこの時期全般を通じてこの地のいたるところに及んだ。イストリア半島西北部カポディストリア (Capodistria/Koper) 近郊のクリストリー (Cristoglie/Hrastovlje)，中心部ピシーノ近くのベルモ (Vermo/Beram) などの教会に「死の舞踏」の壁画が遺されているのはその証左である。こうしてこの地域での「13世紀世界システム」の展開は14世紀後半には衰退・縮小に向かう。

4．「長い16世紀」とヴェネツィア・ジューリア

その衰退・縮小のなかから新たに立ち上がってくるのが「長い16世紀」のシステムである。いうまでもなく，この概念は，ウォーラーステインのいう，1450年頃から1640年頃にかけての近代世界システムの成立期である。すなわち，かつてのアフロユーラシアの西の辺境ヨーロッパからグローバルな分業体制をとる資本主義世界経済が成立し，拡大したのである。そしてこの拡大期も，2章で述べたように，山下によれば，前半の「リスクに対して積極的」な時期と後半の「リスクに対して管理的」な時期に分けられ，地域的求心性の強い近世帝国はこの後半期に確立したという。

近世帝国の挫折とヴェネツィア・ジューリア　だが，この近世帝国への包摂という動きはヴェネツィア・ジューリアでは腰砕け的となった。まず前半期の「リスク」への挑戦は，この地域ではオスマン帝国のバルカン・東ヨーロッパへの進出，東ローマ帝国の征服の影響というかたちをとってあらわれた。その影響は15世紀初頭からボスニア，モンテネグロ，アルバニアなどからイストリアへの難民の流入から始まり，同世紀後半にはこの地域への直接の襲撃にまで発展した。それは当然ヴェネツィア共和国および神聖ローマ帝国の境界を脅かすことになるが，オスマンはヴェネツィアとの苛烈な争いは好まず，ウィーン包囲を目指した。したがって，ヴェネツィア・ジューリアにとっては東方からの難民への対処，そしていまだにつづくペストへの対応が大問題であった。流入した難民はいたるところでこの地域の住民と対立し，混交・混成し

た。

　ところでオスマン軍は，1529 年にウィーンを包囲（第一次）するまでに至ったが，オーストリア軍の抵抗と伸びきった兵站線に耐えきれずに引き返している。実はこの第一次ウィーン包囲こそが，2 章でふれた「ネーデルラントを拠点とした新たな帝国」を目指していたハプスブルグ家カール 5 世の根拠地とオスマン帝国との直接対決であり，その勝利のためオスマン帝国はハプスブルグ家とヨーロッパ覇権を争っていたフランス・ヴァロア家と同盟を結んでいたのであり，まさにヨーロッパにおいて近世帝国が形成されるか否か，そのヘゲモニーをどの勢力が握るかをめぐるハイライトであったのである。しかしオスマン帝国は引き返し，2 章で述べたように，1556 年のカール 5 世の譲位によってハプスブルグ家の所領はドイツとスペインに 2 分され，1559 年にはカトー・カンブレジ条約を結んでハプスブルグ・ヴァロア両家はヨーロッパ覇権から手を引き，ヨーロッパにおける近世帝国は挫折したのである。したがって，ヴェネツィア・ジューリアの地域は「ヨーロッパ帝国」にもオスマン帝国にも組み込まれることがなく，腰砕け的に近世帝国のフロンティアとなることなく終わったのである。

　ヴェネツィア共和国の世界　残されたのは難民とペストの重圧が加わったこれまでの世界，すなわちヴェネツィア共和国と神聖ローマ帝国・オーストリアの世界であった。前節でみた図 6-2 は実はこの局面の地図なのである。この図にみるように，この時期までにヴェネツィアはオーストリアおよびオスマン帝国と戦争と和平を繰り返しながらも次第に版図を広げ，イストリア半島において西部からピシーノの北部，南部は東岸に拡大してアルボーナ（Albona/Labin）の北部までを支配するに至った。そして他方，地中海では 1571 年にはスペインとオスマン帝国のレバントの海戦には，スペインに与して勝利を収める。しかしマクニールはいう。「これが，ガレー船を中心とした大船団の派遣がなにごとか重要なことを達成し得た最後であった」[21] と。地中海諸船隊は「ガレー船から火砲をそなえた丸型帆船（ラウンド・シップ）」[22] へと転換しており，1590 年代以降はオランダ，イギリスの船が地中海での交易を制覇していくのである。これが

「長い16世紀」の後半期にヴェネツィアが置かれた世界である。そのなかで「ヴェネツィアの繁栄のカーブ（は）下降」した[23]。とはいえ、その支配地は17-18世紀にかけても大きく変わらず、ヴェネツィア・ジューリアではローマ-イタリア的な社会的文化的基層を保持・再活性化する役割を果たしたことであろう。イストリア西岸のパレンツォ、ロヴィーニョ、ポーラらで古代ローマ時代の建築とヴェネツィア時代のそれがきびすを接する景観はそれを象徴する。だが、所詮共和国は帝国ではない。そこでのフロンティア性は微弱にとどまったように思う。そのヴェネツィア共和国も1797年ナポレオンに敗北して滅亡した。

神聖ローマ帝国・オーストリアの世界 では、もうひとつの近世帝国と無縁になった地域、オーストリアの世界はどうだったであろうか。ここでは以下の2点を指摘しておこう。その第1は、「1596年、スペインで教育を受けた熱狂的なカトリックであるハプスブルグのフェルディナンドが、シュタイエルマルク、ケルンテン、クラインの権力を握り、内陸部のヴェネツィア領（テッラ・フィルマ）と境を接することになった」[24] ことである。かれはスペインと組んでヴェネツィア包囲網を敷こうとしたのである。図6-2の国境線に緊張が走った。しかし1618年に勃発した30年戦争は、ハプスブルグの勢力をここに注ぐことを不可能にした。1669年両者は妥協し、この体制は先のヴェネツィア滅亡までつづいた。近世帝国が腰砕けに終わった地の様相である。ヴェネツィア滅亡後、その支配地はオーストリアに併合された。第2は、ゴリツィア、ピシーノといったゲルマン系フランク族の伯領ではスラヴ人の移民を積極的に受け入れたことである。それは「先住していた土着のローマ-イタリア系住民とのバランスをとり」[25]、支配を容易にするためであった。混交・混成の政治的利用である。

以上総じて、「『ヨーロッパ帝国』にもオスマン帝国にも組み込まれることがなく、腰砕け的に近世帝国のフロンティアとなることなく終わっ（て）」以降、この地域は「周辺」あるいは「周辺と半周辺の間」の様相を示している。経済の中心は東地中海を離れて北西ヨーロッパに移行し、この地域は取り残された。地域的求心性に向き合うこともなく、難民と移民とペストに晒されつづけ

た。そこからの混交・混成への動きはみられるが，フロンティア性の発露はないように思われる。だが，この問題は，ウォーラーステインの東ヨーロッパ論とも関わり[26]，より深く検討されねばならない。本稿は問題の指摘にとどまる。

5．「長い20世紀」とヴェネツィア・ジューリア

ところで，序章で述べたように，「長い20世紀」の概念を提起したのはアリギである。これをふまえて山下は，19世紀半ばから世界システムは「帝国の不在」期に突入し，この文脈のなかで「短い20世紀」(1918年から1989年) という国民国家の絶頂期を迎え，1990年代から再び世界システムの帝国化 (図序-3では「(新しい)〈帝国〉」と表記) が注目されるようになった，という。この示唆に基づいて，「長い20世紀」を，① 19世紀半ばから1918年，② 1918年から1989年，③ 1990年以降の3つに時期に区分して，ヴェネツィア・ジューリアを若干考察してみたい。もちろんある程度時期のズレは避けられない。

「短い20世紀」以前のヴェネツィア・ジューリア　まず，「短い20世紀」以前の時期，前節でみたように，この地域は1797年からオーストリアに併合され，1815年からはオーストリア帝国の領土となり，その後1867年この帝国はオーストリア＝ハンガリー二重帝国に変貌した。いうまでもなく，これらの帝国は前節で述べた腰砕けに終わった近世帝国形成の名残りであり，地域的求心性は極めて弱いシステムであった。ことにオーストリア＝ハンガリー二重帝国は，2つの帝国的勢力が補いあって広域支配を可能にした代物にすぎなかった。したがって，これらの帝国のヴェネツィア・ジューリアにおける実質的支配は北部と東部であり，南部と西部はイタリアの影響下に置かれた。だが，そうしたなかで周辺地域の国民国家化の影響が出始めていた。それは2つある。そのひとつは，イストリアにおける地域自立の動きである。1860年，イストリアは固有の議会をもつ県の自立を宣言，翌年にはこの議会に結集したイストリアの代表者たちはオーストリア帝国の議員に選出されることを拒否したので

ある[27]。もうひとつは、プロイセンと結んでオーストリアと戦ったあと、1866年にイタリアがヴェネト州をオーストリアから回復したが、これがヴェネツィア・ジューリアの人びとの大きな失望を買ったことである。かれらはリソルジメント・イタリアへの回収を望んだのである。「こうして帝国への抵抗が始まり、それはイッレデンテズモ運動の起源である」[28]とされる。

こうして地域自立、帝国への抵抗というフロンティア性が発露するに至ったが、その社会文化的基盤は依然として複雑な混交・混成の重合状態を示していた。図6-3は1910年のオーストリア帝国の国勢調査を基に作成されたものであるが、イストリア全体ではイタリア人約39.7％、スロヴェニア人約14.9％、そしてクロアチア人約45.4％となっており、概して都市部ではイタリア人が優勢であるが、ピシーノだけはクロアチア人が圧倒的に多い。これについては「政治利害によって改ざんされたために、信憑性が薄い」[29]との指摘もあるが、前節でふれたピシーノの政策も考慮しなければならないであろう。加えて、この資料には先住民、ギリシャ人、ユダヤ人、東方からの難民が示されていないから、実態はもっと複雑な混交・混成であろう。

境界域・ファシズム・レジスタンス　つづいて「短い20世紀」に入るが、少し遡って始めよう。M. カッタルッツァ（M. Cattaruzza）によれば、1907年の新たな区割りの普通選挙では「スラヴの諸政党が、トリエステ、ゴリツィア、ポーラといった都市中心部のなかでも、今はもうイタリアの諸勢力と競うまでになった。こうしたプロセスは、トリエステ、ゴリツィアのスロヴェニア人の間では、より急速なリズムで広がり、普及力を増した。だが、イストリアのクロアチア人の間では結果的により緩慢であった。そこでは工業化のインパクトが少なく、田舎の古めかしいバランスが長期にわたって維持されていた」[30]という。ナショナリズムの動きであり、周辺の国民国家化の影響である。しかし、その動き、影響はまだ弱いものであった。

何故そうなのか。ここで改めてヨーロッパでのこの地域の位置を考えてみよう。1節でふれたように、ロッカンがこの地域を「中央交易地帯におけるドイツ・ブロックとイタリア・ブロックにはさまれた境界的周辺」と位置づけてい

図 6-3　20 世紀初頭オーストリア帝国統治下のイストリア

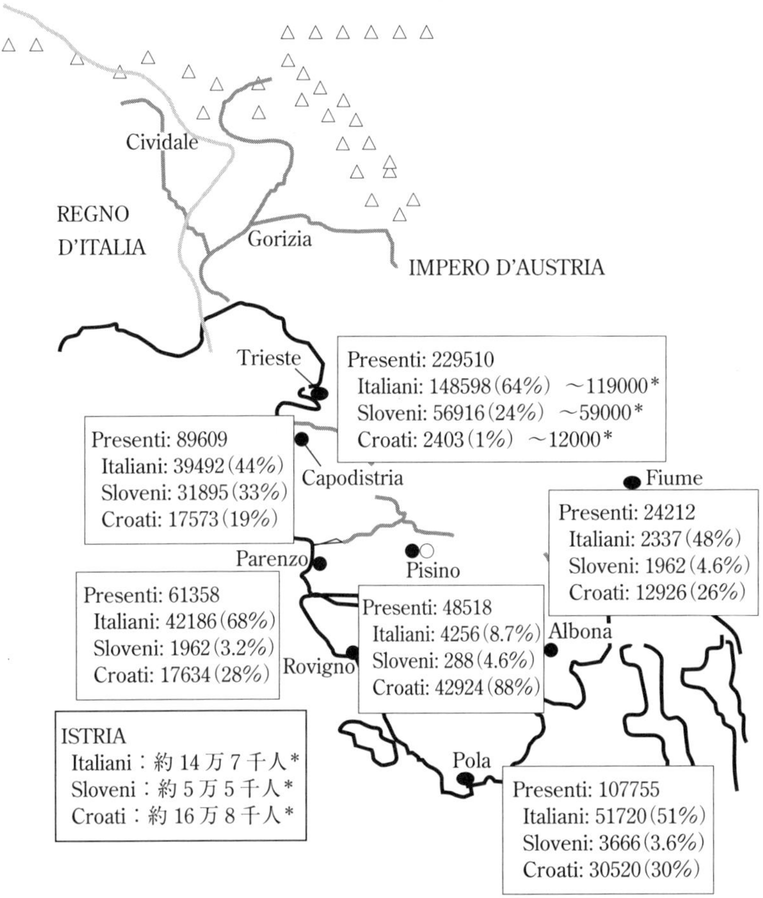

Cividale

REGNO
D'ITALIA
　　　　Gorizia
　　　　　　　　　IMPERO D'AUSTRIA

Trieste　Presenti: 229510
　　　　　Italiani: 148598 (64%) ～119000*
　　　　　Sloveni: 56916 (24%) ～59000*
Presenti: 89609　　Croati: 2403 (1%) ～12000*
Italiani: 39492 (44%)
Sloveni: 31895 (33%) Capodistria
Croati: 17573 (19%)　　　　　　　　　　　　Fiume
　　　　　　　　　　　　　　　　　Presenti: 24212
　　　　　　Parenzo　　　　　　　　Italiani: 2337 (48%)
　　　　　　　　　　Pisino　　　　Sloveni: 1962 (4.6%)
Presenti: 61358　　　　　　　　　Croati: 12926 (26%)
Italiani: 42186 (68%)　Presenti: 48518
Sloveni: 1962 (3.2%)　 Italiani: 4256 (8.7%) Albona
Croati: 17634 (28%) Rovigno Sloveni: 288 (4.6%)
　　　　　　　　　　　　Croati: 42924 (88%)

ISTRIA
Italiani：約 14 万 7 千人*
Sloveni：約 5 万 5 千人*　　　Pola
Croati：約 16 万 8 千人*　　Presenti: 107755
　　　　　　　　　　　　　　　Italiani: 51720 (51%)
　　　　　　　　　　　　　　　Sloveni: 3666 (3.6%)
　　　　　　　　　　　　　　　Croati: 30520 (30%)

［註］　鈴木鉄忠氏が R. Pupo e F. Cecotti (a cura di), *Il Confine orientale : Una storia rimossa*, IRSMI, 1998 所収の Cecotti 論文および A. J. P. テイラー（倉田稔訳）『ハプスブルグ帝国1809-1918：オーストリア帝国とオーストリア＝ハンガリー帝国の歴史』1997 に掲載されている 1910 年国勢調査データに依拠して作成したもの。氏によれば，図中の数字は使用言語による人口数を示す。しかし，上記の 2 つの文献を比較すると，前者ではイタリア住民が多く見積もられ，後者ではスラヴ系住民が多く見積もられているので，本図ではこれを上限と下限で表記し，テイラーからのみの引用は数字の右に ＊ を付してある。また，イストリアの各行政体を統括する民族については D. Alberi, *Istria : Storia, Arte, Cultura*, 2001 を参考にして，イタリア系住民が統括する場合は ●，スロヴェニア・クロアチア系住民が統括する場合は ○で表記してある。

た．だが，それだけではこの時期のこの地域の位置づけには充分ではない．すでに前節末でふれておいた2つのことが付け加えられねばならない．ひとつは，すでに北西ヨーロッパへと去った経済の中心から取り残された地域だということであり，もうひとつは，西ヨーロッパと東ヨーロッパの境界域（interface）だということである．いってみれば，東西南北の諸勢力の境界域の位置に置かれていたのである．そしてどの勢力も積極的に支配地に組み込もうとせず，したがって地域的求心性は弱く，ナショナリズムの動き，国民国家化の影響も弱い周辺，それだけに不安定な周辺であったのである．

　しかし，そのなかで19世紀末からドイツ・ブロックとイタリア・ブロックの工業化が始まり，不安定ながら国民国家化が進展してきた．先に述べたトリエステ，ゴリツィアなどでのスラヴ諸勢力の台頭は，こうした状況を背景に，現地のイタリア人，そしてイタリアの社会と国家をいらだたせ始めたのである．そうしたなかで「火薬庫」バルカンでのサラエヴォ事件を契機に第一次世界大戦が勃発した．それは3章で指摘したように，それなりに「世界的ヘゲモニーを維持していたイギリスに対するドイツの挑戦」であり，主要な戦闘はヨーロッパ北西部でなされ，イストリアでは義勇軍のイタリア軍入隊ほどの動きにとどまったが，その帰結はこのヴェネツィア・ジューリア地域に大きな影響をもたらした．そのひとつは，この大戦の終結によってオーストリア＝ハンガリー二重帝国が崩壊し，ヴェネツィア・ジューリアがイタリア王国に移ったことである．だが，そのなかには図6-3にみるようにイタリア人優勢のフィウメ（Fiume/Rijeka）は含まれていなかった．終戦処理のさまざまな思惑を背景に，1919年10月G.ダヌンツィオ（G. D'Annunzio）によるフィウーメ占領が起こったが，それはナショナリステックなイッレデンテズモ運動の延長でもあった．

　もうひとつは，同じ1919年3月ミラノで発生した戦闘ファッシにつづいて，同年4月に噴出したトリエステの戦闘ファッシの運動であり，それはイタリア全体からみても「場面場面にみせる早熟さからしても，またせっかちな断定力からしても，『異常なケース』」[31)]と評される過激さをもっていた．その背景には先に述べた台頭するスラヴ勢力への敵対というナショナリステックな感情を

みる必要がある。したがって, このトリエステ・モデルは対スラヴ勢力の度合いに応じてヴェネツィア・ジューリアに広まることとなった。対社会主義はのちに付け加わってきたものであろう。

では, 反ファシズムの動向はどうであったか。「ヴェネツィア・ジューリアにおいて, レジスタンスは, ユーゴスラヴィアの崩壊後の東部フロンティアでつくり出された新しい状況の産物として, イタリアの他の地域にまさしく先駆けて始まった」[32] という。この「新しい状況」とはこの地域のファシズム体制への組み入れのことである。それにはヒトラーのドイツ, ムッソリーニのイタリアが関与している。そのなかで芽生えたパルチザン・ゲリラは1943年初めにはトリエステ周辺にまで到達している。それはイタリアにおけるレジスタンス開始の日とされる同年9月8日に先立っているが, そこにはスラヴ人を「劣等で野蛮」とし,「イタリア文化の優越性」を公言したムッソリーニへの反逆が潜在している[33]。そして, こうした意味を含む先駆性はイタリア共産党指導のレジスタンスと遭遇することで, 組織, 展望などで複雑な違いに直面することになった。だが, 事態は打開された。すなわち, この地域の東部ではイタリアの国民解放委員会の要請でスロヴェニア解放運動が組織され, その双方で妥協の道を探り, 1944年7月に北イタリア国民解放委員会 (Comitato di Liberazione Nazionale dell' Alta Italia) とスロヴェニア解放戦線 (Fronte di liberazione slovese) の合意が成立したのである。R. プポ (R. Pupo) は, このことが「すべてのレジスタンス勢力の完全な協力への道を開いたように思われる」[34] と評価する。ともあれ, ヴェネツィア・ジューリアは, 東西南北の諸勢力の境界域において, 連合国, ソ連, チトーのユーゴ解放全国委員会, イタリア共産党の複雑な駆け引きと妥協を背景に, これまでの幾多の社会文化的な亀裂や摩擦を乗り越え, 問題を残しながらもレジスタンスによるファシズムからの自力解放の力を示したのである。

国境問題・フォイベ・エソド　だが, この残された問題は重要かつ深刻であった。それは2つある。ひとつは国境問題である。イストリアを制圧してトリエステに迫るチトー率いるユーゴスラヴィア・パルチザン軍は1945年5月

1日当地に到着，その大半を解放したが，40日の支配の後にニュージーランド軍により退去させられた。この前後の複雑なプロセスは省略するが，その帰結は図6-4に示される。すなわち，1947年のパリ講和会議でZoneAは連合国が、ZoneBはユーゴスラヴィアが統治し，トリエステは非武装中立の「自由地域」となり，1954年のロンドン覚書ではトリエステを含むZoneAはイタリア共和国，ZoneBはユーゴスラヴィアの統治下に決定した。だが，深刻なのはこの国境線をめぐる勢力関係にスラヴ人とイタリア人の抜き難い憎悪関係が陰を落としていたことである。それがもうひとつの問題，フォイベ（Foibe）とエソド（Esodo）の問題である。フォイベとは「カルスト台地に広がる深い裂け目」のことであるが，それはこの「裂け目」に多くの人びとの遺体が投棄されていたことを意味する。それはまず，1943年秋，イストリアにおけるクロアチア人農民の蜂起に始まった。イタリア人の地主層を中心に600から700人の人びとが殺されてフォイベに投棄された。2度目は1945年でヴェネツィア・ジューリアの多くのところでイタリア人が犠牲になった[35]。先にトリエステを支配したユーゴスラヴィア軍が40日後にそこを退去したと述べたが，この「トリエステの40日」はフォイベであった。その殺され，投棄された人びとはファシストや反社会主義者に限らない。スラヴ人とイタリア人の深い裂け目が露出したのである。

　エソドは『出エジプト記』の「出」，流出のことであるが，ここではイストリア・ダルマツィア・フィウーメからのイタリア系住民の大量流出を意味する。先に述べた境界線の移動にともなって，1943年末から1956年末にかけて，20から30万人のエソドが引き起こされた。それは1945年にユーゴスラヴィア軍に占拠されたフィウーメから始まり，地域の民族関係，階級関係，さらには国際関係の影響をうけながら断続的に進み，最後はZoneBのユーゴスラヴィア帰属までつづいた。プボはいう。イストリアは過去にも数々の人口的危機に遭遇してきたが，第二次世界大戦後の「イタリア・コミュニティ—とりわけ，半島の経済的，社会的，文化的ヘゲモニーをたゆまず行使してきたこのコミュニティ—がまるごと消失したことは，イストリアの様相を一変させてしま

図 6-4 第二次世界大戦後, 1947 年から 1954 年のイストリア

[註] 鈴木鉄忠氏が R. Pupo e F. Cecotti (a cura di), *Il Confine orientale : Una storia rimossa*, IRSMI, 1998 所収の Cecotti 論文を参照して作成したもの。1947年のパリ講和条約では, トリエステ一帯からイストリア半島北西部を非武装・中立の「トリエステ自由地域（Terittorio libero di Trieste）と定め, A 地帯は連合軍の, B 地帯はユーゴスラヴィアの管理下に置かれた。1954 年のロンドン覚書により, A 地帯はイタリア共和国, B 地帯はユーゴスラヴィアの統治と定め, 1975 年のオジモ条約で確定した。

った」[36] と。何故流出したか。それは戦禍を逃れるためだけではない。そこにも民族間の暗い亀裂がある。

ポスト・ファシズム期のヴェネツィア・ジューリア　ポスト・ファシズム期の 1950 年代後半から 1980 年代に移ろう。この時期の当初, ヴェネツィア・

ジューリアはユーゴスラヴィア連邦とイタリアに分断されていた。しかし，この時にはすでにユーゴはコミンフォルムから追放（1948年）され，西側諸国への接近を模索し，国内的には「自主管理社会主義」建設へのスタートを切っていたのである。これらのことを前提に，ここでは3つの点にふれておきたい。

その第1は，イストリア地域のクロアチア化である。すでに図6-4でみたように，この地域はほとんどがユーゴスラヴィア連邦のクロアチア共和国に組み込まれている。正確な数字ではないが，イタリア人のエソドなどがあり，人口構成でもクロアチア人が過半数となっていたと推定される[37]。その状況のなかで言語，教育，文化のクロアチア化が推進されたのである。しかし1950年代後半からその政策がゆるみ始める。イタリア側との文化的交流が始まり，少数派となったイタリア・コミュニティの衰退を押しとどめる活動が活性化し始めたのである。その中心になったのがイストリア・イタリア人協会（L'Unione degli italiani dell' Istria : Uiif）である。それはトリエステ人民大学との国境を越えた文化交流から始め，70年代には「すべてのイタリア国籍市民の社会的自立と自主管理」を求めるようになった。だが，こうした活動が発展するにつれて，クロアチア・ナショナリズムとの衝突，はては協会会長の解任までの試練に晒されねばならなかった。イタリア・コミュニティの危機である。だが，1987年にはユーゴ側との歩み寄り，協定の締結があり，両者の関係は安定化した[38]。そして注目すべきは，この協定の締結が社会文化的な影響にとどまらず，政治の民主化にもつながったことである。すなわち，1990年のイストリア民主主義会議（Dieta democratic istriana : Ddi）の結成と憲法制定運動である[39]。このことはすでにユーゴスラヴィア連邦解体への序曲と連動していたのだが，その帰結はクロアチア共和国の独立であった。

その第2はトリエステの境界性についてである。先にみたようにトリエステは1954年のロンドン協定によりイタリア側に帰属することになったが，その時この都市は2つの重要な問題に直面していた。そのひとつはエソドへの対応であり，もうひとつはユーゴ軍との対峙である。そのため東部国境線は緊張に満ちたものとなった。こうした状況を打開するには一方で経済を立て直して雇

用を創出し，他方で重層した移民層の緊張した関係を安定させねばならない。そのためイタリア政府は資金を投入して港湾を整備し，重化学工業の立地を図った。そして政治面ではキリスト教民主党（DC）がエソドを支援し，その基盤を築いた。こうした措置によりこの地の経済は 1960 年代から 70 年代にかけて成長し，ひとまず安定した[40]。そしてこの間の 1963 年からトリエステはフリウーリ－ヴェネツィア・ジューリア特別州に組み込まれることになる。しかしながら 70 年代には経済は落ち込み，80 年代末からはかつてのヒンターランドであるオーストリア，東欧との経済連携を模索するようになっている。他方政治面では 60 年代半ばから非コミュニスト系のスロヴェニア人と結びついたイタリア社会党（Partito socialista italiana : PSI）が DC と連携して中道左派政権を実現し[41]，この面でもひとまずの安定がみられたが 70 年代以降は再び不安定化した。こうしたなかで 80 年代からの国境線の緩和は新たな動きをもたらすが，それについては後述する。

　そして，その第 3 はゴリツィアの国境問題についてである。その経過を簡単に説明しておこう。まず，ナチス・ドイツ軍とユーゴスラヴィア・パルチザン軍，そして連合軍との複雑な占領過程を経て，1947 年 9 月に「ゴリツィアの町近郊の道路上に」ユーゴとイタリアの国境線が敷かれた。この時商業センターなどの町の中心部分はイタリア側となったため，ユーゴ側は翌年からその道路先の湿地帯にノヴァ・ゴリツィア（Nova Gorizia : 新ゴリツィア）の建設を始めた。こうしてゴリツィアの町中を国境線が走ることになったのである。だが，この国境線が東西冷戦ラインの一部であるにも関わらず，それを越えた双方の関係は早くから始まっていた。すなわち，「1949 年には農業生産に関わる人びとを対象とする多くの国境通路が便宜的に設けられ……55 年には通行許可証の発行によりゴリツィア，ノヴァ・ゴリツィア市民にとって国境は実質的に開放され……また同年，国境から 10 キロメートル以内の経済協力協定も形成され」[42] たという。何故，この地域では国境は「寛容」なのであろうか。井上直子は，M. ブフォン（M. Bufon）を導きとしながら，双方の住民の間に歴史的に積み重ねられた「民族・文化・言語・心理的連続性」が保持されていることを

指摘しているが,同時に「双方住民の非対称性」強化の可能性にも言及している[43]。だがこの点は,さらに深く検討する必要があるであろう。

「新しい中世帝国」とヴェネツィア・ジューリア　さて,こうした展開のなかで,1980年代からヨーロッパ連合(EU)の実質的建設が始まる。それは2章でふれたような「新しい中世帝国」の形成である。だが,それはヴェネツィア・ジューリア地域にとっていかなる意味を持つであろうか。この視点から1990年代以降のこの地域の動向と展望を検討し,本章の締めくくりとしよう。

まず,EUをめぐるさまざまな動きの整理から始めよう。このEUにおけるミクロ・レヴェルの越境地域協力であるユーロリージョン(Euroregion)の動きは1980年代後半から始まる。その契機になったのは1986年4月のチェルノブイリ原発事故であるとされる。その動きのなかで1989年に「ベルリンの壁」が崩壊し,翌々年ソヴィエト連邦が歴史の幕を閉じる。同時に,スロヴェニア共和国,クロアチア共和国が独立する。図6-5はヴェネツィア・ジューリア地域におけるこの両国の領土を示すが,この地域はこの時初めて3つの国民国家の時代に入ったのである。これらをにらんでEUは東方拡大政策を進めると同時に,ユーロリージョンのプログラムである越境地域協力(INTERREG)を導入し,そのなかに越境地域協力制度(Cross Border Cooperation：CBC)を設定した。2004年スロヴェニアは拡大EUに加入し,クロアチアのそれは2010年に予定されていたが,2011年以降に引き延ばされている。このことは,ある意味で,この地域が「帝国」の先端部分に組み込まれたことを意味する。以上をふまえて,以下,この先端部分の動きとして井上,鈴木の調査研究[44]を基に2つの事例をみておきたい。

まず第1は井上が調査研究しているゴリツィアとノヴァ・ゴリツィア間のCBCの事例である。すでにみたように1940年代末から国境を挟んだ双方住民間の関係を発展させていたこの地域では,スロヴェニアの独立を契機にEUの目が注がれることになった。それはゴリツィア,ノヴァ・ゴリツィアそれぞれに異なる理由で経済不況に陥っており,単一市場内の地域格差問題に積極的に取り組み始めていたEUはこれを深刻な状況と受け止め,地域政策の対象とし

図 6-5　チルコロ・イストリアの国境をまたいだ文化活動（2006 年）

● Cividale[1]
-Ass. Carta di Cividale

● Gorizia
-Prov. di Gorizia
-I.S.I.G

SLOVENIA

Monfalcone[4]
-Com.di Monfalcone

ITALIA

Muggia[3]
-Com.di Muggia

Koper/ Capodistria[1]
-Com.degli Italiani

Trieste[4]
-Regione Autonoma Fvg
-Coor. Ass. e delle Com. degli Imigrati di Prov. di Trieste
-Unione degli Italiani nel Mondo
-Ist. Euromediterraneo
-Ass. Iniziativaeuropa

Piran/Pirano
-Società di studi storici e Geografici di Pirano

CROAZIA

Vrsal/Orsela

Bale/Valle

Gallignana

ADRIATIC
SEA

Pula/ Pola[1]
-Com.di Pola
-Unione degli Italiani

［註］　鈴木鉄忠氏が作成したもの。

たのである。1993 年 12 月には CBC 形成促進の起点となる「ゴリツィア憲章（Carta per Gorizia)」が調印され，翌年のスロヴェニアの EU 域外 CBC (PHARE CBC) 参加を契機にスロヴェニア，イタリア，EU 三者の CBC 定款の調印がなされ，EU からスロヴェニア側の国境インフラ整備，環境保護，農業支援に資金提供がなされたのである。その後も双方の協力関係はさまざまな形で進展するが，そのなかから浮かび上がってきたのが「和解のストーリー」，「すなわち

スロヴェニアの EU 加盟を契機に『分断』された町を『和解』させることが，西と東の縫合を『象徴』するというストーリー」[45]である。98 年 4 月両市は「試験的『和解プロジェクト』に関する協定に調印し……両市の協力関係は新しい段階に入った」[46]のである。だが井上は，この「ストーリーは，実際の歴史的経緯を必ずしも反映しておらず，とくにスロヴェニア側の歴史認識と齟齬をきたしている」[47]と批判し，そのことをふまえない EU の支援は「歴史の『捏造』」の後押しになるという。鋭い指摘である。「寛容」とされるこの国境域でも混交・混成の根は深いのである。

　第 2 は鈴木が調査研究しているチルコロ・イストリア（Circolo ISTRIA）という団体の事例である。これは 1982 年にエソドの人びと 12 名が中心になって設立された団体で，イストリアに残留して「チトー共産主義者」と蔑称されたイタリア系住民（Rimasti：残留者）と，そこから流出して「ファシスト」「イレデンティスト」とレッテル貼りされた同じイタリア系住民（Andati：退去者）の溝を埋め，またイストリアで暮らすスロヴェニア・クロアチア住民との協働を進め，ひいては「ヨーロッパの複数の文化を内包するような広域地域をイストリア一帯に形成していくことを目指している」[48]文化団体である。その特性を鈴木の指摘に沿って挙げるならば以下の 3 点となろう。第 1 はイタリア側のモンファルコーネ（Monfalcone），ムッジャ（Muggia）とは長期にわたって協働し，さらにスロヴェニア側とクロアチア側のコムーネにも働きかけてユーロリージョン・プログラムに関与していることであり（図 6-5 参照），第 2 はメンバーの世代的・職業的多様性，ネットワークの活用など新しい社会運動の特性を有していること，そして第 3 は「イストリアの社会文化的な"境・界"の再構成を通じて，政治的な"境／界"に働きかけるという戦略を取っている」[49]ことである。この 3 点目の「"境・界"」と「"境／界"」の意味は，社会文化的な境界の溝を埋めることから始めて，政治的な境界の亀裂を克服してゆくということであろう。そうであってみればここに自治への展望を嗅ぎ取ることも間違いではあるまい。

　以上 2 つの事例から引き出せることは，やや強引だが，「帝国」の先端部分

で,「帝国」の限界を自覚しつつこれを利用する, 島の自治への可能性を持つ動きがあらわれていることである。それはフロンティア性の発露ともいいうる。だが, その動きは弱体である。振り返ってみれば, ヴェネツィア・ジューリアという地域の島嶼性は第3の位相からしばしば第2の位相へと上昇し, フロンティア性を発露させてきたが, 再び自壊するという歴史を繰り返してきた。いうまでもなく, このことはこの地域が歴史的に著しく複雑で重合する社会文化的な亀裂を抱えていることと関連している。そしてその地点からみれば, EUを「新しい中世帝国」として描き出すJ. ズィーロンカ (J. Zielonka) のモデル[50]自体も, 少なくともこの地域にすんなりと適合するとはいい難い。まず, 遅れて国民国家時代に入ったこの地域では, 国境を「流動状態にある, ソフトな国境ゾーン」に組み替えねばならない。比喩的にいえば, トリエステの国境線を少なくともゴリツィア状態に組み替えねばならない。だが, そのゴリツィア状態も「国境域での混交・混成の根の深さ」という問題をはらんでいるのである。それは「多様な文化的アイデンティティの共存」に至る手前の状態である。この地域で自治の可能性を拓くためには, この二重の困難を克服しなければなるまい。そのためにはEU自体の自己改革も必要であろう。すなわち, 大国主導のコンフェデラリズム (国家連合) 的性格を, よりフェデラリズム的なものに変えてゆく必要性である。この地域はこうした3つの条件を抱えている困難な地である。だが, それは「困難」故の深い経験と智を積み重ねていることも意味する。「帝国」と自治の近未来にとってこの意味をどのように生かすか, それが残された大きな課題である。

1) R. Fabris, *Il confine orientale d' Italia,* Librerta Alessandro Manzoni, 1878, p. 30.
2) P. Flora (edited with Stein Kuhnle and Derek Urwin.), *State Formation, Nation-building and Mass Politics in Europe : The Theory of Stein Rokkan,* Oxford University Press, 1999, pp. 191-195 および pp. 221-224.
3) 新原道信「深層のヨーロッパ・願望のヨーロッパ—差異と混沌を生命とする対位法の"智"」(永岑三千輝・廣田功編『ヨーロッパ統合の社会史:背景・論理・展望』日本経済評論社, 2004年, 所収), p. 307. なお, A. メルレル「"マイノリティ"

のヨーロッパ—"社会文化的な島々"は,"混交,混交し,重合する"」(同書,所収)も参照。
4) 新原道信「島嶼社会論の試み—『複合』社会の把握に関する社会学的考察—」千葉大学 人文研究,第21号(1992年),pp. 156-159,また島嶼性の③と対応する「根(radice)」の概念については同論文 pp. 164-165 および同「小さな主体の潜勢力:イタリア・サルデーニャ島の『開発・発展』をめぐって」『窓』3 (1990, Spring),pp. 76-77 を参照。
5) 鈴木鉄忠「ヴェネツィア・ジューリアおよびイストリアにおける"社会文化的な島々の形成に関する考察—イストリア文化団体『チルコロ・イストリア』の事例—」(研究代表者新原道信『平成16年度~平成18年度科学研究費補助金・基盤研究(B)(1)研究成果報告書:21世紀"共成"システム構築を目的とした社会文化的な"島々"の研究』2007年,所収)pp. 116-117.
6) B. Benussi, *L'ISTRIA nei suoi due millenni di storia,* Marsillio, 1997, p. 39.
7) M. Quercioli, *Aquileia,* Libreria dello Stato : Istituto Poligrafico e Zecca dello Stato, 2004, p. 7.
8) D. Alberi, *Istria : Storia, Arte, Cultura,* Lint, 2001, p. 14.
9) *Ibid.,* p. 18.
10) Quercioli, *op. cit.,* p. 23.
11) Alberi, *op. cit.,* p. 52.
12) J. L. Abu-Lughod, *Before European Hegemony : The World System A. D. 1250-1350,* Oxford University Press, 1989 (邦訳:佐藤次高・斯波義信・高山博・三浦徹訳『ヨーロッパ覇権以前(上)』岩波書店)2001年,pp. 13, 44).
13) 同訳書,p. 55.
14) 同訳書,pp. 54-56.
15) W. H. McNeill, *Venice : The Hinge of Europe 1081-1797,* The University of Chicago Press, 1974 (邦訳:清水廣一郎訳『ヴェネツィア—東西ヨーロッパのかなめ,1081-1797—』岩波現代選書,1979年,p. 36).
16) Alberi, *op. cit.,* p. 77.
17) *Ibid.,* p. 59.
18) *Ibid.,* p. 71.
19) 菊池良生『神聖ローマ帝国』講談社現代新書,2003年,参照。
20) Alberi, *op. cit.,* p. 78.
21) McNeill, 前掲訳書,p. 172.
22) 同訳書,p. 157.
23) 同訳書,p. 174.
24) 同訳書,p. 181.

25) Alberi, *op. cit.,* p. 97.
26) I. Wallerstein, *The Modern World-System I : Capitalist Agriculture and the Origins of the European World-Economy in the Sixteenth Century,* Academic Press, 1974（邦訳：川北稔訳『近代世界システム I-II：農業資本主義と「ヨーロッパ世界経済」の成立』岩波現代選書, 1981 年, I-pp. 130-152).
27) Alberi, *op. cit.,* p. 101.
28) *Ibid.,* p. 102.
29) 鈴木，前掲論文，p. 119.
30) M. Cattaruzza, Italiani e slavi nella Venezia Giulia tra Ottocento e Novecento, in R. Pupo e F. Cecotti (a cura di), *Il confine orientale : Una storia rimossa,* IRSML, 1998, p. 94.
31) A. M. Vinci, Il facismo di confine, in R. Pupo e F. Cecotti (a cura di), *Il confine orientale : Una storia rimossa,* IRSML, 1998, p. 100.
32) R. Pupo, Resistanza e questione nazionale al confine orientale, in R. Pupo e F. Cecotti (a cura di), *Il confine orientale : Una storia rimossa,* IRSML, 1998, p. 112.
33) Vinci, *op. cit.,* p. 104.
34) Pupo. *op. cit.,* p. 113.
35) R. Pupo, Le foibe giuliane, in R. Pupo e F. Cecotti (a cura di), *Il confine orientale : Una storia rimossa,* IRSML, 1998, p. 115.
36) R. Pupo, L'esodo degli italiani da Zara e dall'Istoria, in R. Pupo e F. Cecotti (a curadi), *Il confine orientale : Una storia rimossa,* IRSML, 1998, p. 118. なお，この点については鈴木，前掲論文，pp. 121-122 に詳しい。
37) E. Giuricin e L. Giuricin, La comunità italiana in Croazia e Slovenia : il percorso storico, la situazione, le prospettive, in T. Favaretto e E. Greco (a cura di), *Il Confine Riscoperto,* Franco Angeli, 1997, p. 120 の Tab. 1 参照.
38) *Ibid.,* pp. 100-104.
39) *Ibid.,* p. 104.
40) D. Andreozzi e L. Panariti, L'economia in una regione nata dalla politica, in R. Finzi, C. Magris e G. Miccoli (a cura di), *Storia d'Italia Le regioni dall'Unità a oggi : Il Furiuli-Venezia Giulia II,* Einaudi, 2002, pp. 851-856.
41) G. Valdevit, Dalla crisi del dopoguerra alla stabilizzazione politica e istituzionale (1945-65), in R. Finzi, C. Magris e G. Miccoli (a cura di), *Storia d'Italia Le regioni dall'Unità a oggi : Il Furiuli-Venezia Giulia I,* Einaudi, 2002, pp. 645-649.
42) 井上直子「国境を挟む協力—イタリア・スロヴェニア国境の町ゴリツィアの事例」（木畑洋一編『ヨーロッパ統合と国際関係』日本経済評論社，2005 年）p. 195.
43) 同，p. 198.

44) 同および鈴木，前掲論文。
45) 同，p. 174.
46) 同，pp. 178-179.
47) 同，p. 200.
48) 鈴木，前掲論文，p. 124.
49) 同，p. 126.
50) 本書2章参照。

7章

中華帝国／U.S.C.S.（アメリカ「帝国」）／日本

1．比較世界システム分析の展開

「世界システム分析の第二局面」が1990年に，ウォーラーステイン自身によって表明されてから，20年がたった。この論攷のなかで，かれは「資本主義世界経済以外の諸世界システムの詳細な研究」[1]をいち早く進行している「問題領域」と指摘したが，その後の展開は「比較世界システム分析」なる分野が形成されるまでに至っている。そのことを端的に示すのが1章で述べた比較世界システム論争の展開である。そこでみたように，主として90年代前半に「変容主義者」と「連続主義者」の間でたたかわされたこの論争のテーマは，近代世界システムとその外部世界とのシステム・ロジックが「変容」しているのか，「連続」しているのか，にあった。この両者の対立点を山下範久はつぎのように巧みに要約している。「ひとつは，近代世界システムを含めて諸世界システムの複数性に注目する方向であり，もうひとつは，近代世界システムとその他の世界システムとの連続性に注目する方向である。いずれも，近代世界システムをその外部との関係において相対化する試みであるが，両者の間には方法論的な対立がある。すなわち，前者が，複数ある世界システム間の比較分析を通して，近代世界システムの固有性を相対化しようとするのに対して，後者は，近代世界システムをも，その部分とするような，時間的・空間的により大きなシステムへの文脈化を通して近代世界システムの固有性を相対化するものだからである」[2]と。そして，この両者の対立は，ウォーラーステインによれば「法則定立的社会科学と個性記述的社会科学との間の古典的な方法論上の

論争,つまり『19世紀パラダイム』の反復であり,その意味で理論的退行にほかならない」[3]ことが指摘される。つまり,ウォーラーステインの狙いは,この対立を超えた「知」の革新にあったのだというのである。だが,実際には,この論争はウォーラーステインの狙い通りには進まず,かなりねじれた展開をみせているのである[4]。

さて,本章は,こうした世界システム分析の動向をふまえながら,東アジア地域における近世末以降の日本のジオポリテカルな位置およびその動向を分析してみようというものである。だが,その場合,先の論争をどのように「ふまえる」かが問題である。いうまでもなく,論争はほぼ収束しているかにみえるが,それを乗り越えるパラダイムも模索中であってみれば,ここで筆者が明確な立場を示すことは困難である。筆者としては以下の3点を明示することによって,この試論に取りかかってみたい。

第1点は,いましがた論争に対する筆者の立場を示すことは困難と述べたが,以下の行論からわかるように,筆者のロジックは,1章にみられるように,どちらかといえば変容主義者のそれである。すなわちそこでは,アフロユーラシアから西端ではヨーロッパ,東端では中華帝国が展開し,のちに西端に発する近代世界システムが東端の中華帝国をインコーポレートしてゆく変動を論じたが,そのロジックは変容主義者のものといってよいであろう。したがって,その底には「法則定立的社会科学」の発想がある。その方法が現在「ゆらいで」いる以上,そこに自足することは許されまい。その自省が第2点につながることになる。

第2点は,ストラウスフォーゲルの示唆をうけて,プリゴジンの「ニュー・サイエンス」を援用することである。その理論のポイントは,システムの散逸構造は分岐点を経て質的に異なる散逸構造に移行するが,その分岐点にいつどのように達するかは非決定だというものである。ウォーラーステインはこの理論を「方法論上の論争」を乗り越えるひとつの鍵とみていたのである。ただし,ここではそのアイデアを「援用」するにすぎない。ストラウスフォーゲルは,世界システムは環境と絶えずエネルギー交換をしている散逸構造であり,

潜在的に不安定なのだといっているが，本章ではそうした分析を試みているわけではない。それを念頭に，システムの構造には「ゆらぎ」が生ずること，その「ゆらぎ」は「カオスの縁」と呼ばれる臨界状況で分岐点に達すること，その分岐点通過後に新たに散逸構造が自己組織化されて問題処理にあたること，などの論理を援用して分析を試みるにすぎない[5]。

第3点は，中華帝国およびアメリカ・セントリック・システム（U.S.-centric system：U.S.C.S.：アメリカ「帝国」）のなかでの日本を，それぞれ「小中華」「小アメリカ」と表現している点である。これは日本のジオポリティカルな特質を表現したつもりである。後述するように，日本は中華帝国にあってはこれに挑戦し，U.S.C.S. にあってはそれに貢献する役割を果たしている。この対比を通して日本のジオポリティカルな特質への契機をつかみたいというのが本章のひとつの狙いでもあるのである。

以下，まず前近代東アジアの世界システムである中華帝国の展開・終焉と日本の関連から始めて，ついで世界システムの近現代東アジアでの展開である U.S.C.S. と日本の関連をみていくことにしよう。

2．中華帝国と日本

パックス・シニカ　前近代の東アジアを制していたのは中華帝国であった。それがいつに端を発したかはなお詳細な検討を要すると思われるが，当面，ここで主として対象とする 11 世紀以降の東アジアにおいて同帝国はすでに東アジアを包摂していたといえよう。

ところで，ここで興味あることは，この中華帝国が，1章で述べたように，アフロユーラシア・システムの一角として，ヨーロッパ，北アフリカとも連動する地域システムであったことである。チェイス＝ダンとホールはこれが単一のシステムであることを証明するために，システムの西端と東端で人口と都市が類似のリズム変動していることを挙げている。つまり，このことはこのシステムが単一のそれとして「拍動（pulsation）」を持っていたことを示している，

というのである。その展開の詳細は省くが[6]、以下との関連で重要と思われる点を1章とダブルが3つ指摘しておきたい。

その第1は、このシステムの中期、すなわち紀元7世紀から11世紀頃までの時期に、陸のシルクロードとともに海のシルクロードが拓けて東南アジアがこのシステムにインコーポレートされ、その東端で宋による中国統一がなされて唐が栄えたのに対し、西端のヨーロッパはビザンチン帝国が行き詰まって周辺化していたことである。東端の繁栄である。その第2は、つづく11世紀から15世紀頃までの時期にはアフロユーラシアの大半をひとつの政治的軍事的ネットワークのなかに融合したモンゴル帝国が出現し、中華帝国は大元大モンゴル国の中枢としてアフロユーラシアの強力な一角を形成したことである。そしてその第3は、14世紀初めの大天災を契機にこのシステムが崩壊したあと、システムの西端では近代世界システムが誕生したのに対し、東端では前近代の中華帝国が強固に存在しつづけたことである。西端は周辺部から脱出し、東端はのちにこの近代世界システムにインコーポレートされて周辺部化していくのである。

では、東アジアでは近代資本主義は何故発生しなかったのであろうか。この点についてチェイス＝ダンとホールは、東アジアでは貢納制国家としての中華帝国の存続が近代資本主義の発展を押しとどめたと述べ、ウォーラーステインも同様なことを主張している。では、その中華帝国の内実は何か。1章でみたように浜下武志はこの内実を地域内での上下の位階秩序と他地域との関係での位階秩序を総合した広域地域秩序（パックス・シニカ：Pax Sinica）ととらえ、そこでの対外関係は華夷観を理念とした朝貢－冊封関係であると述べている。図7-1はこの同氏の作成した華夷秩序の図示であるが、この説明のなか同氏は「地方秩序や他民族統治」と比べて、その外周に位置づけられる「朝貢関係は……より間接的かつ交易上の比重が強い統治関係であった」[7]と述べている。そのうえで後述との関連で、浜下＝池田哲にしたがって2つの点を補足しておきたい。そのひとつは、近代における中華帝国の「主要なダイナミックスはシステムの周辺諸国による中華秩序への挑戦」[8]だという点である。この挑戦は

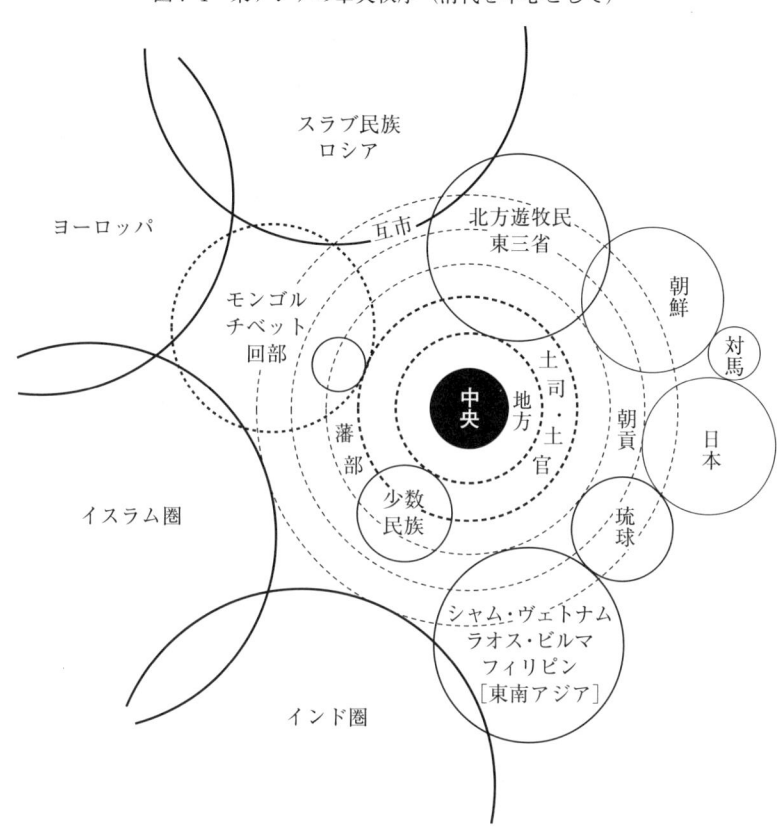

図 7-1 東アジアの華夷秩序（清代を中心として）

[出所] 浜下武志「東アジア史に見る華夷秩序」『国際交流』第 16 巻第 2 号（1993 年 11 月）p. 35.

「近代」に限らないと思うが，いずれにせよこの点は日本を考える場合に重要な視点である．以下では，この視点から日本を「小中華」として位置づけたいと思う[9]．それは中華秩序に挑戦する存在である．もうひとつは，「東アジアの長期の歴史的特徴に照らしてみると，東アジアにおける中国の現在および未来における重みは，周辺，つまり日本やアジア NIES で達成された経済的成功と比しても貶価さるべきではない」という点である[10]．この点は次節において

意味を持ってくることになろう。

　では日本はパックス・シニカからはどのように位置づけられていたのであろうか。この点について，D. R. ハウランド（D. R. Howland）はつぎのように述べている。「清の皇帝に敬意を表す数多くの属国の間にあって，日本は沈黙していた。日本は，実際には清の朝廷には出向かなかったが，しかし天下のなかには存在しつづけていた。この清の朝廷との公式な関係を抑制しつづけた主な原因は，将軍徳川家光が1630年代に行った鎖国政策である」[11]と。日本はそこにあった。だが，「沈黙していた」。ここで2つの点に留意しなければならない。ひとつは，ハウランドの記述が海禁・鎖国時代のものだということである。

　確かにこの時代の日本は「沈黙」していたが，それは日本のパックス・シニカに対する基本的態度ではない。すでにふれたように，それ以前の日本はたびたび「小中華（日本型華夷思想）」としてパックス・シニカに挑戦を試みてきたのであり，秀吉の朝鮮出兵はその証左である。もうひとつは，この日本の基本的態度にかかわるが，海禁・鎖国時代に日本は自ら制限を課したとはいえ，アジアとの貿易をつづけ，近隣外交を継続していたということである。そのとき外交の相手だったのは朝鮮と琉球である。だが，事実上の貿易はもっと広範にアジア諸地域と行われていたのである。

　「小中華」の挑戦・膨脹　さて，19世紀半ば，近代世界システムによる東アジアのインコーポレーションが進むなかで，パックス・シニカは解体に向かう。ここで2つの点を強調しておきたい。そのひとつは，「小中華」日本の役割であり，もうひとつはパックス・シニカの分岐点についてである。まず，前者については，日清修好条規の締結に「小中華」日本の姿をみることができよう。19世紀半ば，近代世界システムが東アジアをインコーポレートしようとし，中国も日本も「国際法の共同体」のなかに取り込まれて行くと，公式な接触を再形成せざるをえなかった。その関係の再構築は紆余曲折を経て，1871年の同条規によって中国が日本との朝貢秩序を自ら放棄することによって可能となったのである。すなわち，中華帝国からみれば「日本に条約を授ける」こ

とは渋々「対等」を認めることを意味したのに対し，明治国家からみればこれは清に対する「勝利」であったからである。こうして，少なくとも中国と日本との関係においてはこの時点でパックス・シニカは終焉したのである。だが，それはパックス・シニカそのものの終焉ではない。その時点はいつに設定すべきか。これがもうひとつの点である。この点について浜下＝池田は，それは近代世界システムへのワンサイド・インコーポレーションによって起こったのではないと主張している。むろん，このインパクトによる「ゆらぎ」の増幅はあった。しかし，むしろ重要なのは，パックス・シニカが自らそれを終結させたことにある，とかれらはいうのである[12]。そして，この点について浜下は，中国が朝貢‐冊封関係と華夷観を放棄したのは20世紀初頭であるという[13]。パックス・シニカの分岐点はこの時点に置かれる。いうまでもなく，このあとの20世紀前半の東アジアは，辛亥革命，第一次世界大戦，日華事変から太平洋戦争へ，そして中国革命とつづく戦争と革命の時期であり，まさにコンテンジェンシーそのものの様相を示した時期であった。

　この時点を境に日本は東アジアの不確実な構造へと取り込まれて行くことになるが，その構造への日本の対応をみるまえに，その「対応」の前提となる点をいくつか指摘しておきたい。そのひとつは，すでに前項末でふれたように，日本は海禁・鎖国時代にも一定のかたちでアジア貿易をつづけ，近隣外交を継続していたということであり，もうひとつは，これらのルートを通じてアジア世界や近代世界システムの文明・文化を摂取し，それなりに熟成させていたことである。これらのことをふまえて初めて開国の性格が明らかになる。すなわち，それは「外圧」に「驚愕」した幕府の反応ではないのである。この点について加藤祐三は，「まだかなり流布している」「幕府無能無策説」と「黒船の軍事圧力説」を批判して，ペリー来航による日米和親条約は「極端な不平等条約」ではなく，「不平等性（従属性）（の）いちばん弱い」「交渉条約」であった，と述べている。そしてその分析のなかで，幕府がかなりの「海外情報」をつかんでいたこと，それをもとにインド，中国でのイギリスによるインコーポレーションのあり方に警戒心を強め，これがアメリカとの「和親」へのひとつの根

拠となったことを指摘している[14]。だが他面，後述する経済力も含めて日本には海禁・鎖国時代から近代世界システムのインコーポレーションに「対応」しうる素地があっとみるのも正確でない。「開国」後の日本の「対応」は，こうした素地でカバーできるほど甘くはなかったからである。日本は東アジアの不確実な構造に取り込まれ，そこでは「列強」が日本の植民地化に食指を動かしていたのである。

こうした事態に，では日本はどのように対処していったのであろうか。ここでも論点を2つの点に絞ろう。そのひとつは，日本の産業革命についてであり，もうひとつは日本の帝国主義化についてである。この双方において，日本の「不確実」への対処がくっきりとあらわれているように思われるからである。順次みていこう。

まず第1の日本の産業革命については，大石嘉一郎や石井寛治らの従来の通説と川勝平太や浜下の最近の研究の間に論争がある。すなわち，前者が「日本の産業革命（が）すぐれて国際的＝他律的契機によって左右され，世界資本主義体制への対応という形をとる」[15]としたのに対し，後者は江戸時代に木綿，砂糖，絹，茶，陶磁器などヨーロッパ経済が必要としていた「物産複合」を自給していた日本は，開国と同時にこれら物産の供給地であるアジア諸地域と競争関係に入り，この競争で優位を占める過程として産業革命が遂行された[16]，としたのである。そしてこの後者に対して石井は「アジア貿易圏の『前近代』と『近代』とを基本的に連続するものとして捉える浜下・川勝仮説の根底には，近代ヨーロッパが他に先駆けて産み出した科学技術とそれに基づく産業革命についての独自の過小評価が横たわっているように思われる」[17]と批判し，論争が始まったのである。この論争に立ち入るつもりはない。ただ，世界システム分析の立場からすれば，石井のいう「前近代」と「近代」の区分にとらわれるよりも，中華帝国終焉後の「ゆらぎ」のなかで新しいリージョナル空間形成が「断続的に進行」したことが重視されるし，浜下・川勝が従来の日本産業革命論に欠けていたリージョナルな契機を導入したことが評価されよう。インコーポレーションの複雑な関連で見落とされていた点である。だが，にもかか

わらず，この浜下・川勝の視点にはなお東アジア地域の不確実な構造と日本との「緊迫した」関連が不充分なように思われる。もっと事態はコンティンジェントなものであったのではあり，そのなかでインコーポレーションによる「ゆらぎ」はあったのである。このコンティンジェントな事態に関連して石井は，日本の産業革命を近隣アジア諸国との関連でとらえるためには「戦争と侵略の問題を抜きにすることはできないはずである」と批判しているが[18]，重要な点である。明治政府は，まさしくこうした東アジアの不確実な構造のなかで，「列強」による植民地化を回避するために「軍事強国」化を図り，またそれを支えるべく産業革命を強行せざるをえなかったのである。それらはまさしく「ゆらぎ」への対応であったし，その「対応」は一貫したものではなく，コンティンジェントな事態のなかでの「緊迫した」選択の連続であったのである。

　この産業革命と関わる「戦争と侵略の問題」が第2の点である。この点に関連して江口圭一は，1998年刊の著書『日本帝国主義史』のなかで，「二面的帝国主義」という視点から，日露戦争後から真珠湾攻撃前夜までを，①「日露戦後1905年から第一次世界大戦終結1918年にいたる14年間」，②「第一次世界大戦終結後1919年から満州事変勃発1931年にいたる12年間」，③「満州事変開始1931年から対英米戦争開始1941年にいたる11年間」の3つの時期に分けたうえで，「日本はこの3つの時期を通じて針路を大きく変針させているが，これはなんらかの長期的なシナリオにもとづくものではない」と述べ，「このような不安定と混迷は『大日本帝国』と自称した膨張主体の経済的および政治的なあり方自体に原因があった」[19]としている。ここで「不安定と混迷」の原因とされている「大日本帝国」の「経済的および政治的なあり方」とは，「軍事強国と経済弱国という2つの顔を持ち，かつ列強と対立・抗争しながら経済的にはとくに米英に依存し，その依存（dependenceであって，従属subordinationではない）によって軍事強国として自立（independence）しているという二重の意味」での「二面的帝国主義」のことである[20]。江口はこの「2つの顔」の矛盾を回避するため，日本は「列強」のどこと提携し，どこと対抗するかという対外路線を絶えず検討せねばならなかったことを強調し，この視点から日本は

第 1 期においては「日英同盟と日露同盟との間を右往左往しながら膨張の歩をすすめ」，第 2 期においては「ワシントン体制に順応し米英と協調することによって帝国の安泰をはか」り，第 3 期においては「対米英依存の打破をめざしてワシントン体制に挑戦し，日独伊三国同盟による米英との全面的対決に到達する」と特徴づけている[21]。こうした動きは東アジアの不確実な構造へのコンテンジェントな「対応」ともいいうる。だが，この「対応」の根拠やそれをめぐる方法については批判もあり，世界システム分析の立場からの検討にこうした論議が有益であるように思う。すなわち，先に述べた「中華帝国終焉後の『ゆらぎ』のなかで新しいリージョナル空間形成が『断続的に進行』した」という枠組みのなかで，「経済弱国」と「軍事強国」という「2 つの顔」を再構成するという課題である。しかしここではこうした論議に立ち入るつもりはない。いずれにせよ，東アジア，とりわけ中国の利権をめぐる確執に，日本は次第に「小中華」として乗りだし，ついには経済的に依存してきた米英とも袂を分かち，「総力戦体制」によって東アジアの不確実な構造を処理しようとするに至った。これが太平洋戦争である。

　ここで「総力戦体制」とは，いうまでもなく山之内靖らが提起した概念である。かれらは「近代社会がその成立期いらい抱え込んできた紛争や排除のモーメントに介入し，全人民を国民的共同体の運命的一体性というスローガンのもとに統合しようと試みた」ものとしてこの概念を規定するが，その際「社会総体を戦争遂行のための機能性という一点に向けて合理化」しようとしたことを強調する[22]。この概念にここで注目するのは，かれらも指摘しているように，こうして培われた「機能的合理性」が，すぐ後で述べる東アジアでの新しいシステム（U.S.C.S.），そのもとにインコーポレートされた日本社会の新システムへの「対応」の重要な一端を形成し，今日まで引き継がれているのではないかと考えたからである。だが，この論点をここで展開する余裕はない。

3．U.S.C.S. と現代日本

U.S.C.S.（アメリカ「帝国」）　さて，太平洋戦争の終結によって「小中華」としての日本の膨脹は潰えた。そして，これに代わって東アジアに形成されたのが，U.S.C.S. である。アリギと B. シルヴァー（B. J. Silver）はこのシステムをつぎのように特徴づける。「東アジアにおけるアメリカのヘゲモニーはかつての中国中心の朝貢システムの周辺部をアメリカ中心の朝貢 - 貿易システムへと変貌させることによって実現されたといえよう。しかしながら，U.S.C.S. は中国中心のそれよりももっと軍事的であった。それは比類なき巨大な規模と高度な技術を持った軍事 - 産業装置に基礎をおいていただけではない。もっと重要なことは，U.S.C.S. はかつての中国中心システムにはなかった帝国 - 属国間の機能的特殊化をも育成していたことである。合衆国は防衛の提供とリージョナルな，そしてグローバルな政治権力の追求に特殊化され，東アジアの諸属国は貿易と利益追求に特殊化されたのである」と[23]。そして，さらにいう。「この分業は冷戦時代を通じてまさに現在までの合衆国 - 日本関係の形成においてとりわけ重要であった」[24]と。日本は防衛費の重荷から解放され，経済的膨脹主義に邁進できたというのである。

　このアリギらの U.S.C.S. については3つの点に留意する必要がある。その第1は中国の朝貢システムとの対比の仕方である。ここでは「中国中心の朝貢システム」と「アメリカ中心の朝貢 - 貿易システム」とを対比し，後者を「より軍事的」と特徴づけているが，すでにみた朝貢 - 冊封システムの概念をふまえれば，この対比は比喩以上のものではないだろう。問題は東アジアでの後者の立ち上がりを論ずる際に，前者の終焉にもかかわらず，それを念頭に置かざるを得ないところにある。中華帝国の遺産はあるのか。あるとすればそれは後者とどのようにかかわるのか。これらは後者の展開を論ずる際に念頭に置かれねばならないことのひとつである。第2は「中国中心の朝貢システムの周辺部」と U.S.C.S. の関係に焦点があてられていることである。ここで主に念頭

に置かれているのは日本であろうが，それは「周辺部」ではややはずれた位置（「化外の民」）にあり，もっと中心に近いところに琉球，朝鮮そして東南アジアの諸地域があった。そしてそれらの地域のU.S.C.S.における位置は同じではない。東アジアに限定してみても軍政下におかれた琉球（沖縄），南朝鮮と占領軍の間接統治下におかれた日本（本土）とは異なる。冷戦開始時にU.S.C.S.が琉球および朝鮮の大陸中国への親近性（中華帝国の遺産）をどのように読み込んだのか，検討の余地があるように思う。第3は合衆国－日本間の分業関係についてである。合衆国による防衛の提供と，そこから解放された日本の経済的膨脹という「帝国－属国間の機能的特殊化」，このことはよく指摘されることであるが，上述の諸点をふまえるとそう単純なことではない。それは日本が「化外の民」という遺産の上に「小中華」として膨脹したこと，このジオポリティカルな位置を取り込むことによってU.S.C.S.が成り立つとの戦略とみなすことができるが，歴史の経過はもっと複雑であり，コンテンジェントである。この点を少しくみてみよう。

「二国間主義症候群」とU.S.C.S.　C. グラック（C. Gluck）は日本とアメリカの関係を「二国間主義症候群」という概念でとらえ，この症候群がすでに日本の敗戦以前の「降伏前計画」（1942年）から始まっていたこと，そこでは天皇を保持した間接統治がもくろまれていたこと，そしてそのことが「冷戦構造ができあがる以前に，アジアは日米の戦後世界の視野から消え去」るという帰結をもたらしたことを指摘している[25]。すなわち，東アジアにおける日本とアメリカの特殊な関係が戦時中から模索され，今日にまで重要な意味を持っているというのである。ここでの問題は，こうした日米の「二国間主義症候群」とU.S.C.S.の関連をどのようにとらえたらよいかということである。アリギらも両国間の「機能的特殊性」に注目しているが，ここまで立ち入った考察はしていない。では，この問題をどのように解いたらよいであろうか。

　まず，日本の敗戦直後，東アジアの諸地域でどのような戦後処理が始まったかに注目してみよう。沖縄では上陸したアメリカ軍による軍政が敷かれることとなった。しかし当時のアメリカは「沖縄の軍事的重要性にかんする米軍部の

認識」を共有しておらず,「したがって, 沖縄占領米軍は, 明確な統治方針をもたないまま, かなり場当たり的に住民を支配していた」[26]のである。朝鮮では民族的統一政府樹立の要望にもかかわらず, 米ソの対立がこれを困難にし,「大韓民国」と「北朝鮮民主主義人民共和国」とが成立し, その後も統一運動はつづいたが朝鮮動乱を前に影を潜めた。台湾は中華民国に編入され, そのひとつの省となった。しかしその権力は「台湾総督をしのぐ専制的権力」(若林正丈)とされ, その下での民衆の反発が1947年2月28日の「二二八事件」となって噴出した。そしてその事後処理もままならぬうちに, 1949年の国民党政権の台北「逃走」となったのである。そして日本では上述の「二国間主義症候群」が展開され始めていたのである。

このようにみてくるとアメリカの影響力はこれらの地域全般に及んでいるが, そこにはまだシステムといえるものはみいだせない。システムを形成するためには, もうひとつの大きな「ゆらぎ」, つまり中国革命が必要であったのではある。すなわち, U.S.C.S. は日本敗戦後のさまざまな処理(それ自体「ゆらぎ」でもある)を遂行するなかで, 中国革命という大きな「ゆらぎ」にぶつかり, その過程で一挙に形成されていったとみるべきであろう。そのなかで沖縄, 南朝鮮の軍政は軍事的のみならず政治的に意味あるものとなり, 日本の間接統治もサンフランシスコ体制へと組み替えられていったのである。すなわち, 日本は「独立」するとともにU.S.C.S.の軍事体制をフォローする機能を分担することになったのである。それともうひとつ, この世界経済の上昇期(1945-67/73年)に, アメリカの海外直接投資と政府援助が, 冷戦に直面したこの東アジアに, 全世界「の他の地域との比較で相対的に有利に作用した」[27]という事態が重要である。米日の「二国間主義症候群」はこの事態のなかで朝鮮特需として働き, 経済復興の契機をつくりだし, ひいては「1960年体制」を産みだしていくことになったのである。

「1960年体制」と「小アメリカ」　「1960年体制」の表現は中村政則に拠っている。かれはこの概念を政治体制だけでなく,「政治・経済・社会システムの総体を指す概念」[28]として用いている。その特徴を氏の整理によって列挙す

れば，経済的には新鋭重化学工業を中心とする「新しい再生産構造」の下で高度経済成長が展開した時代であり，政治的には「いわゆる『1955年体制』がその内実をととのえて戦後保守政治の『黄金時代』を築き上げた時代」であり，社会的には「高度大衆消費社会の到来とともに，日本型市民社会」[29]が成立した時代である。ここで後述との関連でいくつかの点を補足しておこう。まず，経済に関しては，「高度成長」に寄与した「新鋭技術のほとんどは外国からの輸入であり，その六割近くがアメリカから輸入された」[30]こと，労働力が農村から都市への大規模な人口移動によって調達されたこと，輸出がアメリカおよび東南アジア市場によって支えられたこと，そして60年代後半には「高度成長」の負の遺産が都市問題，公害問題として噴出したことである。つぎに政治に関しては，「大企業中心の国家体制」である「企業国家」が成立したこと[31]，自民党の得票率が50％台から45％前後に減少し，それにともない「変則多党化」があらわれたこと，にもかかわらず中小企業と政府・与党の「社会契約」の持続[32]，民間大企業における「日本的労使関係」の成立がみられ[33]，保守政治は相対的に安定していたことである。そして第3に社会に関しては，先にふれた労働力の移動を軸に都市化がすすみ，そこでは長時間労働とひきかえに消費社会化が進んだこと，と同時にすでに指摘した都市問題，公害問題が噴出し，その改善を求めて住民運動，公害反対運動が展開し，それに支えられて革新自治体が輩出したことである。

　さて，以上のことをふまえて，ここで2つの点を指摘しておきたい。その第1はU.S.C.S.および「二国主義症候群」と「1960年体制」との関連である。すでにふれたように中国革命を引き金とするU.S.C.S.の成立のなかで，日本はこのシステムの軍事体制をフォローはするがその主たる機能はアメリカにゆだね，いわば「パックス・アメリカーナ」の下で新鋭技術も輸出市場もアメリカに依存して「経済成長」を遂げてきた。それはまさしくU.S.C.S.の要請に応じた「二国間主義症候群」そのものであり，「小アメリカ」と呼んでも差し支えないような日本の姿である。ここで「小中華」と「小アメリカ」の違いについてひと言ふれておきたい。それは前者がシステムの「外」にあってシステ

ムに挑戦する位置にあったのに対し，後者はシステムの「内」にあってそこに抱えこまれていることである。こうして日本は近代世界システムの中心部の位置を獲得することになるが，しかし60年代後半になってアメリカのドル危機が深刻化してくると，次第にU.S.C.S.内の東南アジアに進出し，「米・日・東南アジアのトライアングル」を形成するようになる。それはすでにふれた世界経済上昇期におけるアメリカの経済的東アジア戦略がヴェトナム特需をもたらすという事態の上にありえたことである。したがって，これによって日本がU.S.C.S.の枠を逸脱することはありえなかった。そして，この変化の境目に日韓条約締結というアメリカ主導のシナリオが位置しているのである。

　その第2はこの「1960年体制」とそこでの反システム的「ゆらぎ」の関連である。この時期の「ゆらぎ」は，ひとつはかなり大きな「ゆらぎ」であり，もうひとつは萌芽的な「ゆらぎ」である。前者は上述した住民運動，公害反対運動の展開とそれに支えられた革新自治体の輩出である。その背景には環境を無視した「経済成長」とそれにともなう労働力の都市への大量移動があったことはいうまでもないし，先の「小アメリカ」化の一側面であったのである。とりわけ公害問題は東南アジア市場への進出とともに「輸出」されるに至る。またこれらとともにヴェトナム反戦運動がアメリカ国内のそれとも連動しつつ「ゆらぎ」の一角を形成したことも忘れてはならない。だが，この「ゆらぎ」も，経済成長のまえに，「体制」改良の成果を挙げたものの，それを改革するには至らなかった。もうひとつの「ゆらぎ」は1955年以来政権党であった自民党の得票率が50％を割り，45％前後へと低減したことである。替わって民社，公明，共産の諸党が少しずつ議席を伸ばした。これは，山下にしたがえば，「『自由主義のジオカルチュア』の権化，あるいは実体として存在する『メタ中道政党』」[34)] の萌芽的な「ゆらぎ」ということになろう。いうまでもなく，山下がここで示唆しているのは，ウォーラーステインが冷戦体制下の汎ヨーロッパ世界では左右の対立よりも「自由主義のジオカルチュア」が共有されるという指摘をふまえて，日本でこれを担う「メタ中道政党」は自民党のみだということである。しかしながら，これによって「体制」が「ゆらぎ」始めたとは

到底いえない。ある意味で日本は、諸要素の複雑な作用のなかで、たまたまU.S.C.S. のなかでの「ひとときの『安定』」を享受したといえるのではあるまいか。

「小アメリカ」の膨張と U.S.C.S. だが、この「ひとときの『安定』」も1970年代以降、このシステムの「ゆらぎ」に直面し、再び不確実化の兆しをみせた。U.S.C.S. の「ゆらぎ」は1971年の「ドル防衛措置としてのドルと金の交換の一時停止」、翌年の「ニクソン訪中」という2つのショックで始まった。とくにこの後者は U.S.C.S. にインコーポレートされていた東アジア諸国に動揺を与えた。そして1973年にはパリでヴェトナム和平協定が調印され、ヴェトナム戦争でのアメリカの敗北は明らかとなった。これら一連の動きは、いうまでもなく、アメリカの、とりわけ東アジアでのヘゲモニーの後退を意味している。73年はまた第一次オイル・ショックが世界経済をゆるがした年である。だがこの時期から東アジアでは NIES の「輸出主導型成長」が展開し、つづいて78年からは中国の「改革・開放路線」に基づく経済発展が始まった。こうした「ゆらぎ」のなかで、U.S.C.S. を「補完」してきた日本の「企業国家」は、その在りようの変容を迫られ始めた。これに応じた日本「企業国家」はこの環境のもとで産業構造の転換、企業支配体制の再編・強化によって再度「安定化」を試み、それは一見成功したかにみえた。なぜなら、80年代に「小アメリカ」は膨張し、「経済大国」を自認するに至ったからである。しかし、「経済大国」には限界があった。経済のグローバル化と企業間競争の激化によって「企業社会」は行き詰まりをみせ、やがて80年代末のバブル経済の崩壊へとつながって行かざるをえなかったのである[35]。また政治的にも、「軍事力増強と総合安全保障構想への重心の移動」「行財政改革の始動」「国家意識昂揚への顕著な動き」によって「大国化への地均し」が開始されたが[36]、国内外の反発や先の「企業社会」の行き詰まりの前に挫折せざるをえなかった。

さて、以上のことを補足する意味で、ここで2つの点にふれておきたい。その第1は U.S.C.S. と東アジア諸国、そして日本の関連についてである。まず、全般的なアメリカン・ヘゲモニーの後退のなかで東アジア諸国と日本との関係

が強まったことを指摘することができる。政治的には、それはヴェトナムをめぐるアメリカと日本の外交路線の相違から福田ドクトリン・総合安保構想とつづく外交路線にみることができるし、経済的には NIES が日本パターンに追随し、東南アジア諸国が NIES を追いかけるなかで、「日本企業（は）国際的な分業編成を採用し始めた」[37]のである。「政治大国」への動きもこの土壌のうえにあった。だが、そうした動向のなかでも日本の対米協調は崩れず、この二国間主義症候群を含んだ U.S.C.S. は保持された。その理由は、日本の「思いやり予算」がアメリカの軍事戦略に不可欠の構造と化したこと、それも含めてなお日本の経済力が U.S.C.S. の「帝国 - 属国の機能的特殊化」の枠内にとどまったことにあろう。

その第 2 は U.S.C.S. の「ゆらぎ」についてである。いましがた述べた東アジア諸国と日本の関係強化も U.S.C.S. にとってはひとつの「ゆらぎ」であったが、それにもまして 1971 年の 2 つの「ニクソン・ショック」によってもたらされた「ゆらぎ」はもっと重要であった。すなわち、一方の「ドル＝金の交換の一時停止」はアメリカの「双子の赤字」を抱えての債務国転落につながり、U.S.C.S. におけるそのヘゲモニーをゆるがすことになった。日本はこの状況を利して「小アメリカ」として膨脹し、東アジア諸国との関係も強化したが、バブル経済の崩壊によって U.S.C.S. の「ゆらぎ」はさらに複雑化したのである。他方、米中関係の変化はそれ自体 U.S.C.S. に「ゆらぎ」をもたらしたが、その変化が中国の「改革・開放路線」から経済成長への動きを促進したことで U.S.C.S. の「ゆらぎ」はさらに複雑となる。アメリカは対中関係をリードすることでそのヘゲモニーを保持したかにみえたが、この複雑化した「ゆらぎ」を方向付ける戦略に苦慮していたのではあるまいか。

冷戦終結と U.S.C.S.　この「苦慮」に転機をもたらしたのが冷戦の終結という近代世界システムそのものの「ゆらぎ」である。それはアメリカを膨大な軍事支出から一定程度解放し、新たな経済成長の条件も創り出すとともに、また「唯一の超大国」としてのヘゲモニー再構築を促すこととなった。このことは U.S.C.S. にいかなる変化をもたらしたであろうか。またそのなかで日本

はいかなる方向を模索しているのであろうか。

　すでにみたように U.S.C.S. は軍事的な面を強く持っている。したがって，冷戦の終結はこのシステムの役割が一定程度終わったことを意味していた。しかしながら，その意味を具体化する動きは緩慢であった。それは旧ソ連の極東における存在がそれ程大きくなかったこともあろうが，むしろヘゲモニー国アメリカが市場社会主義に踏み出していた中国との関係を見定めようとしていたことに起因するように思われる。冷戦終結後のアジア・太平洋地域の安定が依然として日米安保条約に基づく同盟にあるとした日米安保共同宣言がだされたのが 1996 年である。ここでは 10 万人の兵力水準が維持されること，そして中東地域をもカバーする軍事基地として沖縄の重要性が確認されているが，これは U.S.C.S. の軍事的機能の一定の変質を示しているように思われる。なぜなら，このシステムの軍事行動範囲は西アジアまで広まったからである。

　ところで，こうした軍事的に慎重な動きとは対照的に，1992 年発足のクリントン政権はその当初より東アジアへの経済進出に積極的であった。その狙いが，すでにふれたアジア NIES, ASEAN, 中国とつづく東アジアでの経済成長への参入，とりわけ安い労働力と巨大な市場を擁する中国への進出にあったことはいうまでもあるまい。事実，80 年代以降の中国の経済成長は著しく，その勢いは 90 年代も持続した。この成長の要因として，アリギらは国外の華僑・華人の資本力の重要さを強調する。すなわち，主として東南アジアに分散している華僑・華人が，中国共産党とも緊密に結びついて，中国本土に膨大な投資を行い，経済成長の重要な原動力となったというのである[38)]。いずれにせよ，これらの国々・地域での経済活動が，日本に代わって，東アジアでの経済成長の牽引力となったのである。とすれば，アメリカがこれに積極的に参入しようとするのも当然であろう。

　こうしたなかで日本はどのような位置に置かれ，またどのように変化したか。端的にいって，その「小アメリカ」としての位置には大きな変化はないようにみえる。だが，その内実は不安定で，錯綜した「ゆらぎ」をみせている。経済的な不安定は冷戦終結以前からのものである。80 年代後半からアメリカ

に規制緩和，市場開放を迫られているが，バブル崩壊による負の遺産を清算しえぬまま，新たな産業政策も打ち出せない状態にあった。むしろこの時期，冷戦終結の「ゆらぎ」は政治面であらわれた。自民党の分裂，社会党の退潮のなかで1993年非自民政権が成立して「1955年の政治体制」は終焉し，96年社会党は社会民主党へと転換した。それはまさに「メタ中道政党」の分裂であり，「自由主義のジオカルチュア」の亀裂である。そしてこれらと連動して，労働組合の弱体化，中小企業と政府・与党との「社会契約」の見直しなど社会的「ゆらぎ」も増幅したのである。

9.11以後の「ゆらぎ」　2001年9月11日のアメリカ航空機ハイジャックによる同時多発テロ事件は，「20世紀の最後の10年間における『ポスト冷戦』の意味づけのシフト——『和解と協調の時代』から『世界の無秩序化』へ，相対的に短期的な『事件』としてよりも長期的な『過程』として——を決定づける触媒的な契機になったことは否定しがたい」[39)]とされる。では，これを契機にU.S.C.S.はどのように変化したか。また日本の「ゆらぎ」はどのような状態にあるか。

　まず，U.S.C.S.の軍事的再編成は敏速であった。アメリカ「帝国」は直ちに反テロリズム，フセイン政権打倒に踏み切り，小泉政権もテロ対策特措法の制定，インド洋での米艦艇への給油開始，イラクへの自衛隊派兵等によってこれに「対応」した。そのなかで，8章でもふれるが，沖縄の基地はさらに重要性を増した。こうした動きはまさに「世界の無秩序化」への劇的な反応であり，「小アメリカ」は軍事的にはU.S.C.S.にしっかりと組み込まれたのである。だが，この対テロ戦略は充分な成果を挙げ得ぬまま「ゆらぎ」始めている。オバマ政権の核軍縮政策はこれと内的に関連しているかにみえる。

　「世界の無秩序化」は軍事面だけではなかった。2007年アメリカでのサブプライム問題を契機に翌年から金融危機・世界同時不況が広がり，2009年のGM破綻，トヨタ・リコール問題にまで行き着いた。U.S.C.S.の大きな経済的「ゆらぎ」である。このなかで2001年からグローバリゼーションへの対応として小泉政権下で推進された「構造改革」政策は大きくつまずき，格差，事故，

被害などの深い爪痕を残した。2006年からの安部,福田,麻生の自公3政権が短命に終わり,代わって2009年に鳩山連立政権が誕生した背景はここにある。しかしこの連立政権とその後継政権の「福祉国家」的政策も,「ゆらぎ」を繰り返す世界経済に振り回されつづけている。

こうした軍事的,経済的「ゆらぎ」に根本的な戦略を確立しないまま,目先の「解決」策を急ぐところに連立政権の矛盾があり,日本政治はこれらの「ゆらぎ」に応じて自らも「ゆらぎ」つづけることであろう。

4．東アジアの経済成長とU.S.C.S.——結びにかえて

では,このU.S.C.S.の「ゆらぎ」のなかでの日本はどうなっていくのであろうか。それを考えるひとつの鍵は東アジアの経済成長のもつ歴史的意味をどのようにみるかにあるように思える。それはU.S.C.S.の変質をもたらすのか,また「東の不確実性」の処理,つまり「東」における新たなシステムを立ち上げるのか,それとももっと大きな近代世界システムの変貌につながるものであるのか,という問題である。

この点に関連して,U.S.C.S.の提起者であるアリギとシルヴァーは1999年の段階でつぎのような指摘をしている。「いずれにしても,世界的規模での資本蓄積過程が最もダイナミックな中心である東アジアの現今の上昇は,やはり,西洋のアジアへの侵入,支配の長いプロセスがその役割を終える,あるいは終えようとしていることの徴候とみることができよう」[40]と。かれらがU.S.C.S.の「ゆきづまり」を念頭に「東アジアの経済的ルネサンス」に注目し,「東」における新たなシステムの徴候とみていることは明らかである。

だが,そのときにかれらが頭に描いていた「経済ルネサンス」の原動力は日本であった。そのことは,この「ルネサンスがアメリカの世界的ヘゲモニーと東アジアのゲオ・ヒストリカルな遺産の矛盾の産物だ」と述べていること,つまり,アメリカでの再生産と防衛が高コストであるのに対し,東アジアでのそれらが低コストで済んでいるという矛盾があり,いまや後者がルネサンスの決

定打になっているとしていること，からもうかがえる．

　だが，かれらの判断は2005年段階で変化した．「経済ルネサンス」の原動力は中国に置き換えられ，中国中心のリージョナル・システムがU.S.C.S.に代わる「資本主義経済の管制高地」として位置づけられるに至った．この点については終章で改めてふれる．

　いずれにせよ，すでにふれたようにU.S.C.S.は変質しつつある．しかし，アリギとシルヴァーのいうような新しいシステムへの軌道を描いていくかどうかは，まだ決定的な段階に入ってはいない．くりかえすが，その軌道の軸をなすのはアメリカと中国の対抗・競争・共存方式の模索にあるように思う．そのプロセスには幾多の「ゆらぎ」があり，事態はなおコンテンジェントであろう．ただ，そのなかで比較的確実と思われることが2つある．ひとつは「東の不確実性」の処理についてである．この判断の難しさは「西の不確実性」の処理と同じ論理が使えないことである．しかし，東アジアで自生の新しいシステムが立ち上がりつつあるとすれば，それは「不確実性の処理」への動向とみてよいであろう．だが，その処理の論理は何か．中国での市場社会主義の採用は経済と国家の乖離を意味しており，それは近代世界システム「安定」の鍵でもあったが，中国の場合同じ論理が可能であろうか．論点は残されている．もうひとつは日本の二国間主義症候群が限界に近づいているということである．日本はなお東アジアでのシステム変容，その軸をなすアメリカと中国の対抗・競争・共存方式の模索のなかで，そのスタンスを測りかねており，東アジアで新しいシステムが立ち上がりつつあるとすれば，そこでいかなる役割を担うかが問われねばなるまい．この問はアメリカとの「二国間主義症候群」からの脱出をも意味している．

1) I. Wallerstein, *Unthinking Social Science : The Limits of Nineteenth-Century Paradigms,* Polity, 1991（邦訳：本多健吉・高橋章監修『脱＝社会科学：19世紀パラダイムの限界』藤原書店，1993年，p. 387）．
2) 山下範久「リオリエント（解題）」『環』第1号（2000年），pp. 133-134．
3) 山下範久「『リオリエント』論争をもとめて」（川勝平太編『グローバル・ヒスト

リーに向けて』藤原書店，2002，所収）p. 111.
4) 山下，同論文，pp. 112-114 参照.
5) D. Straussfogel, World-Systems Theory in the Context of Systems Theory ; An Overview, in T. D. Hall (ed.), *A World-Systems Reader,* Rowman & Littlefield Publishers, 2000, pp. 173-177.
6) C. Chase-Dunn & Hall, T. D., *Rise and Demise : Comparing World-Systems,* Westview, 1997, pp. 150-186 参照.
7) 浜下武志「東アジア史に見る華夷秩序」『国際交流』第 16 巻第 2 号（1993 年 11 月），p. 35.
8) Ikeda, S., The History of th Capitalist World-System vs. the History of East-Southeast Asia, *Review* Vol. 19, No. 1 (1996), p. 58.
9) 桂島宣弘の「小中華」の表現には「日本型華夷思想」と「日本中華主義」の双方が含まれるように思われるが，本書では主として後者の意味で用い，前者の意味の場合は「小中華（日本型華夷思想）」のように表記する．同「近世（朝鮮王朝後期・徳川日本）における日朝自他認識の転回」（大平祐一・桂島編『「日本型社会」論の射程―「帝国化」する世界の中で―』文理閣，2005 年，所収）参照.
10) Ikeda, *op. cit.,* p. 58.
11) ハウランド，D. R.「中国文明の境界：朝貢システムのジオモラルな文脈」『思想』No. 899.（1999 年 5 月号），p. 47.
12) Ikeda, *op. cit.,* p. 60.
13) 浜下武志『朝貢システムと近代アジア』岩波書店，1997 年，p. 9.
14) 加藤祐三「開国」（『岩波講座　日本通史　16 巻』，岩波書店，1994 年，所収），pp. 96-97.
15) 大石嘉一郎編『日本産業革命の研究（上）―確立期日本資本主義の再生産構造―』東京大学出版会，1975 年，pp. 16-17.
16) 川勝平太「日本の工業化をめぐる外圧とアジア間競争」（浜下武志・川勝平太編『アジア交易圏と日本工業化』藤原書店，2001 年，所収）参照．
17) 石井寛治「アジア貿易圏の形成と再編」（浜下・川勝編，前掲書，所収）p. 266.
18) 石井寛治『日本の産業革命；日清・日露戦争から考える』朝日選書 1997 年，p. 11.
19) 江口圭一『日本帝国主義史研究』青木書店，1998 年，pp. 20-21.
20) 江口，同書，pp. 23-24. なお，ここで「従属 subordination ではない」としている点は井上晴丸・宇佐美誠次郎『危機における日本資本主義の構造』（岩波書店，1951 年）の従属論批判を指している．詳しくは江口圭一『十五年戦争研究史論』校倉書房，2001 年，pp. 19-20.
21) 江口，同書，p. 24.

22) 山之内靖・V. コシュマン・成田龍一編『総力戦と現代化』柏書房，1995 年，p. 12.
23) Arrighi, G. & B. J. Silver, *Chaos and Governance in the Modern World System,* University of Minnesota Press, 1999, p. 266.
24) Arrighi & Silver, *ibid.,* p. 266.
25) C. グラック・和田春樹・姜尚中「戦後の『日米関係』を再考する」『環』第 8 号（2002 年），pp. 99-100.
26) 中野好夫・新崎盛暉『戦後沖縄史』岩波新書，1976 年，p. 8.
27) 山下範久「現代日本とウォーラーステイン」（川北稔編『知の教科書 ウォーラーステイン』講談社選書メチエ，2001 年，所収）p. 187.
28) 中村政則「1950-60 年代の日本；高度経済成長」（『岩波講座 日本通史 20 巻』，岩波書店，1995 年，所収）p. 28.
29) 中村，同論文，p. 3.
30) 中村，同論文，p. 37.
31) 中村，同論文，p. 45.
32) S. Garon and M. Mochizuki, Negotiating Social Contracts, in A. Gordon (ed.), *Postwar Japan as History,* University of California Press, 1993（ガロン，S. & モチズキ，M.「社会契約の交渉」[ゴードン，A. 編『歴史としての戦後日本』下，みすず書房，2001 年] 所収）邦訳：pp. 245-246.
33) 中村，前掲論文，p. 40.
34) 山下，前掲論文，p. 207.
35) 米田康彦「日本資本主義の構造転換と"アジア"」『中央大学社会科学研究所報告書』No. 18（1997 年），pp. 152-153.
36) 鹿野政直「1970-90 年代の日本—経済大国」（『岩波講座 日本通史 21 巻』岩波書店，1995 年，所収）pp. 18-25.
37) 米田，前掲論文，p. 164.
38) Arrighi & Silver, *op. cit.,* pp. 267-268.
39) 山下範久「ポスト冷戦と 9・11 のあいだ」（岩崎稔・上野千鶴子・北田暁大・小森陽一・成田龍一編著『戦後日本スタディーズ③ 80・90 年代』紀伊国屋書店，2008 年，所収）p. 46.
40) Arrighi & Silver, *op. cit.,* pp. 268-269.

8章
フロンティアとしての沖縄

1．フロンティアとボーダー

世界システムとフロンティア　世界システム分析の立場でフロンティア (frontier) の概念を提起したのはチェイス゠ダンとホールである。かれらはつぎのように述べている。「インコーポレーションはフロンティアを創りだし，変容させる。だが，フロンティアという概念は周辺部という概念と同じ理論的問題をかかえている。フロンティアは空間となった社会関係である。関係とその空間表現の関連はプロブレマテックである」と。ここで「インコーポレーション」とは，いうまでもなく，世界システムの中心部がシステム外の世界をそのシステムに周辺部として組み込んでいくことである。その際にフロンティアが産まれるのである。この「空間となった社会関係」をどのようにとらえたらよいのか。かれらはつづける。「『薄膜 (membrane) としてのフロンティア』というR. スラッタ (R. Slatta) のメタファーは世界システムとフロンティアの関係をみる上でのもうひとつの方法を示唆している。すなわち，フロンティアとはインコーポレーションが起こるゾーンだということである。薄膜としてのフロンティアというメタファーはまた空間の問題を強調するのに役立つ。グローバルな視野でみれば，フロンティアは比較的狭く形もくっきりしている。もっと近くでみれば，それは，空間的にも時間的にも，かなりの内部的多様性をもった広いゾーンである。双方のレヴェルで，拡大するシステムのタイプが異なれば境界 (boundary) をなす薄膜のタイプも異なる。それぞれのタイプは薄膜を通してあるいは貫いて流れる透過性 (permiability) のタイプと度合が異な

る」[1]と。フロンティアとは差異をともなった社会関係である，と同時に一定の空間，ゾーンである。このフロンティアはインコーポレーションのタイプによって異なる。だが，何故それは「薄膜」のメタファーを必要とするのであろうか。このメタファーは空間を指すだけでなく，その空間の性質をも含意しているように思う。「透過性」とはこのことに関連していよう。すなわち，「透過性」の強弱，明暗の違いを導くのは既存の社会関係とインコーポレーションの確執であり，フロンティアは既存の社会関係を防御する空間でもあるのである。この既存の社会関係はまたポテンシャリティの源泉であり，豊かさをスピルオーバーする源泉でもある[2]。

フロンティアとボーダー このフロンティアの概念を明確にするため，ボーダー（border）という概念と対比してみよう。A. ギデンス（A. Giddens）はつぎのようにいう。「『フロンティア』とは国家の周辺部にあるエリア（必ずしも他の国家と隣接する必要はない）のことをいい，そこでは中心部の政治的権威は拡散ないしは薄く拡がっている。他方，『ボーダー』とは公認された地理的ラインであり，複数の諸国家を分離したり，結合したりする」と。かれは世界システム分析の立場ではなく，国家論との関連でフロンティアとボーダーの対比をしているのである。しかし，そのフロンティア概念はチェイス゠ダン／ホールのそれと重なりあう。これに対してボーダーはエリアでなくラインである。そしてそれは「わたしの見解では，国民国家の出現時においてのみみいだせる」[3]とかれはいう。したがって，ボーダーとは近代国家の形成にともなって引かれたラインなのである。かれはいう。「近代国家のボーダーは自然の防御上の境界と符合する。しかし，これが戦時における国家の運命にとって重要だとしても，それはボーダーの性質とは関係がない。ボーダーは国家主権を区別するために引かれたラインに他ならない」[4]と。

以上の対比から，フロンティア概念はより明確になったであろう。それは近代以前から存在していた地域が国家あるいは国家間システムによってインコーポレートされるときに生ずる周辺部のゾーンないしエリアである。ボーダーとはそこに国家主権の範囲を示すために引かれたラインである。したがって，フ

ロンティアには上記のような社会関係があり，ポテンシャリティがあるが，ボーダーにはこれらはない。ボーダーはフロンティアを国民国家のなかに抱え込むラインにすぎない。だが，フロンティアはしばしばこのラインを越境する。そうした事態は国民国家の原理が確立していない地域で多くみられる。東アジアもそうした地域である。そこではボーダー概念があいまいなのである。

なお，ここで境界という概念についてひと言ふれておきたい。以上の論述にもこの概念が2回出てきている。ひとつはフロンティアとしての境界，もうひとつはボーダーとしての境界である。したがって，それは両方の意味で使われるのである。だが，以下の論述では主として前者の意味で使われることになろう。

本章の課題　さて，本章の課題は，こうしたフロンティアという視点から沖縄という地域を歴史的に再考してみることである。沖縄の歴史的位置づけ，それを貫く特殊性についてはこれまでも多くの視点が提供されてきた。これらとの対比でいえば，本章は世界システム分析の立場からの沖縄の位置づけ，その特殊性を歴史的に再考するということになろう。その際，以上のフロンティア概念の検討をふまえつつ，以下の3つの点に留意したい。

その第1は，インコーポレーションとの関連である。その際のインコーポレーションは近代世界システムへのそれに限らず，リージョナルなシステムへのそれをも含める。いうまでもなく沖縄は，近代以前には中華帝国に属し，その後薩摩藩との両属関係となり，近代に入って近代世界システムとの接触のなかで日本国のボーダー内に入り，第二次世界大戦後はU.S.C.S.に直接間接にインコーポレートされている。このインコーポレーションのタイプの違いに留意したい。

その第2は，このインコーポレーションと既存の社会関係の確執である。それはチェイス゠ダンとホールのいう「薄膜」のタイプを明らかにすることにつながる。小熊英二は「境界」におけるその確執を政治的言説における「包摂」と「排除」というボーダーの論理で分析しているが[5]，ここではそれらをもう少し広げて「透過性」のタイプと度合に結びつけて分析してみたい。

その第3は，ポテンシャリティと豊かさの析出である。多くの沖縄論がこのことに言及してきたが，その析出には必ずしも成功していない。なぜならばそれは「表現されえないもの」，つまり「包摂」と「排除」という「二者択一の言葉による表現から漏れおちる部分」[6]だからである。ここではその析出にポテンシャリティの防衛というフロンティアの性質という視点から照明をあててみたい。

2．パックス・シニカと沖縄

パックス・シニカとは何か　すでにふれたように，近代以前の沖縄は中華帝国に属していた。この帝国を中心とした広域地域秩序下での平穏のことを浜下武志はパックス・シニカ (Pax Sinica) と呼ぶ。前章でみたように，浜下によれば，中華帝国は地域内での上下の位階秩序と他地域との関係での位階秩序とを総合した全体的な位階秩序である[7]。そこでの対外関係は華夷観を理念とした朝貢-冊封関係である。すなわち，華はその恩恵を受ける夷に対して冊封使を派遣して国王を認知し，逆に夷は朝貢使を派遣してこれに謝するが，この関係が位階秩序をなしているのである[8]。それは理念的には強固な構造である。だが，何故東アジアにこのような対外的位階秩序が形成され，維持されてきたのであろうか。その理由として浜下は，朝貢-冊封関係が中心としての華と周辺としての夷の「交渉-共存方式」であること，天の観念がそのことを許容する包括的観念であることを強調する。ここで2つの点に留意しておく必要があろう。そのひとつは，華にとっての夷は他者ではなく，自らの影響下にあるもの，自らの恩恵を受ける対象だということである。つまり，夷の地域は華がインコーポレートしたフロンティアなのである。だから，そこでは華夷間の確執があり得る。だが，この確執は夷が華の位階秩序を受け入れることによって「平穏」化される。その「受け入れ」は相互の書簡様式によって形式的に確認されるにすぎない。そこでは「薄膜」の透過性は高く，明らかである。こうした華と夷の「平穏」な「交渉-共存方式」がもうひとつの点である。

パックス・シニカと古琉球　さて，沖縄がこの地域世界システムにインコーポレートされたのは14世紀後半である。この時期の沖縄は古琉球の時代と呼ばれているが，この時代が始まったのは13世紀頃からである。それ以前の時期については省略したいと思うが，ひとつだけ，すでに10世紀頃から「中国を中心とする交易圏，つまり東アジア交易圏が形成され」，琉球列島もこのなかに含まれていたことを指摘しておきたい[9]。この基礎のうえにパックス・シニカが形成されたからである。

　古琉球の時代は琉球に国家が形成され，パックス・シニカの下で大交易時代を現出した時期である。まず，その出発点をなしたのが沖縄本島における中山，山南，山北という3つの小国家の形成である。14世紀後半にはこれら「三山」のうち，中山が最も強大な勢力であったという。この頃の東アジアでは中国と朝鮮半島を支配していたモンゴル勢力が衰退に向かい，不安定な状況にあった。この「ゆらぎ」のなかで1368年中国において漢民族による明王朝が成立し，中華帝国が再編成されることとなる。すなわち，明王朝は周辺諸国に入貢をうながすと同時に，倭寇を排除するため朝貢貿易と海禁という基本政策で臨んだのである。この基本政策は私的貿易を禁止するという政策であったから，周辺諸国が中国と交易をするためには入貢して朝貢貿易をする以外にはなかった。高麗は直ちに入貢したが，日本は倭寇問題をはさんで対立状態にあった。そうしたなかで1372年，「中山王察度，弟泰期等を遣わし，表を奉じ方物を貢」じたのである[10]。こうして中山は中華帝国にインコーポレートされ，そのフロンティアとなったのである。その後山南も1380年に，山北も1383年に入貢し，三山は頻繁に明遣使を派遣することになる。

　15世紀に入って琉球では統一王朝への動きが急速に進んだ。1406年佐敷按司尚巴志が中山王武寧を倒し，父思紹を新たな中山王とし，1416年には山北を，1429年には山南を滅ぼし，統一王朝である「第一尚氏王朝」を樹立する。この間の1421年に思紹は亡くなっているので，この王朝の初代は尚巴志である。だが，この王朝も6代つづいた後，1470年に「第二尚氏王朝」に取って代わられる。この王朝は17世紀半ばまでつづくことになる。

統一王朝と大交易時代　ところで，こうした統一王朝の成立は大交易時代の現出にとって重要な意味を持った。高良倉吉はつぎのように述べている。「国家主体の中継貿易という特徴を持つ琉球の対外交易は，相手国との友好関係を維持し，その保障を期待して取引をおこなうものであったから，そこには一種の外交戦略ともいうべきものが存在した。その際の最大のキメ手は中国との外交関係（朝貢関係）であり，その関係を前提として諸外国との外交関係（朝貢国際関係）もまた成立した。したがって，琉球の対外交易は，平和的・友好的な関係を前提とするものであり，『歴代宝案』所収の文書で琉球国王が述べたように，友好方式こそが，土産の少ない小国のとるべき唯一の道であった」（傍点原文）[11]と。ここで3つの点を補足しておきたい。その第1は，琉球は中国との進貢貿易に極めて熱心であったことである。その進貢回数は他の入貢国に比して群を抜いている。それはまさに中国を「輔車」（万国津梁の鐘文）とし，海禁政策の下で中国商人に代わって貿易にたずさわるという戦略のあらわれであろう。その第2は，こうした戦略による交易は東アジアから東南アジアに広がったことである。倭寇に悩まされながらも朝鮮，日本と往来し，かれらに代わって東南アジアと交易をし，それらの珍品を中国に進貢する，という関係が「時とところをえて」（コンテンジェント）与えられたのである。大交易時代はこうした一定の条件の組合せの下で現出しえたのである。その第3は，高良のいう「平和的・友好的な関係」についてである。高良はこれを「土産の少ない小国のとるべき唯一の道」，つまり「小国」の戦略としているが，世界システム分析の視点からすれば，それはパックス・シニカにみあったフロンティアのあり方とみることができる。つまり，華と夷の位階秩序を前提とする「交渉－共存方式」のもとで，夷のとるべき「道」とみることができるのである。それは沖縄の文化に大きな影響を与えたと思われるが，その逆ではあるまい。沖縄の非武の思想を文化の固有性に求めるのは限界があるように思う。

両属関係と近世琉球　さて，16世紀の中頃になると東アジアは再び不安定化した。その原因は明王朝勢力の弱体化である。これに乗じて織・豊政権下で「天下」を統一した日本は朝鮮に出兵し，冊封体制に対抗しようとした。こ

の倭乱は 1598 年の秀吉の死によって終結する。だが，それから約 10 年後の 1609 年，今度は薩摩の島津藩が同じく冊封体制下にあった琉球に出兵し，これを支配下においたのである。高良はこの 2 つの事件を以下のように位置づけている。すなわち，「16 世紀末〜17 世紀初頭の東アジア世界に両事件を置き戻した時，2 つの事件は，東アジア国際社会の再編を目指す日本封建国家による対外侵略戦争であったという点で，その基本的性格を共有していたのである」[12] と。世界システム分析の視点からいえば，これはパックス・シニカに対する旧朝貢国の対抗である。だが，このことによってフロンティアとしての琉球の性格は一変してしまった。すなわち，日支両属という新しい帰属関係が成立することになったのである。

この両属関係とは「琉球は対外的には独立の王国としての体制をたもったまま，実際には薩摩藩・徳川幕府の強力な規制をうける傀儡国家」[13] の状態とされる。いったい何故このような状態がもたらされたのか。金城正篤はこれを薩摩・琉球両支配階級の合意によるものとしている。すなわち，薩摩は「琉球からの年貢収奪と中国貿易の利益独占とが……予定通り確保できる限りにおいて，王府に『自治』を許した。……（他方）中国との朝貢・冊封関係をこれまで通り維持し，交易をつづける点において，王府支配者の本意も，薩摩支配者と同じであった」[14] と。この「合意」については論者によるニュアンスの違いがある。だが，いずれにせよ，これはフロンティアの変質である。それは中華帝国による儀礼的支配と薩摩による強権的支配の共存する「薄膜」のタイプである。両者の確執は薩摩・琉球両支配階級の「合意」によって回避されたのである。そのことによる重荷を担わされたのが琉球の一般民衆だったことはいうまでもない。琉球のポテンシャリティは押さえ込まれたかにみえた。

清朝・鎖国時代の琉球　1644 年満州族による清朝は北京に入り，明に代わって清王朝が成立した。しかし台湾を最後に戦乱が終結したのは 1683 年のことであった。他方，この時期すでに日本は鎖国時代に入っていた。中華帝国は再び不安定化したのである。だが，この「ゆらぎ」のなかでも，琉球の両属関係は基本的に維持されたといえよう。まず，清王朝との関係については，朝

貢 - 册封関係の再建が順調であったこと,そしてそれ以後の関係も長期にわたって安定していたことが特徴とされている。つまり,両国の間に何の武力対立もなかったということである。これは朝鮮,安南,ビルマといった朝貢国,属国と異なる点であった[15]。つぎに,大和(日本)との関係については,「経済や文化の面における琉球と大和(日本)との一体化＝同一化は,薩摩の琉球征服以後の近世期全体を通じて,着実に促進され,琉球と大和(日本)との民族的統一の必要条件は着実に形成される」と同時に,「他方では,この近世期においてこそ,琉球の自己意識はより一層強化されるという側面が存在することも事実」[16]とされている。このようにみてくると,両属関係とはいえ比重は明らかに大和(日本)にかかってきているのがわかる。いいかえれば,フロンティアとしての「薄膜」を透過する力は大和のそれの方が強くなってきたのである。先に両属関係が「基本的に」維持されたといったのは,こうした変化を含意していたからである。そのうえで見逃してならないのは,こうした変化が「琉球の自己意識」との密かな確執を内包していたことである。1859 年の牧志・恩河事件がその発露とされているが,それについてふれる余裕はない[17]。

3. 不確実性への対応――琉球処分から太平洋戦争まで

パックス・シニカの終焉　　1685 年,清朝は朝貢国以外とも貿易を開いた。これを契機にかねてより機会を狙っていたイギリスは積極的に中国との貿易にのりだし,18 世紀半ばにはこれをほぼ独占するに至った。19 世紀初めにはイギリスの中国への輸出の主力はアヘンとなり,これを禁止しようとする清朝との間に 1840 年アヘン戦争が起こった。この頃にはフランス,アメリカ,そして北からはロシアがつぎつぎと中国に介入し,中国は近代世界システムのインコーポレーションの波にのみこまれた。この波は中国の一部あるいはその属国を奪い,パックス・シニカは大きく「ゆらぐ」ことになった。従来の通説はこれをもってパックス・シニカの終焉としてきたが,浜下はこれを批判してつぎのようにいう。「東アジアの歴史的な国際関係を律する原理が,朝貢関係とし

て千数百年間にわたって存続しつづけたことに鑑みるならば，その終焉はアヘン戦争という地方的一事件によって急激にもたらされたとは考えにくい。……朝貢体制の変化はむしろその内部から起こっていると考えられる」[18]と。すなわち，朝貢国あるいは互市国の側が，自ら中華として中国に対抗し始めたこと，朝貢貿易の利益が減少し，有名無実化したこと，旧朝貢国側が，ヨーロッパの原理や手段を導入し，中国との対抗を開始したこと，などがその内実であり，その結果，中国が朝貢関係と華夷秩序観を放棄したのは20世紀初頭である，というのである。中華帝国の分岐点はこの時点に置かれる。

欧米列強と琉球　19世紀中頃，東アジアに交易圏を拡大しようとする欧米列強の艦隊・船舶は，通商，布教，軍事の拠点を求めて琉球周辺に頻出するようになる。すなわち，1844年のフランス軍艦アルメーヌ号の漂来以後1854年までに30艘近い艦船が琉球に来航したが，そのなかで重要な意味を持ったのはアルメーヌ号による宣教師フォルカードの残置，1846年イギリス軍艦で来琉した宣教師ベッテルハイムの派遣，そして1853年のアメリカ・ペリー艦隊の派遣である[19]。そのうえで，本章の視点から興味深いのはこれら欧米列強との交渉のなかで示された「領有問題」をめぐる琉球王府，薩摩藩・幕府そして明治政府の態度である。それらは琉球が緊迫した情勢のなかで両属関係から日本国の「内国」へと移行していく動向を示している。変質したフロンティアからボーダー内への動きである。1840年代までは琉球王府は「外圧」にともなう問題の解決を清朝に依頼している。しかしながら，「1860-70年代以降，こうした外交システムの効力は急激に低下する。」[20]他方，同時に琉球王府はその都度薩摩藩・江戸幕府に伺いをたてている。しかし，両属関係を容認しているかれらの態度は「琉球は属国」としながらも煮え切らないものであった。欧米列強はこのジレンマをついて琉球領有をも含む要求を突きつけてきたのである。こうして「幕末維新期には琉球の領有問題をめぐって従来の『両属』体制を否定する動きが強まり，さらに領土画定が焦眉の急となった1870年代に入ると，明治政府はそれまで『異国』として扱ってきた琉球を『内国』化する政策を強行していった。」[21] ここから琉球処分まではあと一歩である。

琉球処分　ところで，パックス・シニカにおいて日本はどのように位置づけられていたか。前章で引用したように，この点についてハウランドは，中華帝国・清の「天下」の下に存在していながら，日本は「鎖国」政策で清の朝廷に出向かなかったので，「ほとんどの中国人にとって，日本は200年以上もの間，近寄りがたい沈黙の国でありつづけたのである」[22]と。日本はそこにあった。だが，パックス・シニカの外にあったのである。だが，こうした関係はいまや否定される局面に入った。接触は日本側から始まった。1870年，明治政府は清朝に使節を送り，共同修好通商条約の締結を公式に要請した。このことは清朝内での論争を引き起こしたが，同年「日本に条約を授けるという決定」がなされ，翌年日清修好条規が批准された[23]。これはパックス・シニカの終焉に向けての重要な一歩であり，中華帝国の分岐点に向けての大きな「ゆらぎ」であった。

同年，明治政府は琉球の処遇を日程にのぼせ始めた。この問題は年末の宮古島民の台湾遭難事件を契機にクローズアップされ，翌1872年には「尚泰を『琉球藩王ト為シ，叙シテ華族ニ列ス』る旨を宣告し，ついで琉球が外国と結んだ条約および今後の交際事務を外務省の管轄に移した。」[24] ついで1875年，明治政府は「琉球藩処分」に着手し，清朝との朝貢-冊封関係を禁止し，日本の年号を使うことなどを琉球藩に迫り，そして1879年に軍事力をバックに「琉球藩を廃止，沖縄県を設置する旨（3月11日付）を布達し，同31日限り首里城の明け渡しを命じ，これを接収した」[25] のである。こうした一連の明治政府の措置に対して清朝は「両国の『所属邦土』を侵略しない旨を明記した日清修好条規に反する行為」であると非難し，「琉球の『国体・政体』のすべてを旧例にひきもど」すことを求め，これは両国の「分島・改約」交渉へと展開した。しかしこの合意案は清朝の調印拒否で流産し，事態に変化はなかった[26]。

以上から明らかなように，琉球処分とは琉球が日本国の「内国」に，つまりそのボーダーのなかに編入された事件なのである。琉球というフロンティアはここで潰えた。そして，ここで留意しておきたいことは，この事件がパックス・シニカの終焉と密接に連関していたことであり，したがってまた，中華帝

国が分岐点に向かう大きな「ゆらぎ」のなかで起こり得た事件だったということである。

周辺化と同化教育　日本国のボーダーのなかに編入された沖縄は貧しかった。「第1の物産」である砂糖生産も寄留商人の支配下にあり，農村は疲弊していた。沖縄は編入されると同時に，日本国の周辺部に位置づけられることになった。また，この編入は沖縄の人びとを「天子の赤子」たらしめることを要請していた。したがって，「発足早々の沖縄県庁の焦眉の急務は，教育と勧業とであった。」[27]

まず，前者の同化教育については，小熊は①「旧慣維持と忠誠心育成」，②「『文明化』と『日本化』」，③「歴史観の改造」の3点を特徴として挙げている。すなわち，①は士族層を中心とする離反を回避しつつ「教育においては徹底した『日本人』化」を進めることであり，②は「このような忠誠心教育と並行して」，それを妨げない限りで近代化を進めることであり，そして③は「沖縄人が歴史的・民族的に『日本人』であるという認識」の注入である。こうした同化教育は「沖縄は我南門」（山県有朋）という「国防上の理由」からも急速に進められた。しかしながら，その政策は明治政府・沖縄県庁の思惑通りスムーズに進んだわけではない。親清派士族層を極に，一般の住民にも「上から」の「大和化」に対する反発があり，就学率が向上したのも1895年の日清戦争後のことであった[28]。そして，その後もこうした反発・齟齬・違和感を内包しつつ同化が貫かれていくのである。それは「包摂」と「排除」のメカニズムであり，そこでの日本国の「透過力」は強力である。しかしその力によっても「包摂」しきれない反発・齟齬・違和感が残るのである。その拠りどころとなるものこそがフロンティアの残滓と記憶である。そこに人びとはフロンティアのポテンシャリティや豊かさをみようとする。それが小熊のいう「歴史的ナショナリズムの創造」，すなわち「沖縄人を『琉球民族』という独自の民族」とする伊波普猷の主張にもつながっていくことはいうまでもない[29]。

後者の勧業については，1899年の沖縄県農工銀行設立，1903年の土地整理，1906年の沖縄県臨時糖業改良事務局設置，1910年の沖縄製糖株式会社設立な

どが重要であろう。すなわち，銀行の設立は農民への資金供給，殖産興業の推進をめざした勧業の最初の布石であり，土地整理は近代的私有制への移行であり，製糖業の展開は工業化の出発であったからである。とくに 1914 年からの「第一次世界大戦の勃発で，砂糖はいきなり経済界の寵児となって，国債流通に乗り，価格もはねあがった。」[30] 砂糖景気である。だがそれは終戦までの夢であった。パニックが訪れたのである。こうして勧業の施策は展開されたが，それは沖縄の貧しさ，周辺部としての位置を変えるものではなかった。こうした貧しさのなかから多くの移民が南北アメリカ，東南アジアに広がり，1920 年代には蘇鉄地獄と呼ばれる悲惨な経済状態をも経験することになったのである。こうした事態を打開するべく政府の沖縄県振興 15 年計画が滑べりだしたのは 1932 年からのことである。

　南進政策と沖縄　すでにふれたように沖縄は日本国に編入されると同時に「我南門」，つまりボーダー上の国防拠点とみなされた。このような位置づけはその後の「長期的シナリオ」を持たない「大日本帝国」化のなかでも変わらなかったものと思われる。なぜならば，その背景には東アジアの不確実な構造があり，日本はこの構造にコンテンジェントに対応していくためにボーダー上の拠点を絶えず点検する必要があったからである。そうした位置づけに「飛躍」をもたらしたのが日本政府の南進政策である。それは「『東亜の富を，戦争完遂に役立てるため』当然のものとして，日本から人を送って自由に開発，取得しようという」[31] 政策であったが，沖縄はこの政策の「第 1 戦士」とされたのである。大田昌秀によると，沖縄にはこの政策に即応できる心理的条件があったという。すなわち，それは琉球時代の東南アジアへの雄飛の記憶であり，近代以降の東南アジアへの移民の実績であったのである。ここではフロンティアの記憶は近代国家の膨張策に利用されている。ともあれ，沖縄はこの南進政策に大きく貢献した。

　だが時局は暗転する。日本軍の相次ぐ敗退は沖縄をまさしくボーダー上の戦闘最前線とすることになったのである。この沖縄戦が日本領土唯一の戦争として軍民あわせて約 20 万人の命を奪って終結したことは記憶に新しい。

4．U.S.C.S. へのインコーポレート

アメリカ軍統治下の沖縄　「1945年8月，大日本帝国は無条件降伏し，戦争は終わった。樺太，台湾，朝鮮は日本の領土からきりはなされ，その地に住んでいた非日系『日本人』は，『日本人』ではなくなった。しかし，戦後も『日本人』の境界に位置した人びとが存在した。在日韓国・朝鮮人，アイヌ，そして沖縄である。」[32]　沖縄は以後27年間「境界領域に置かれつづけた。」[33]　では，ここでの「境界」の意味は何か。小熊のいう「境」とは boundary である。だが，本章では1節において「フロンティアとしての境界」と「ボーダーとしての境界」を区別し，以下それに基づいて分析してきた。この区分にしたがうとアメリカ軍統治下の沖縄はいずれが該当するのか。あるいはいずれでもないのか。

1946年1月マッカーサーは覚書を公布し，沖縄は「政治上行政上日本から分離」された。したがって，沖縄は日本国外の存在となった。こうした判断の背景には沖縄人は日本人とは異なるというアメリカの認識があったとされており[34]，それは「フロンティアとしての沖縄」の容認のようにもみえる。だが，現実にはそれは沖縄を日本から「分離」する根拠に利用されたにすぎなかった。ではアメリカは沖縄をどうしようとしたのか。これをめぐってアメリカ領土論，アメリカの信託統治論が錯綜したが[35]，それぞれ難点をかかえたまま時間は推移していった。そこにアメリカ軍の危惧していた東アジアの大きな「ゆらぎ」が起こった。いうまでもなく1949年の中国革命である。これによってアメリカ軍の「恒久的な軍事基地建設」が始まり，アメリカ軍による「暫定的」占領状態は継続されることになったのである。このようにみてくると，先の「境界」の意味はボーダーのもつ軍事的ラインに特殊化されたボーダーということができるのではあるまいか。したがって，そこでは「フロンティアとしての沖縄」はもとより，日本国のボーダーも否定され，沖縄の人びととアメリカ軍統治との確執が展開されることになるのである。

島ぐるみ闘争　「アメリカによる沖縄統治の実態は，かれらの日本による統治への批判とは裏腹に，沖縄の人びとに日本復帰を指向させるほど過酷なものだった。」[36] この「過酷な」「実態」およびそれに基づく確執について詳しくふれる余裕はない。だがただひとつ，1956年の島ぐるみ闘争についてだけふれておきたい。なぜならば，そこにはアメリカ軍，日本政府，沖縄の確執を通じて，沖縄という「薄膜」のこの時期の複雑な性質がみてとれるからである。この闘争は「1956年6月に公表されたアメリカ下院軍事委員会特別分科委員会報告（いわゆるプライス勧告）を契機にして起こった，沖縄における超党派闘争である。」[37] すなわち，驚くほど安い接収地の賃貸料，放置された損害賠償，新規接収への不安に対して，沖縄側はこの委員会による改善を期待していた。にもかかわらず，勧告は軍事的理由から実質的な買い上げである一括払いを勧めるものであった。これに激昂して沖縄中が超党派で，「島ぐるみ」で立ち上がったのである。この確執のなかにわれわれは3つの側面をみることができる。その第1は，アメリカ軍統治に対する沖縄の闘争という側面である。「これは過去10年の米軍支配に対する『島ぐるみ』の総反撃であった。」[38] その第2は，「復帰思想に支えられた日本復帰運動としての側面を持っていた」[39] ことである。それ故日本政府は支援要請を受けた。アメリカを刺激することを恐れた日本政府は困惑し，「静観」した。そして第3は，「まだ沖縄を一個の『民族』と形容する意識が残っていたことがうかがえる」[40] ことである。フロンティアとしての記憶は残存していたのである。このようにみてくると，この時期の沖縄は軍事的ボーダーの強い「透過性」の下にあり，島ぐるみ闘争はそれへの反発であり，その一端はフロンティアの記憶に支えられていたということができる。

　この闘争はアメリカ軍の強硬な姿勢，日本政府の「静観」，超党派の分裂によって終止符を打った。だが，その潮流はその後の復帰運動へとつながっていくことになる。

復帰ナショナリズム　1950年代末から沖縄では日本復帰への動きが再び進み始め，1960年には沖縄県祖国復帰協議会（復帰協）が結成された。それは

「島ぐるみの超党派的な復帰運動を担うべき組織であることをめざ」[41]すものであった。しかしながら，1959年に結成された沖縄自民党はこれに参加しなかった。このことはこの時すでに復帰への2つの動きが存在していたことを意味する。復帰協の目的はすでにふれた通りであるが，沖縄自民党これを「反米的」として拒否し，「『積み重ね方式』によって『祖国との実質的一体化』路線を追求しよう」[42]としたのである。だが，この2つの動きは対立しつつも，ときには重なりあうものであった。なぜならば，その根底にあるのは「日本とアメリカという他者のはざまにおける沖縄のアイデンティティのゆらぎであり，これまで『一世紀』にわたって行われてきた『日本人』としての権利獲得の努力を継続するか否かをめぐるゆらぎであった」[43]からである。この両者をあわせて復帰ナショナリズムと呼んでおきたい。いうまでもなく，そこではフロンティアの記憶はかすれている。その記憶はのちに自立論・反復帰論としてくりかえし登場してくることになる。

ところで，こうした復帰ナショナリズム内の対立と重なりをもたらした条件は何であろうか。そのひとつは本土の「繁栄」である。パックス・アメリカーナの下で「1960年体制」（中村政則）を謳歌する本土に対するプラグマティックな関心は両者に共通していた。だが，このパックス・アメリカーナは沖縄にはあてはまらなかった。緊張をはらんだアジア・太平洋地域のキー・ストーンとしての沖縄は，60年代後半にはヴェトナム戦争の前線基地であったからである。両者の対立の基本はここにあった。そして，この2つの条件をすりあわせたところに「72年・核ぬき・本土なみ」返還の意味があったのである。それは米日両政府の戦略転換であったが，復帰ナショナリズムはここに吸収されていったのである。かくして沖縄はアメリカ軍の軍事的ボーダーを残しながら，日本国のボーダー内に移管されることになったのである。

U.S.C.S.と沖縄の位置　すでに前章で述べたように，アリギたちはU.S.C.S.をかつての中華帝国との比較でみている。すなわち，それは「アメリカ中心の朝貢‐貿易システム」であるが，より「軍事的」であり，中華帝国とは異なる「帝国‐属国間の機能的特殊化をも育成」している，と。この機能的特

殊化としての「軍事的」機能を分担している最たるものが日本であり，そのことと裏合わせのパックス・アメリカーナの下で「1960年体制」をつくることができたのである。この両者の分業・同盟関係は「アメリッポン」(ブレジンスキー) とか「ジャパメリカ」(加藤哲郎) とか呼ばれており，加藤はそれを「資本主義世界システム最頂点における，矛盾をはらんだ同盟関係」[44]と特徴づけている。そこでは「属国」たる日本は同時にU.S.C.S.の中枢部の一部でもある。そして沖縄はこの中枢部の軍事的最前線にあり，周辺部との境界という特殊な位置に編入されたのである。いいかえれば，この沖縄の位置はアメリカと日本との分業・同盟関係を見事に表現している。先に述べた「アメリカ軍の軍事的ボーダーを残しながら日本国のボーダー内に移管されることになった」という事態がそれである。

「本土化」と「自立」　日本復帰後の沖縄は，東アジアの「ゆらぎ」のなかで，軍事面を除いては基本的に「本土化」に向かっていた。ここで念頭においているのは復帰後から冷戦終結時までであるが，東アジアの「ゆらぎ」とは主としてNIES，それにつづく中国の経済発展によって主導され，そのことはU.S.C.S.におけるアメリカン・ヘゲモニーの後退，日本「企業社会」によるその補完と密接に関連していた。では，この「本土化」とは何であり，それは「ゆらぎ」といかに関連していたか。まず，「本土化」とは正確には本土の周辺部化であったことを指摘しておきたい。それは3つの側面からみることができる。第1に経済面においては，基地依存経済から公共投資依存経済へと転換した。「これによって，たしかに道路，港湾，空港，学校その他の公共施設や農業を始めとする産業基盤の整備はかなり進み，商業サービス業も発展し，県民所得も向上した。だがそれにもかかわらず，依然として本土との格差は是正されず，経済的自立が達成されないまま推移している」[45]のである。また「ゆらぎ」との関連についていえば，「地域特性を生かした国際交流の場の形成」(第二次沖縄振興開発計画) への期待にもかかわらず，実績ははかばかしくなかった。第2に政治面においては，諸政党および主要圧力団体が本土に系列化され，行政的には自治体が中央行政の下に組み込まれ，新たに沖縄開発庁が設置され

た。これらによって先の公共投資が推進されたのである。だがそれにもかかわらず、住宅問題、交通問題、老人福祉問題、医療保険問題、離島問題等の地域問題が山積しているのである[46]。そして第3に社会面においては、遅ればせながら大衆消費社会へと突入した。しかしながら、消費水準は1975年までは全国水準との縮小傾向であったが、その後は再び拡大傾向にあり、周辺性を拭い切れなかった[47]。

　以上のような「本土化」にもかかわらず、軍事面では依然として本土と著しく異なっていた。すなわち、全国のアメリカ軍基地の75％をかかえ、またこれに関連する被害・犯罪も続出したのである。こうした基地の存続が日本政府のサポートによって成り立ち、また比重は低下したとはいえ沖縄経済のひとつの柱となっていたことはいうまでもない。

　こうした「本土化」のなかで、フロンティアの記憶はどうであったか。すでにふれたようにそれは自立論・反復帰論として繰り返し登場してくるのである。そのなかで新川明の反復帰論は、復帰以前に復帰ナショナリズムに抗する形で提起されている。その「『反復帰』は、たんなる復帰反対論というより、沖縄の『異族』性をもって国民国家の論理そのものに対抗しようというものであった。」[48] この「異族」という表現にフロンティアの豊かさとの通底をみいだすことは難しいことではあるまい。この反復帰論は復帰後も論争の一角を形成していくことになるが、これとならんで「本土化」への失望と絡みつつ分離・独立論・自立論が展開し、復帰10年頃にひとつの頂点に達する。沖縄自立構想研究会の機関誌『沖縄自立情報』創刊準備号はいう。「もうまもなく沖縄が日本に復帰して満10年になる。……10年たっても沖縄が変わらなかったことだけは確かな現実であろう。変わったとすれば沖縄社会の深部からその独自性を発掘し自立を求める人々の運動や主張がこの現実に立ちむかい始めたことだ。その点では10年は1つの節目だといってよい。」フロンティアの記憶は絶えず呼び覚まされつづけているのである。

5．ポスト冷戦時代の役割——世界システムの「ゆらぎ」と沖縄

世界システムの「ゆらぎ」と東アジア　冷戦終結の「ゆらぎ」は東アジアにも大きな波紋を引き起こした。その第1はアメリカ軍の戦略再編である。U.S.C.S. 自体の基本的変容はないものの，その運用の仕方に変化がみられたのである。すなわち，中東までをカバーする10万人体制を維持しつつも，そのサポート体制強化を東アジアの同盟諸国，とりわけ日本に求めるようになったのである。それは機能的特殊化の強化でもある。このことはすでにヴェトナム戦争で限界に達していた旧戦略からの転換ともいえよう。その第2は中国を初めとする社会主義体制の変容である。すでにふれたように北朝鮮を除く中国，ヴェトナムの社会主義諸国は著しい経済発展を遂げつつ，U.S.C.S. と経済的交流を深めている。だが他面，これらの諸国は政治軍事的には朝鮮半島，台湾海峡，南沙諸島でこのシステムと対立しつづけているのである。この経済面と政治軍事面との均衡はかなり微妙である。そして第3は日本がこの「微妙な均衡」のなかで自らのスタンスを測りかねていることである。もちろんそれがU.S.C.S. の中枢部の一部であることには変わりはない。だが，その位置にありながら東アジアにおけるアメリカと中国の対立・競争・共存の「微妙な均衡」に大きく左右されかねないのである。その意味では日本は著しく不安定である。「ゆらぎ」はなおつづき，その処理はなされていない。こうした「ゆらぎ」のなかで沖縄にはどのような動きがみられたであろうか。

1990年代の沖縄　まず，この時期の主要な動きを列挙すれば以下のようになる。1990年「大田氏12年ぶりに革新県政を奪還」，1991年「沖縄のアメリカ軍基地が湾岸戦争に連動」，1992年「『地域特性を生かした特色ある産業の振興』をうたう第三次沖縄振興計画の決定」，1993年「復帰20年をふまえた『琉球王国』ブーム，1995年「米兵暴行事件が発生，8万余の県民総決起大会開催」，「SACO（沖縄に関する日米特別行動委員会）設立」，1996年「県，基地返還アクションプログラム作成」「日米首脳会談，普天間移設を発表」，1997

年「県，国際都市形成基本計画を提案」「海上ヘリポート基地をめぐり日本政府・名護市政と大田県政・名護市民が対立」，1998年「軍民共用空港を公約した稲嶺氏が県知事に当選」，1999年「2000年沖縄サミット決定」「普天間基地を名護市に移転を正式発表」，2000年「沖縄サミット開催」「那覇市32年ぶりに保守市政に」等々。

　これらの動きは3つに整理できよう。まず第1は先に述べたアメリカ軍の戦略再編の影響である。湾岸戦争において沖縄のアメリカ軍基地が出撃・補給・中継基地となり，この経験をふまえた普天間基地の名護市移転は戦略体制の整備・強化を意味していた。変容したとはいえ沖縄は依然としてU.S.C.S.の軍事的拠点だったのである。その第2は「基地の大半を沖縄にゆだねて公共投資支出でバランスをとる」という日本政府の沖縄に対する姿勢に変化がなかったことである。三次振計の「特色ある産業の振興」「国際交流拠点」も具体化しなかったし，「基地返還アクションプログラム」，これとセットの「国際都市形成基本計画」も腰砕けとなった。宮本憲一は「沖縄経済の国際化をはばんでいるのは，米軍と自衛隊の壮大な基地である。」[49]と述べているが，その通りである。その第3はこうした条件のなかで，名護を初めとする一定の沖縄市民が反基地を明確に意思表示していることである。とりわけ1995年の米兵暴行事件に抗議する「県民総決起集会」はフロンティア性の健在を示すものであった。いうまでもなくそれは自立論・反復帰論と連動している。そして「琉球王国」の記憶はこの雰囲気を支えた。こうしたなかで開催された2000年の沖縄サミットはこれら3つの動きを「統合」しようとする手の込んだセレモニーであった。新崎盛暉はこれをつぎのように総括する。それは「まず振興策を前面に押し出して，(普天間基地の)県内移設容認の社会的雰囲気をつくり，反基地闘争の出鼻をくじこうと」する「決定打」であった[50]，と。

2000年代の沖縄　つぎにサミット後の主要な動きを列挙してみよう。2001年「アメリカ本土で同時多発テロ」，2002年「沖縄振興計画素案決定」，2003年「有事関連三法成立」，「ラムズフェルド米国防長官来沖」，2004年「施設局，辺野古沖ボーリング調査着手」，「沖縄国際大学へ海兵隊ヘリ墜落」，

2005年「施設局,金武町に都市型戦闘訓練施設を建設」,2006年「日米安全保障協議委員会(2+2),在日米軍再編の最終報告に合意」,2007年「米軍基地再編交付金制度発足」,2009年「在沖海兵隊グアム移転協定成立」,「与党3党(民主・社民・国民新)が沖縄の負担軽減,日米地位協定改定,米軍再編・在日米軍基地見直しで政策合意」,2010年「沖縄県民大会9万人,普天間『県外へ』決議」等々。

これらの動きは基本的には90年代の延長にあるが,同時にいくつかの変化を示している。第1にアメリカ軍の戦略再編は2001年9月の「同時多発テロ」でより先鋭化した。すなわち,QDR(Quadrennial Defense Review:「4年ごとに防衛力見直し」)2001から「対テロ戦争に大きな比重を与えた」QDR2006へと再編されたのである[51]。日本での有事関連立法やラムズフェルドの来沖はこれに連動しており,沖国大に墜落したヘリも「イラクへの搬送を急」ぐ「ぶっ通しの整備作業の過程で起こしたミスが原因」と報告されている[52]。沖縄はしっかりとアメリカ軍の戦略再編に組み込まれている。第2に上述の「日本政府の沖縄に対する姿勢」も継続された。そのことにも支えられてか,情報通信産業は予想以上の伸びを示し,また観光産業も量的に成長している[53]。ただし「沖縄振興計画」自体は「民間主導の自立型経済の構築」を目的として,政府の補助率を引き下げつつある。第3に沖縄市民の動きは2009年8月の米軍再編や基地問題の見直しに関する「与党3党の政策合意」,これを受けた日本政府の姿勢の変化を契機に高揚の兆しをみせている。しかしこれには2つの前提があった。ひとつはイラク戦争,アフガニスタン戦争と連動したアメリカ軍兵士による犯罪の増発であり,もうひとつはボーリング調査に対する辺野古住民の海上での身を張った抵抗,金武町や泡瀬干潟での基地建設,環境破壊に対する粘り強い住民運動である。2010年4月26日の9万人集会はこうした状況下でのフロンティア性の発露である。

太平洋共存システムと沖縄 これからの展望はどうなるであろうか。まず執筆時点(2010年5月末)から直近の展望については,ひとつの「ゆらぎ」が始まる可能性があるように思う。その根拠は2つ,ひとつは前述した「与党3

党の政策合意」を鳩山政権が実行に移そうとして「迷走」し,「9万人集会」を背景にした沖縄県内および徳之島諸自治体の「普天間移設拒否」に直面したあげくこれを断念したこと，もうひとつは従来「基地の見返り」の役割を果たしてきた「沖縄振興計画の継続は困難であり，かりに継続するとしても金額は大幅に減少する」[54]ことである。これらの打開策は不透明である。そのうえで視点を再びシステム・レヴェルに引き戻してみるならば，まず，U.S.C.S.のメッセージは当分変わらないであろう。しかし，そこに2つの「ゆらぎ」があらわれている。ひとつは中国を中心とする東アジア「帝国」への動きがアメリカ「帝国」との競合・対立という「ゆらぎ」を産み出しつつあり，先に述べたように日本がこの「ゆらぎ」のなかで自らのスタンスを測りかねる事態が始まっていることである。もうひとつはすでに述べた1990年代からの続発している沖縄市民におけるフロンティア性の発露であり，これはアメリカ「帝国」の変動につながる「ゆらぎ」であり，その後の自治実現に向けての「ゆらぎ」である[55]。この後者はシステムからみればまだ小さな「ゆらぎ」である。だがシステムの軍事的拠点での「ゆらぎ」である。したがって，それはシステムの分岐点につながりかねない「ゆらぎ」でもある。その先にみえてくる新しいシステムとはどのようなものであろうか。少なくともそれはアメリカという管制高地を否定したシステムではないだろうか。それを仮に太平洋共存システムと呼んでおこう。そこでは唯一の管制高地が否定されるだけではない。国家の壁も低くなり，多様なリージョンが重層するであろう。そのなかで沖縄はどのような位置を占めるであろうか。軍事的拠点は否定されるであろうが，問題点は経済的「自立」であり，自治の確立であろう。その在りようは，しかし，沖縄だけで決定しうるものではない。システム内の国家，リージョンとの共存のあり方で決まってくる。そのときフロンティアのもつポテンシャリティと豊かさが生かされることが，この共存システムへの沖縄の貢献であろう。

1) Chase-Dunn, C. & Hall, T. D., *Rise and Demise : Comparing World-Systems,* Westview, 1997, p. 70.

2) Cf. Slatta, R., *Cowboys of the America*, Yale University, 1990, pp. 223-226 & *Gauchos and the Vanishing Frontier*, The University of Nebraska Press, 1992, Chap. 2.
3) Giddens, A., *The Nation-State and Violence*, Polity Press, 1985（邦訳：松尾精文・小幡正敏訳，『国民国家と暴力』而立書房，1999 年），訳書，p. 66.
4) 同訳書，p. 66.
5) 小熊英二，『〈日本人〉の境界』新曜社，1998 年，p. 11.
6) 同書，p. 13.
7) 浜下武志「東アジア史に見る華夷秩序」『国際交流』第 16 巻第 2 号（1993 年），p. 32.
8) 浜下武志『朝貢システムと近代アジア』岩波書店，1997 年，p. 22.
9) 西里喜行「前近代琉球の自己意識と国際意識」（島袋邦・比嘉良充編『地域からの国際交流：アジア太平洋時代と沖縄』研文出版，1986 年，所収），p. 159.
10) 高良倉吉『新版 琉球の時代：大いなる歴史像を求めて』ひるぎ社，1989 年，p. 49.
11) 同書，p. 147.
12) 同書，p. 244.
13) 西里，前掲論文，p. 166.
14) 金城正篤『琉球処分論』沖縄タイムス社，1978 年，pp. 193-194.
15) 劉蘭青「清代中琉の封貢と貿易の関係について」（『第三回琉球・中国交渉史に関するシンポジュウム論文集』沖縄県教育委員会，1996 年，所収），p. 89.
16) 西里，前掲論文，p. 180.
17) 金城，前掲書，pp. 217-231 および山下重一『琉球・沖縄史研究序説』御茶ノ水書房，1999 年，第 3 章，参照。
18) 浜下，前掲書，pp. 8-9.
19) 大城立裕『沖縄歴史散歩―南海を生きたもう一つの日本史―』創元社，1980 年，pp. 140-152 および真栄平房昭「19 世紀の東アジア国際関係と琉球問題」（溝口雄三・浜下武志・平石直昭・宮嶋博史編『周縁からの歴史：アジアから考える［3］』東京大学出版会，1994 年，所収）pp. 244-250.
20) 真栄平，同論文，p. 250.
21) 同論文，p. 263.
22) ハウランド，D. R.,「中国文明の境界―朝貢システムのジオモラルな文脈―」『思想』No. 899（1999 年 5 月号），p. 47.
23) 同論文，pp. 64-65.
24) 金城，前掲書，pp. 5-6.
25) 同書，p. 7.
26) 同書，pp. 153-156.
27) 山下，前掲書，p. 236.

28) 小熊，前掲書，第2章。
29) 同書，第12章。
30) 大城，前掲書，p.197.
31) 大田昌秀『近代沖縄の政治構造』勁草書房，1972年，p.327.
32) 小熊，前掲書，p.460.
33) 同書，p.461.
34) 同書，pp.462-466 および中野好夫・新崎盛暉『沖縄戦後史』岩波新書，1976年，pp.14-16.
35) 小熊，同書，pp.467-472.
36) 同書，p.466.
37) 同書，p.515.
38) 中野・新崎，前掲書，p.85.
39) 同。
40) 小熊，前掲書，p.517.
41) 中野・新崎，前掲書，p.116.
42) 同。
43) 小熊，前掲書，p.501.
44) 加藤哲郎『ジャパメリカの時代に―現代日本の社会と国家―』花伝社，1988年，p.15.
45) 山本英治「沖縄研究の視点」(山本英治・高橋明善・蓮見音彦編『沖縄の都市と農村』東京大学出版会，1995年，所収) p.4.
46) 古城利明「地域問題―社会関係変化との関連で―」(山本英治・高橋明善・蓮見音彦編，同書，所収) 参照。
47) 田中英光「沖縄県の勤労者世帯の所得・消費水準について」『琉大　経済研究』第35号，1988年) p.63.
48) 小熊，前掲書，p.617.
49) 宮本憲一「『沖縄政策』の評価と展望」(宮本・川瀬光義編『沖縄論―平和・環境・自治の島へ―』岩波書店，2010年) p.31.
50) 新崎盛暉『沖縄現代史　新版』岩波新書，2005年，p.200.
51) 佐藤学「米軍再編と沖縄」(宮本・川瀬編，前掲書，所収) pp.42-46.
52) 新崎，前掲書，p.219.
53) 高原一隆「沖縄の産業政策の検証」(宮本・川瀬編，前掲書，所収) pp.202-206.
54) 宮本，前掲論文，p.18.
55) 沖縄の自治実現については以下の論文を参照。加茂利男「沖縄・自治モデルの選択」(宮本憲一・佐々木雅幸編『沖縄　21世紀への挑戦』岩波書店，2000年，所収) および島袋純「沖縄の自治の未来」(宮本・川瀬編，前掲書，所収)。

9章

オーランド島と沖縄島
―― 「フロンティア」の比較 ――

1．本章の目的・視点・対象

　グローバリゼーションの展開とともに，現代は多重的空間編成の時代に入った。すなわち，グローバリゼーションへの「反応」としてのリージョンの形成，国民国家の相対化，ローカルの活発化が進展している。しかし，これらの相互関係は緊張をはらみ，しばしば紛争を惹起している。例えば，リージョナルな「帝国」と国民国家の相互関係についてみれば，慎重に「拡大と深化」を進めてきた EU も，「拡大」の基本指針である憲法条約の批准にフランス，オランダの国民が「ノン」を突きつけたことでブレーキがかかったし，近時の金融・財政期危機の波及からも両者の間に「きしみ」が生じている。また ASEAN プラス 3（日中韓）でその一歩を踏み出し始めた「東アジア共同体」も，ASEAN と「プラス 3」の期待のズレ，日本と中国の主導権争いなどが絡み合って停滞気味である。他方，国民国家とローカルのそれについてみれば，北アイルランドの自治をめぐるイギリス，アイルランド，IRA の対立は，基本的には「和平への道」をたどりながらも，先の金融・財政危機の下で緊張をはらんでいるし，また東チモールにつづきインドネシアの国家統合にとって最大の懸案となっていたアチェ紛争は，津波が契機となって自治・和平への展望が開けてきたものの，なお緊張がつづくであろう。要するに，多重的空間編成の時代に入ったとはいえ，それを構成する空間相互の関係は，国民国家に組み込まれていた歴史的対立の再燃，新たに出来上がってきたリージョンと旧来の空

間との齟齬・対立を引き起こし，それらはしばしば武力衝突にまで発展するのである。しかしながら，すでに突入したこの時代の方向を変えることはできない。そうであってみれば，これらの相互関係は過去にさかのぼり，近未来をにらみつつ慎重に検討することは現代の重要な課題といわねばなるまい。

　さて，本章では，これらの諸空間のうちからリージョナルな「帝国」とローカルの独特な形態としての島に着眼する。その理由は，グローバリゼーションのなかでこれらの空間が活性化し，これまで主役であった国民国家を相対化する原動力になっているからである。だが，これらに着目する意味はそれにつきない。以下述べるように，そこにはこれまでの章と同様，比較世界システム分析に学んだ独特の視点が込められているのである。

　まず，われわれはローカルの独特な形態としての島をフロンティアとして捉える。前章で詳しく述べたように，それは世界システムの中心部がシステム外の世界をそのシステムに組み込んでいくときに生ずる空間のことである。そのうえでこの概念が注目されるのは，その空間がシステムの統治への組み込みに対して既存の社会関係を防御するポテンシャリティを持ち，それは豊かさをスピルオーバーする源泉となり，そこから歴史の重層的基盤にもとづく自治の根拠を産み出すからである。本章で対象とする島の場合，システムの中心との間に海を介在させることによって，そのフロンティア性をより強く持ち，したがってまた自治の基盤を歴史的により強く潜在させているといってよい。筆者が島に着目する第一の理由はここにある。

　だが他方，島は，しばしば，システムにとってジオポリティカルに重要な位置，とりわけ前線基地の役割を与えられる。例えば，地中海の東端に位置するキプロスは，古代から東西の交易，文化，宗教の交差路であり，ジオポリティカルに重要な島の好例である。そのことを示す数々の史実があるが，19世紀末イギリスがスエズ運河防衛のためこの島に目をつけ，1914年にこれを併合したことを挙げれば充分であろう。また，後述との関連で，16世紀以降のギリシャ系住民とトルコ系住民の確執が，現在トルコ系の北キプロス・トルコ共和国と南側のキプロス共和国の分離となり，2004年後者のみがEUに加盟し

ていることにも注意を促しておきたい。他方，中華帝国の周辺にあってジオポリティカルにそれ程注目されてこなかった台湾の場合は，1874年の日本の台湾出兵で一挙に重要な位置を占めることになった。すなわち，システムを脅かす「小中華」日本の前線基地の役割を帯びることとなったのである。第二次大戦後，この役割が社会主義中国に対するU.S.C.S.の前線基地へと取って代わったことはいうまでもない。

　ところで，いまここで2つの例を挙げたが，島のジオポリティカルな位置や役割は，それを周辺に抱え込む歴史的なリージョナル・システムの有り様によって著しく異なる。本章で島をリージョナル・システムとの関連で比較する根拠のひとつはここにある。そのうえで確認しておきたいのは，本章の目的は，いうまでもなく，島の自治をリージョナルな帝国あるいは「帝国」との関連で探ることであって，システムにおける島のジオポリティカルな位置や役割にあるのではないということである。過去に，あるいは現在ジオポリティカルに重要な役割を持っていた，あるいは持っている島が，そのフロンティア性を活性化させて自治をいかに確立したか，あるいは形成しようとしているかを，これら帝国・「帝国」との関連で探るのが，本章の目的である。歴史的な帝国・「帝国」への着目は，島の自治を解明するひとつの視点である。ここでもうひとつふれておかねばならないのが，リージョナル・システム概念と帝国・「帝国」概念との関連である。序章をふまえていえば，帝国あるいは「帝国」はリージョナル・システムの統治様式である。このシステムと帝国・「帝国」は一致することもあるし，そうでないこともある。大事なのは，島の自治を実現する帝国・「帝国」とはいかなるものか，を明らかにすることである。また，これらの関連を追及することは，冒頭で述べた多重的空間編成のなかで未だ解明が不充分な側面を埋める意味も持つことになろう。

　以上要約すれば，本章の目的は，フロンティアとしての島とリージョナル・システム，その各々の展開と相互関係を環境の歴史も含めた長期的歴史のうちに探り，リージョンの平和と島の自治の論理を把握することにある，ということができよう。

さて，以上の目的，視点をふまえて本章で取り上げるのは，バルト海オーランド諸島と東シナ海沖縄諸島であり，その両者の比較であるが，それに先だって両島の地理的位置ほかの基礎的な情報を上記の目的・視点をふまえて簡単にふれておこう。

まず，オーランド（Åland）諸島はアハベナンマー（Ahvenanmaa）諸島ともいい，図9-1および図9-2にみるようにフィンランドとスウェーデンの間，ボスニア湾の入口に位置する約6,500の群島（archipelago）である。総面積は1,527平方キロ，人口は約2万6,300人（2003年）。フィンランド領であるが公式言語はスウェーデン語である。この領土と公式言語の食い違いには，後述するよう

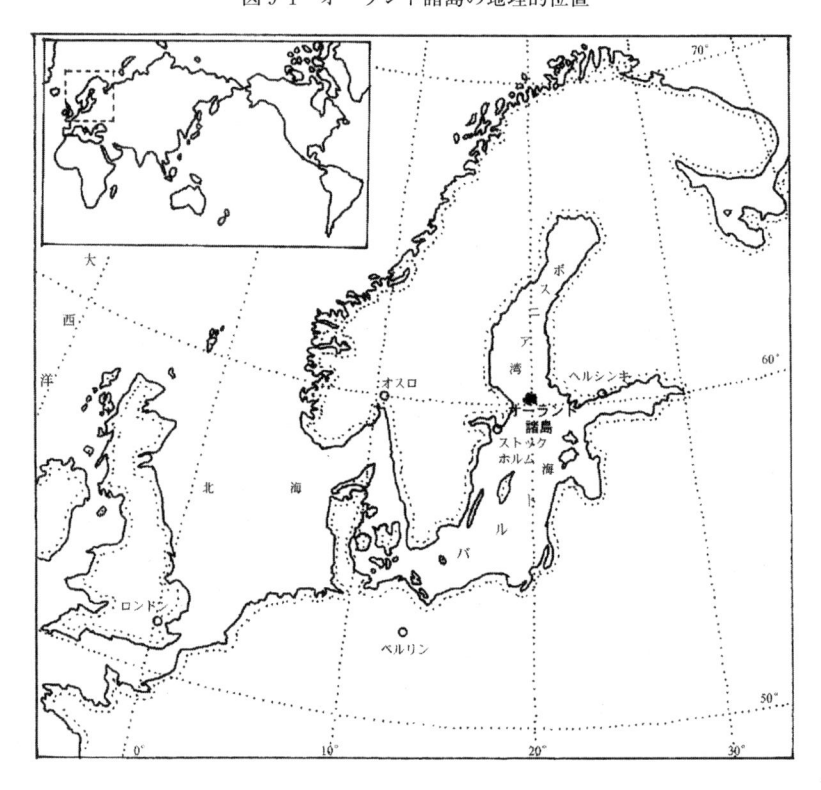

図9-1　オーランド諸島の地理的位置

図 9-2　オーランド諸島の行政区とメイン・ランドの幹線道路網

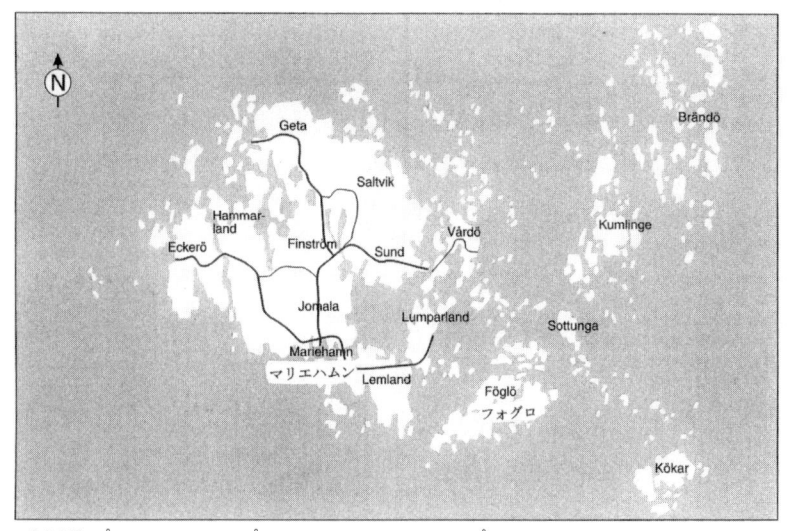

［出所］　Åland In Brief, the Åland landskapsstyrelse and Åland lagting, 1997, p. 5.

にこの島のジオポリティカルな歴史が隠されており，またその帰結が示されている。簡略にいえば，この群島は歴史的にバルト海の軍事的要衝であり，その帰属をめぐってフィンランド独立以前からスウェーデンとロシア，それにイギリスやフランスがからんで角逐を繰り返してきたが，1917年のロシア革命の直後にフィンランドが独立するとスウェーデンとの間に鋭い領土帰属問題が起こり，結局国際連盟の調停で非武装・中立，大幅な自治権の付与（公式言語の選択も含む）という帰結となり，現在に至っているのである。つぎに，沖縄諸島であるが，日本人の読者にはその地理的位置は説明を要しまい。ただし，前章でもふれたそのジオポリティカルな位置に留意を促しておきたい。すなわち，この諸島はかつて独立国であったが琉球処分で日本帰属となり，その後日本帝国の南進基地としてジオポリティカルに重視され，その結果太平洋戦争では地上戦を経験し，戦後は U.S.C.S. の軍事的要衝となって現在に至っているのである。しかし琉球語などに独立国時代からのフロンティア性を遺し，自治

と平和への要求が強い。総面積は2,273平方キロで人口は約134万7,000人（2003年）である。

　以上から，両諸島を図式的に対比するとつぎのようになる。すなわち，かつてジオポリティカルに重要で，現在は「平和（非武装・中立）と自治」の島としてのオーランド諸島。これに対して，現在ジオポリティカルに重要で，「平和と自治」を求めている島としての沖縄諸島，である。以下この比較を進めていこう。

2．比較の枠組み

　比較をするにあたって，まず考えねばならないのはその枠組みである。すでにみたように本章はリージョナル・システムと島という空間に焦点をあてている。しかも対象は「かつてジオポリティカルに重要な」島と「現在ジオポリティカルに重要な」島の比較である。とすればこれらの空間分析に歴史という時間軸を導入する必要がある。その必要に応えてくれるのがブローデルの歴史学である。しかもブローデルは大著『地中海』にみるように，「歴史叙述におけるリージョナルなもの」[1]に着目している。そこで本章ではブローデルに学んで「歴史の時間」を長期，中期，短期の3つの「時間の層」に分け，比較の枠組みを構成したい。いうまでもなくブローデルにしたがえば，長期とは「ほとんど動かない歴史――つまり人間を取り囲む環境と人間との関係の歴史」であり，中期とは「緩慢なリズムを持つ歴史」すなわち経済の動向を中心とした社会史であり，そして短期とは歴史的「事件史」である。しかし，ここではブローデルの論理をそのまま踏襲するわけではない。あくまでそれに示唆を得て，①環境の歴史（長期），②リージョナル・システム（Ⅰ），とりわけ近世帝国の構造と島の関連（中期），③リージョナル・システム（Ⅱ），とりわけ20世紀後半以降の「帝国」と島をめぐる動向（短期），を比較したい。ブローデルの論理にしたがえば，ここでも②の「リージョナルなもの」が①と③を媒介する役割を担っている。

1）環境の歴史

すでに上述した両島の地理的位置からも推測されるように，両島の自然環境は基本的に著しい対照性を示しているが，ここでは地形と気候に限ってその対称性を示し[2]，そのうえで両島に共通するフロンティア性について簡単に述べるにとどめたい。

地形上の対称性は，まず氷河地形としてのオーランド諸島，サンゴ礁としての沖縄諸島という点に示される。オーランド諸島は北欧一帯に広がる低層の破砕花崗岩地域の一部をなすが，氷河期には 170 メートルもの氷に押さえつけられており，氷床が退いた後もなお海底にあった。その岩盤が紀元前 7000 年頃から急速に，そして後に 1 世紀に 60 センチメートル程のスピードで上昇して，なお上昇をつづけているのが現在の地形である[3]。これに対して沖縄諸島の地形は対比の都合上「サンゴ礁」と書いたが，歴史的に実は複雑である。地殻変動などの結果，琉球弧という大地形のなかに火山島あり，高島あり，低島ありで，「隆起サンゴ礁からなるという意味で（は），基本的に，低島はサンゴ島に属する」[4]にすぎない。しかし，そのサンゴ礁が「北限のサンゴ礁」であることは，それが沖縄諸島の地形を象徴する意味を持つことを示すといえよう。

第 2 は海との関連での対称性である。すなわち，オーランド諸島はバルト海という内海に属しているのに対し，沖縄諸島は太平洋という外海に面している，という対照性である。もちろんバルト海も大西洋の属海であるが，スカンディナビア半島とユトランド半島に遮られて狭い海峡で大西洋と繋がる，という意味で内海なのである。それ故にこの海は潮の満ち干が少なく，塩分濃度も低い。そして外洋との海水の入れ替わりに約 60 年を要するのである。そのため近年では海洋汚染と富栄養化が著しい。これに対して，沖縄諸島は外海に直接面しており，海流や台風の影響を受け，それ故バルト海のような海洋汚染，富栄養化はないが，近年では島嶼周辺への赤土の流出による環境問題を抱えている。

ところで，ここで本章で用いている東シナ海という呼称についてふれておきたい。それは海域である。それは大陸や半島などで囲まれた海を指すこともあ

るが，ある範囲の海を共有する人びとのネットワークの広がりを指すこともある。東シナ海の場合は，東アジアは東シナ海「によって形作られている海域世界である」[5] という主張にもみられるように，後者の色彩が強い。これとの対比では，バルト海は両者が重層している海域といえよう。

　第3は気候の対照性であり，これは亜寒帯に属するオーランド諸島と亜熱帯に属する沖縄諸島という対比である。これらはすでに両島の緯度からも明らかであろう。すなわち，オーランド諸島の平均気温は最高時の7月で15〜16度，最低時の2月でマイナス4〜5度，そしてマイナスの期間が11月から4月までである。ことに冬期の寒さは厳しく，「通常，海氷は1月初めから4月の半ば終わりまであらわれ」[6] ，ひどいときにはオーランド海域全部を埋め尽くしバルト海南部にまで広がる。また，こうした寒暖や高い湿度には海の影響が著しい。降雨量は相対的に少ない。これに対して沖縄諸島の平均気温は最高時の7月で約28度，最低時の1月で約16度であり，オーランド諸島の最高時平均が沖縄諸島の最低時平均である。そして，周知のように，5月・6月の梅雨，その後の台風と夏期は高温多湿であり，ここでも海の影響が大きい。したがって降雨量は相対的に多いがサンゴ礁は保水に不向きで，蒸発量も多く，干ばつ，水不足が起きやすい[7]。

　以上3点にわたって両島の自然環境の対照性を指摘してきたが，これらをふまえてつぎに両島に共通するフロンティア性について考えてみたい。そのことは，すでに述べたことからもわかるように，環境の歴史がリージョナル・システムに持つインプリケーションを検討する前提でもある。あるいは環境の歴史を自然地理の視点から人文地理のそれへと移し替えて考察するといってもよいかもしれない。つぎにこのフロンティア性を3つの側面から考えてみることにしよう。

　第1は，すでにみた地理的な位置から明らかなように，両諸島が交通の要衝であることからくるフロンティア性である。つまり，このことは物資，文化の交流が豊かなことを意味し，それはフロンティア性の基盤となりやすい。だがまた同時に，交通の要衝はしばしばジオポリティカルな前線基地の役割を担う

ことにもなる。そこではフロンティア性は抑圧される。こうした視点から両諸島をみると，まずオーランド諸島の場合はかつて「バルト海のクロスロード」[8]と呼ばれていたが，このことは海運時代にスウェーデンとフィンランド，ロシア，バルト諸国を結ぶ重要なルートの上に位置していたことを意味する。古くから島々をつないでスウェーデンとフィンランドを結ぶ郵便ルートが開けていたのはその証左であり，このルートに沿って人びとは住みついていった。だが，そのことは同時に，これらの国々の間で海戦が起こるとき，「オーランドはうちつづく侵略と占領に悩まされた」[9]のである。これに対して沖縄諸島の場合は，前章でみたように，15～16世紀の大交易時代には東シナ海，南シナ海という海域にまたがる中継貿易の拠点であったが，日本帰属後はその南進基地となり，戦後は U.S.C.S. の軍事的要衝となっている。だがその反面で，かつての中継貿易拠点の現代版として「東シナ海のハブ」を目指す政策志向もみられる。

　第2は，上記の交通の要衝という側面を「豊かな」自然環境と結びつけることからくるフロンティア性，すなわち観光産業の発展がある。オーランド諸島には「種多様性の高さという点で比類のない」自然植生があり，またこれに支えられた豊かな動物相がある[10]。それは厳しい冬期には氷雪の下に眠ることになるが，夏期には花開くのである。この夏期にはスウェーデンを中心に多くの観光客が殺到し，島の人口は3倍に膨れあがる。この人びとの動きを対象に，後述のように海運業を軸とする観光産業が展開し，島の中心産業となっている。これに対して沖縄諸島では亜熱帯性気候の下にひろがる「北限のサンゴ礁」，多様な植物相，「東洋のガラパゴス」と呼ばれる動物相，そして独特の文化が，年間を通じて多くの観光客を呼び寄せ，観光産業は島の中心産業のひとつとなっている。だが他面，すでにふれた赤土の流出によるサンゴ礁の死滅といった環境問題の発生が，こうしたフロンティア性に制約をもたらし始めていることにも留意する必要がある。

　第3は，海に囲まれた島の人びとが，上述した自然環境と歴史のなかで育み，受け継いできた島のアイデンティティというフロンティア性の発露があ

る。オーランド諸島出身の人びとは自らのことを「オーランド人（Ålander）」と呼ぶ。このことに関連してW. R. ミード（W. R. Mead）とS. H. ヤーチネン（S. H. Jaatinen）はつぎのようなエピソードを紹介している。「オーランドの住民は常に自分の国（country）を誇りにしている。あなたがかれにスウェーデン人ですか，それともフィンランド人ですかと尋ねると，かれは頭を上げて断固とした声で，わたしはオーランド人ですと答える」[11]と。だが，後述するようにこうしたアイデンティティを強調し過ぎることには疑義がある。では沖縄諸島ではどうだろうか。すでにふれたようにこの諸島はかつて独立国であった。しかし現在自らのことを琉球人と答える人は少ないだろう。琉球語の通用範囲も狭くなっている。しかし後述するように沖縄の自立・独立を主張する論調はなお健在である。そこになお今日，海に囲まれた島の人びとのアイデンティティをみいだすことができるのである。

　以上3つの側面から環境の歴史と関わらせて島のフロンティア性を検討してきたが，これらのことはリージョナル・システムの周辺への組み込みという視点と関連させることでより明確になる。そこでつぎにこのシステムの検討に移ろう。

2）リージョナル・システムの歴史（I）── 近世帝国との関連を中心に

　すでに1章以来くりかえし取り上げてきたように，近世帝国出現以前に，その歴史的基盤となったアフロユーラシアという世界システムが展開していた。それは盛衰をくりかえしながらも13世紀にはアブー゠ルゴドのいう「13世紀世界システム」を生み出したが，それはヨーロッパ，地中海，中央ユーラシア，ペルシャ湾，紅海，インド洋，東南アジア，中国という8つのサブシステムのゆるやかな結びつきからなる世界システムであった。しかしこのシステムも14世紀にはペストによる人口の減少と交易の全面低下，諸地域の政治的不統一によって崩壊するに至った。

　近世帝国の出現　だが，この交易の収縮と諸地域の政治的分断も15世紀からは回復に向かい，1450年頃から1640年頃までの「長い16世紀」という

世界システムの拡大期を迎える。既述のように山下は、この拡大期を「全ユーラシア的現象」としてとらえ、その後半期に地域的求心性の強い「近世帝国」が出現したとする。その視点から山下の挙げる近世帝国はヨーロッパの「ハプスブルグ帝国」、北ユーラシアのロシア帝国、西アジアのオスマン帝国、南アジアのムガール帝国、東アジアの清帝国の5つである。一見して明らかなように、これらの近世帝国は上述のアフロユーラシアのサブシステムと重なっているところもあれば、そうでないところもある。だが、何らかの形でアフロユーラシアの交易ルート、宗教的政治的諸勢力の対立・協力と関わって形成されてきているのである。ここで対象をロシア帝国と清帝国に絞ろう。それらがアフロユーラシアとどのように関わりながら形成され、また本章の研究対象である2つの諸島、つまりオーランド諸島および沖縄諸島をフロンティアとしてどのように組み込もうとしたか、あるいは組み込んだか、そしてどのように手放していったかを簡潔に検討してみよう。

近世帝国の統治 まず、ロシア帝国とバルト海の関連からみていこう。そもそもロシアは、モンゴル帝国が西方に分封した4ハン国のひとつ、キプチャク＝ハン国が14世紀に内部分裂したときにその基礎を築き、1480年にイヴァン三世がこのハン国の後継に勝利したときに独立の国家となった。したがって、アフロユーラシアの時代、それはまだサブシステムを形成するには至っていなかったのである。しかし、独立後の帝国への動きは急速であり、16世紀イヴァン四世雷帝の時代には実質的に帝国として成立したとされる。海への出口を欠くこの帝国の海への渇望は強く、バルト海を目指す動きはこの16世紀の半ばに始まる。1558年ロシアはリヴォニア騎士団の支配するバルト海沿いの地域に侵入した。こうして始まったリヴォニア戦争はポーランド、スウェーデンなどが介入して長期化し、1583年ロシアの得るところなく終結した。この頃バルト海の交易ルートをめぐって争っていたのはスウェーデンとデンマークであったが、17世紀にはスウェーデンがこの海域を支配し、「バルト帝国」と称される程の勢力をもった。そのなかで「バルト文化圏というよりはヴァイキングおよびスウェーデンの影響圏に引き寄せられていた」[12)]とされるオーラ

ンド諸島は，すでにスウェーデンの周辺部に組み込まれていた。これに対してロシアのピョートル大帝は，1700年「バルト帝国」のナルヴァ要塞攻撃を開始，大北方戦争が始まったが，このときロシア軍はオーランド諸島まで足を延ばし，ストックホルムをうかがったのである。この諸島は戦場と化した[13]。戦争は1721年の両国の和解で終結したが，実質的にはバルト海沿岸に「出口」を確保したロシア帝国の勝利であった。「バルト帝国」スウェーデンは崩壊した。その後スウェーデンの報復戦争である小北方戦争（1742-43年），1808年のオーランドにおける農民叛乱などが起こりロシアとスウェーデンの緊張はつづくが，ロシア優位の事態は変わらず，むしろロシア帝国はフィンランドを傘下におさめ（1808-09年），バルト海域での勢力を増強した。この時から1917年までの間「オーランドはロシア帝国の一部であった。オーランドの軍事的重要性は増し，この時ボマースンド（Bomarsund）要塞の建設が始まった。」[14] すなわち，スウェーデンの周辺部であったオーランド諸島はロシア帝国の周辺部に組み込まれたのである。このロシア統治時代，オーランドの経済は発展した。しかし「オーランドの人びとはロシア人にはあまり友好的ではなかった」[15]という。この周辺部での島のアイデンティティは保持されていたのである。

つぎに沖縄であるが，これまでの章でみてきたように，中華帝国が支配していた東アジアで，沖縄がこの近世帝国に組み込まれたのは明から清にかけての時代である。その盛期に琉球アイデンティティは培われたといってよい。しかし，これらの帝国が弱体化するなかでの薩摩藩の琉球出兵で沖縄は両属関係に置かれることとなり，フロンティアとしての琉球の性格は大きく変わることになった。

近世帝国の衰退　すでに18世紀以来ロシア帝国の膨張に脅威を感じ，また北ヨーロッパの資源に興味をもっていたフランス，イギリスは，クリミア戦争（1853-56年）が起こるとトルコ側につき，ロシア帝国をたたくために戦線をバルト海域に拡大し，1854年夏，ジオポリティカルに首都サンクト・ペテルブルグにつながるオーランドのボマースンド要塞を攻撃し，これを短時日で破壊した。スウェーデンはこの時デンマークとともに中立を守った。こうして

108年間にわたるロシア帝国のオーランド支配はヨーロッパ諸列強の力関係の変化によって幕を閉じたのである。また，この要塞攻撃の際，「オーランドの船乗りたちがイギリスの戦艦を援助した」[16]といわれ，そこにオーランド・アイデンティティを嗅ぎ取ることもできよう。この戦後処理のなかで，スウェーデンとイギリスはオーランド諸島の非武装化を提案し，1856年のパリ協定で合意された。

だが，この非武装化は不確かなものであった。ロシアは事ある毎にオーランドに関わろうとした。第一次世界大戦が起こるとロシアはドイツがオーランドを押さえることを恐れ，1915年オーランドに派兵し，要塞の建設を始めた。だが，「ロシア革命のお陰でオーランドは巨大な帝国から放り出された。」[17] こうしてオーランドはロシア帝国から解放されたが，その後の政体をめぐってゆれ動いた。そのなかでオーランド運動が台頭した。これはロシア革命後，ロシアから解放されて独立したフィンランドへの帰属を拒否する運動であった。「オーランドは『心の底では』スウェーデンとの再統一を希望」[18] していたのである。さまざまな動きがあり，パリの講和会議でも合意を得られなかったこの問題は，1920年5月の事件で「劇的な転機」を迎えた。すなわち，オーランド自治法について島民の住民投票を行うというフィンランド議会の決定を説明に来島した政府代表団に対し，オーランド島民はこれを拒否し，その会議で2名のオーランド代表者が逮捕されるという事件が起こったのである。「オーランド島民の目的は自治権の獲得ではなく，スウェーデンへ再び帰属することにあった」のであり，スウェーデンはこの事件に対して外交上の抗議声明を出したが，これを内政干渉とする論争は国際問題に発展し，イギリスのイニシアティヴで国際連盟による調停に委託された[19]。その結果が後述する「非武装・中立」とのセットで，オーランドはフィンランド領とし，大幅な自治を認めるというものだったのである。

では沖縄ではどうだったのか。前章でみたように，それは両属関係から琉球処分への移行であった。大きくゆらぐ中華帝国，欧米列強による「琉球領有」問題への圧力強化のなかで，誕生したばかりの明治政府は琉球の「内国」化を

強行せざるを得なかったのである。こうして琉球は日本国の最南端の県となり，フロンティアとしての琉球は潰えたのである。

フロンティアの分岐点　かくして19世紀後半から20世紀初めの近世帝国の崩壊，ここがオーランドと沖縄という2つのフロンティアの分岐点(bifurcation point)であった。オーランドはフィンランドへの帰属の拒否には失敗したが，ロシア帝国の崩壊のなかで非武装・中立という国際的地位とフィンランド領内での大幅な自治権を獲得した。これに対して，沖縄は中華帝国の衰退のなかで両属関係から一気に日本国家のボーダー内の周辺に組み込まれることになった。この違いはどこからくるか。事態は複雑であるが，筆者の仮説は近世帝国の秩序システムの違い，それに基づく帝国の衰退・崩壊の違いに求めるものである。まず，2つの帝国のうち，中華帝国のシステムは，前章でもみたように，朝貢-册封関係による秩序システムである。そしてそれはある意味で「かなり分権的なシステム」[20]である。したがって，そこでは周辺王朝が「小中華」として「中華」としばしば確執し，すでにみたように帝国の衰退期には「小中華」の抵抗・自立にまで発展する。すなわち，「小中華」日本は，清帝国の衰退過程で「近代国民国家」として琉球処分を断行し，沖縄は現在につながる位置を得たのである。これに対して，ロシア帝国のシステムは集権的なシステムである。山下はこれを「求心性」の高い近世帝国と呼ぶ。ここで求心性とは「内部のバーゲニング(交渉)過程に，外部の勢力が引き込まれる可能性が，思考の前提において排除されているようなシステムの状態」[21]である。そこでは帝国はこの求心性を保ちながら空白な外側を領土として包摂していくのである。そしてこの求心性の内外を区分する境界は軍事的に確保される。ロシア帝国は，すでにふれたようにこの境界に対する「近代国民国家」諸列強の軍事的打撃とこれを利した内部でのロシア革命によって崩壊した。そのなかで既述のようにオーランドは「巨大な帝国から放り出され」，現在につながる礎を築いたのである。

以上，近世帝国との関連に焦点をあわせながら簡略に島の歴史を追い，2つのフロンティアが異なる帰趨に至る分岐点にたどりついた。そこでつぎに，こ

れらをふまえつつ，20世紀後半以降のリージョナル・システムとそこでの両島の諸動向の比較に移ろう。

3）リージョナル・システムの歴史（Ⅱ）——20世紀後半以降のリージョナル・システムと2つの島

リージョナル・システム　第二次世界大戦直後のヨーロッパは，依然として近代世界システムの中心部ではあったが，ヘゲモニーの中心ではなくなっていた。ほどなく冷戦が始まり，ヨーロッパは東西のヘゲモニーの谷間に置かれることになった。このなかでフィンランドは「中立」に足をかけながら，事実上ソ連の強い圧力を受けていた。この事情はオーランドにも影響した。ソ連は「フィンランドの内政に抵触する限りでは，西側によるオーランドの地位保証にストップをかけよう」[22]と考えていたからである。だが，多様な地域のきしみを内在させながらも，ヨーロッパに経済発展と相対的安定を創り出そうとするリージョン形成の動きは，1967年のECから92年のマーストリヒト条約によるEU「帝国」設立へと進展し，95年オーランドはフィンランドともどもこれに加盟した。その際，自治領の加盟の是非が問題となったが，この「帝国」はオーランドの自治とさまざまな法的例外措置を含めてこれを認めた。このことは同時にオーランドにとって冷戦からの脱出でもあったが，のちにふれるように新たな問題を抱え込むことにもなった。他方，東アジアにおいては，7章以来ふれているように，U.S.C.S.が立ち上がった。そこでの日本は「帝国－属国間の機能的特殊化」を担う最たるものであり，沖縄はその軍事的機能を担う拠点である。だが他方，成長する東アジアを基礎に，新たなリージョナル・システムの基盤づくりが模索され，沖縄はこの2つの動きに敏感に反応し始めている。

このようにみると，オーランドと沖縄はジオポリティカルに対照的なリージョナル・システムのなかで各々その役割を与えられている。その制約のなかで環境によってもたらされている島のフロンティア性はどのように生かされているか否か。以下産業・財政，アイデンティティ，地域協力の3つの側面から簡

潔に対比してみよう。

産業と財政　オーランドの経済はかなり自立している[23]。中心産業は海運業であり、そのGDPに対する貢献度は1975年から2001年（調査時点での最新統計）まで約40％を維持している。また雇用面でも、この産業の直接雇用は全体の約13％、間接と関連雇用が29％を占めている。そしてこの海運業は関連する観光業、保険・金融業等と結びついて発展し、その結果サービス部門はGDPの約80％、全雇用の約70％を占めるに至っている。それはすでに述べた交通の要衝、豊かな自然環境からくるフロンティア性をひとつの基盤としている。しかしそれだけではこれだけの発展はない。そこにはこれを支える制度的保証がある。塩見英治はそれを2つ挙げている。ひとつは「排他的特権である島民権による営業保証である。」これは「オーランド地域において営業として活動あるいは職業につく権利は、オーランド島民権を持たない者に対しては、島議会制定法によって制限される」（1991年オーランド自治法11条）というもので、これが「内的循環の発展の可能性を与える外資制限を保証するものとなっている」[24]という。もうひとつはEUによる「フリー・タックスの適用継続の承認」であり、「これにより、海運企業にとっては、非課税による船内での販売収入を主要収入源泉として継続して確保することが可能になった」という。ちなみに「最大規模の海運企業であるバイキング・ラインはフリー・タックスに支えられ……全体収入に占める船内での販売収入比率は実に43％もの高い比率に達（し）……通常の運行運賃収入比率は3割にも満たない。」他方、財政面では徴税権は完全に保証されてはおらず、フィンランド中央政府が徴収した税の再配分を受ける。しかしそれは「ひもつき」ではなく、現在のところエクアリゼーション（equalization精算）という仕組みで再配分されている。この額は「（国全体の収入額−ローン額）×0.45」という式で算出されるが、「フィンランド共和国に占めるオーランド地方の人口の割合が0.5％であり、人口比と基礎算定ベースでローンが控除されていることからみると、この配分比率は低いとはいえない」と塩見は評価する。このようにみてくると、オーランドではフロンティア性を基盤にしながら国家およびEUの制度的保証の下に、かなりの経

済的自立を果たしているといえる。

　これに対して沖縄はどうだろうか。沖縄の経済は「公共投資・観光業・基地収入の3K依存経済」といわれる。これらの県民総支出（名目）に対する比率はそれぞれ約35％，約13％，約5％，あわせて50％余である。したがって産業別にみるとホテル等のサービス業が約25％，建設業が約11％と高く，製造業が約6％と著しく低い。このうち観光業関連は沖縄のフロンティア性を生かした産業であるが，その「収入（の）約7割が本土の資本に帰属」するという「依存」性を示している。オーランドとの対比でいえば，この観光関連産業を発展させる制度的保証が乏しい。この点では1959年以来の自由貿易地域（FTZ）および1998年からの特別自由貿易地域，また2002年からスタートした「沖縄振興特別措置法」に基づく情報特区や金融特区，これらは特別の制度的保証だが，現在までのところ大きな成果を上げているとはいい難い[25]。他方，財政面では自主財源が1990年の23％から2002年の25％へと微増しているが，この間に財政規模は33％増加しているのだから改善とはいい難い。このような自主財源の低さは法人関係税等の県税収入が約1割と低いことによる。対して国庫支出金，地方交付税がそれぞれ3割を占めており，特に前者は全国平均17％に比して著しく高い（2002年）。こうした「極端な財政依存体質は，一連の沖縄の開発計画の実施によっても改善をみることはなかった」と塩見はいう。したがって沖縄の場合，フロンティア性を生かした経済的自立は少なく，ジオポリテックスの影響が著しいといえよう。

　アイデンティティ　すでにこれまでの記述のなかでもオーランド・アイデンティティについてふれてきた。そこからもうかがえるように，オーランドの人びとのアイデンティティは強いといわれる。A. メケレ（A. Mäkelä）はつぎのように述べている。「オーランドの人びとは自分たちをフィンランド人ともスウェーデン人とも異なっていると考え，島育ちでないものはアウトサイダーだとみなしている」[26]と。このアイデンティティはすでにみた環境と歴史のなかで形成され，自治法を初めとする特別な諸制度によって強化されてきたように思う。とりわけ，すでにふれた島民権と公務言語，教育言語をスウェーデン語

とする等の言語規定（自治法第6章）の持つ意味は大きい。しかしながら，このことをあまり強調し過ぎることは，後述するようにオーランドを「自治のモデル」に祭り上げるストーリーに加担することになるし，また現実にもそぐわない。ここでは2つの点にふれておこう[27]。その第1は，オーランドに住む人びと自身がこのことに疑問を呈していることである。新原道信が3人の高校教師と行った対話のなかで，かれらは「自分たちが特別な存在であることに対する確信が強い。自分たちが中心であると思っている。しかしそのアイデンティティの中身はそれほどはっきりしない」「多くの場合は高校卒業後，島の外で暮らすようになっていく。誰もが『大使』となりオーランドを represent（代弁）する」と「"混交した (confused, polyphonic and disphonic)" 答え」をしているのである。すでに6章で示唆したように，アイデンティティという集合表象はその根を文化や生活様式あるいは経験のなかに持っている。その根は局面に応じてアイデンティティ化するのである。その第2は，先の言語規定にもかかわらず多言語教育が行われ，また自主的な歴史教育が行われていることである。新原の調査では，首都マリエハムン（Mariehamn）のある本島の東にあるフォグロ（Föglö）の小中学校では「コストのかかる多言語教育を採用」しているし，また「オーランドの歴史について教えるべき内容（は）決まっているが，そのなかでどんな内容にするかは学校（自治体・政府）ごとに決めることができる」ことが述べられている。ここでの多言語教育に関連して，K. ライチネン（K. Laitinen）が「つい1902年までスウェーデン語が全フィンランドにおいて唯一の公用語であり，また多くの地域でも主要な言語であったという事実を顧みれば，ひとつの県—オーランド—における単一言語の使用はフィンランドの人びとにとって何ら問題となっていない」[28]という指摘は興味深い。では，こうした複雑な根をもつアイデンティティは政治的にはどのようにあらわれているであろうか。諸政党の状況でみれば，ほとんどがフィンランド本土の政党と多かれ少なかれ距離を取っている。だが，自らは議席を有しないEU議会選挙では本土政党との妥協が迫られている。この後者の点はオーランドの自治が抱える大きな問題であり，後述するモデル論とも関わるひとつの論点である。

オーランドとの対比でいえば，上述のように現在自らのことを琉球人と呼ぶ人は少ない。琉球語の流通範囲も狭い。しかし「沖縄の独立」を語る人びとはいる。このことをどのように考えたらよいか。すでにみたように環境と琉球時代の歴史のなかで育まれてきたアイデンティティは，琉球処分によって断ち切られた。そしてその後の日本への同化教育によってかき消されようとした。だが同化によって包摂しきれない根は残る。それがフロンティアの基盤となる文化，生活様式，記憶であり，ときの環境がしばしばそれを誘発する。すなわち琉球舞踊，チャンプルー文化，エイサーなどは観光産業と結びついて活性化され，差別と戦場の記憶は自立・独立論として語り継がれて人びとの心の深層に沈殿する。そして，それらはときに極度の差別に抗する強力なアイデンティティとして発露する。このことは 1995 年の米兵暴行事件，1996 年以来の普天間基地移転問題をめぐって，度重なる大規模な県民総決起集会が開催され，沖縄の政治状況に大きな影響を与えていることからも明らかであろう。だが，こうした複雑な根をもつアイデンティティを充分に表現する政党はない。諸政党は日本本土の政党に系列化され，唯一の沖縄政党である社会大衆党も弱体化したままである。

地域協力と「帝国」　「第二次世界大戦後のバルト海は，ヨーロッパの冷戦構造の縮図」であり，「軍事的安全保障問題が突出」し，各国は「対話の道もみいだせない」状況であった[29]。このなかで 1952 年主権国家間協力をうたう北欧会議（Nordic Council: NC）が設立されるが，そこでも政治的外交，安全保障問題は会議の対象外であった。この NC に自治領であるオーランドは紆余曲折の末 1970 年に加盟する。その契機としてはバルト海の石油汚染と航路の問題が重要であった。翌 71 年には北欧閣僚評議会にもオブザーバーとして参加するが，この評議会ヴィドベリー（Widberg）副事務総長とのインタビューのなかで柑本英雄は「実はこの『参加』こそが重要」との指摘を引き出す。なぜならば，この評議会は全会一致原則で運営されており，オブザーバー参加は限りなくフルメンバーに近いからである[30]。そのなかで，すでにふれた 95 年の EU 加盟は良かれ悪しかれ重要な意味を持つ。すなわち，それは国家を経由し

ないEUとの通路を開くようにみえながら，①直接の発言の機会は地方委員会での議席のみで，EU議会の議席はもたず，このことから「フィンランド国家の窓口を通じないと，自分たちの声を届けることができない」こと，②その反面EUメンバーとしての義務，例えばEU法令の自治法への組み込み，それによる自治権の問い直しに直面しつつあること，③こうした自治権の行方とも絡んで越境地域協力（INTERREG）への取り組みがはかばかしくないこと，④長距離兵器とジオポリティカルな変化のなかで，非武装・中立の意味が変化しており，それはフィンランドのNATO参加問題への対処などに顕著にあらわれていること，などの論点が浮上し，フロンティア性を生かす制度が問われているのである[31]。この点は次節でもう一度ふれる。

　沖縄の場合も政治的外交，安全保障問題での地域協力は権限外である。そのなかで1970年代後半から中国福建省との交流が始まった。いうまでもなく福建省は琉球王府が朝貢使を派遣したルートであり，交流は経済，文化，環境，友好の諸分野で積み重ねられている。やや遅れて台湾との交流が進展する。経済発展した台湾からの観光客が増えたからである。台湾とは日本統治以来の人的，経済的交流があり，航空ルートも開けている。しかしこの交流はその後経済的には進展していない。このことは石垣島よりも台湾に近い与那国島で台湾との交流が著しく制限され，国際港も国際空港もない現状が象徴する[32]。さらに80年代からは東南アジアとの交流が進展する。こうした背景をふまえて沖縄県は1992年の第三次沖縄振興開発計画で「国際交流拠点」の構想を打ち出し，既述のFTZ政策を試み，さまざまな国際交流財団・施設が整備された。そして2000年には先進国サミットの会場ともなった。しかし，こうした努力にもかかわらず，それらは地域協力の内容も貧弱であり，東北アジアでの「帝国」の形成はいまだ課題のままである。その制約条件が先にふれた安全保障問題にあることはいうまでもない。U.S.C.Sと中国が「協調」を含みながらも軍事的にはなお緊張関係にあることが，沖縄の地域協力を制約し，東北アジア「帝国」の形成を阻害している。SACO合意以来の普天間基地移転問題の行方は，この制約条件の将来を見据える重要な環となりつつある。

3．島の自治とその条件

　以上，2つの島を長期，中期，短期の歴史のなかで比較してきた。そのなかで指摘したように，19世紀後半から20世紀初めの近世帝国の崩壊，ここからくる不確実性の処理の違いがこの2つのフロンティアの分岐点であった。第二次世界大戦後に形成されたEU，U.S.C.S.という2つの「帝国」は，この分岐点の延長上に立ち上がっている。すなわち，オーランドはフロンティア性を「非武装・中立・自治」を保証する諸制度のなかで生かし，前節で指摘した諸問題をはらみながらも「新しい中世帝国」に加盟した。これに対して沖縄は，日本国家の「南進基地」から，冷戦期に立ち上がった「世界のヘゲモニー帝国」U.S.C.S.のなかに移され，フロンティア性を生かす手段を制約されたままである。このような対照的な事態を多重的空間編成の時代のなかでどう考えたらよいであろうか。

　1節で述べたように，本章の目的は，フロンティアとしての島とリージョナルな帝国・「帝国」，その各々の展開と相互関係を環境の歴史も含めた長期的歴史のうちに探り，リージョンの平和と島の自治の論理を把握することにある。

　この視点からみれば，オーランドは「帝国」の下でリージョンの平和と島の自治をそれなりに享受してきたかにみえる。しかし現状は必ずしもそうはいえない。くりかえすが，オーランドは先に指摘した諸問題をクリアーしていかねばならないのである。この現状をどう評価するか。その方向はまだ明確ではないが，「オーランド・モデル」をめぐる議論はこのことに示唆を与えてくれる。まず，E. ナウクレール（E. Nauclér）オーランド島政府長官（2004年当時）のつぎの言葉を引こう。「しばしば1つのモデルとして紹介されてきているオーランドの和解は，決してモデルとしてそのまま模倣されるべきではない。しかしながら，1921年から始められた，もしくは，数年にわたる自治政権において生み出された多くの自治の要素は，何年もの間模倣されてきている」[33]と。つまり，オーランドをモデルとみる考え方は今日では修正しなければならない，

というのである。そして端的にいえば，その「修正」のあり方をめぐって2つの立場があるように思う。ひとつは「オーランドが放棄した影響力に対する埋め合わせとして」オーランドにもEU議席が与えられるべきだと主張するナウクレール長官の立場である[34]。この立場によって上記のEU加盟にともなう諸問題はある程度解決できよう。しかし同時にそれはオーランドが自治地域から国家に近づくことになり，自治地域としての特権放棄を迫られる覚悟も必要である。これに対してもうひとつは，こうした「国家もどき」のジレンマを脱するため，特別の自治権をもつ「旧世代国際行為体」たることを諦め，「EUにおける州レベル自治体の"自治の新しい形"」の牽引車を目指すべきだという柑本英雄の立場である[35]。しかし，そのためにはEUという「新しい中世帝国」の自己改革が必要であり，オーランドはこれまでの先駆的経験をここに注ぎ込まねばならない。フロンティア性はここで生かされるのではあるまいか。課題は大きいが，筆者の立場も基本的にこの後者にある。

　沖縄の場合にはフロンティア性を生かしたリージョンの平和と島の自治への障害が依然として大きい。しかしそれらを生みだす努力は積み重ねられている。基地問題については，1996年には沖縄県は「国際都市形成構想」とセットで「基地返還アクションプログラム」を提起し，また前節末でふれたように普天間基地の移設が重要な争点となっている。また，地域協力でも，すでにふれたようにFTZ，金融特区，情報特区の形成といった積み重ねがある。だが，基地問題についての県の提起は国のレベルで頓挫し，U.S.C.S.の転換あるいはそこからの脱出の展望は開けず，またこのことに制約されてフロンティア性を生かす地域協力，そこからの「東北アジア『帝国』」の展望も示されていない。そうしたなかで事態を打開していく契機は何であろうか。筆者の基本的視点は「東アジア経済において中国が，さらには世界経済のなかで東アジアが，次第に中心的な役割を果たすようになってきている」（アリギ）ことを背景に，すでにそれなりにできあがっている「東アジアにおける重層的ネットワーク」[36]に沖縄がもぐり込み，発展させることである。それはU.S.C.S.の変質と結びついて，自治への条件を切り開くことにもつながろう。なぜならば，この変質の

軸となるのは米中の対抗から共存への模索であり，そのなかで日本も自らのスタンスを修正せざるをえないからである。沖縄はこのなかに在る。

かくして，いまや，フロンティアのメタファーとしての島と共存のメタファーとしてのリージョナルな「帝国」の関係について語ることができるだろう。海に囲まれた島はフロンティア性を際立たせるメタファーである。したがって，ここまでくれば，島を地理的なそれに限る必要はない。6章で検討したような社会的，文化的な島もある。これらの島々に共通にみられるのはフロンティアの持つポテンシャリティであり，それを基盤とした自治への志向である。しかし，この自治は無条件で成し遂げられるものではない。共存の条件が必要であり，それなしではローカルの自治志向はしばしば孤立する。この条件のひとつがリージョナルな「帝国」の形成であり，その自己変革である。すなわち，経済的，社会的，文化的なリージョル「帝国」の改革を実現することによって，国家を主体としたリージョナル「帝国」をよりフェデラルなものに変質させ，「帝国」に潜むジオポリティカルなリスクを回避しうるのである。こうして，島の自治とリージョンの平和を発展させることで，多重的空間編成は豊かな安定したシステムになりうるであろう。

1) 丸山哲史『リージョナリズム』岩波書店，2003年，pp. 4-8.
2) 以下の自然環境については基本的につぎの2論文を下敷きにしている。詳しくはそれらを参照されたい。前間晃・徳永英二「オーランド・沖縄の自然地理とその変遷」，田中嘉成「オーランド島と沖縄諸島における生物的自然の比較検討」（いずれも古城利明編『リージョンの時代と島の自治：バルト海オーランド島と東シナ海沖縄島の比較研究』中央大学出版部，2006年，所収）。
3) Dreijer, M., *The history of the Åland people I : 1 From the Stone Age to Gustavus Wasa*, Ålands Tidnings-Tryckeri Ab, 1986, p. 17.
4) 木崎甲子郎編著『琉球の自然史』築地書館，1980年，p. 49.
5) 浜下武志『沖縄入門—アジアをつなぐ海域構想』ちくま新書，2000年，p. 56.
6) Mead, W. R. and S. H. Jaatinen, *The Åland Islands,* David & Charles, 1975, p. 45.
7) 木崎，前掲書，2章参照。
8) Mead and Jaatinen, *op. cit.*, p. 92.
9) *Ibid.*, p. 92.

10) 田中嘉成,前掲論文,pp. 60-61.
11) Mead and Jaatinen, *op. cit.*, p. 19.
12) Mead and Jaatinen, *op. cit.*, p. 65.
13) Mattsson-Eklund, B., *Alla tiders Åland ; Fraån istid till EU-inträde,* Åland landskapsstyrelse, 2000, pp. 206-219. Carl-Jiro Lock 氏による英訳（私家版）によって訳出.
14) *Ibid.*, p. 255.
15) *Ibid.*, p. 287.
16) Mattsson-Eklund, *op. cit.*, p. 310.
17) *Ibid.*, p. 319.
18) *Ibid.*, p. 324.
19) E. ナウクレール「オーランドの自治について」（古城編,前掲書,所収）p. 239.
20) 山下範久『世界システム論で読む日本』講談社選書メチエ,2003 年,p. 93.
21) 同,pp. 93-94.
22) Mattsson-Eklund, *op. cit.*, p. 356.
23) 以下の本項の記述は,基本的に塩見英治「オーランドと沖縄―財政と経済・産業構造の比較―」（古城,前掲書,所収）に依拠している。
24) この島民権の詳細については交告尚史「オーランドの自治の法制度と統治機構」（古城編,同書,所収）pp. 222-228 を参照されたい。
25) 沖縄の経済特区については G. D. フック「グローバル化・地域化への応答―沖縄県および与那国町の場合―」の 3 節および酒井正三郎「沖縄の経済特区について」（いずれも古城編,同書,所収）,古城利明「沖縄における情報化―産業振興を中心に―」（研究代表者矢澤修次郎『平成 12 年度～平成 15 年度科学研究費補助金・基盤研究(A)(1)研究成果報告書：地球情報社会における地域社会発展の条件に関する研究』2004 年,所収）を参照されたい。
26) Mäkelä, A., Regional Identity in the Åland Islands, *MA-thesis Sokrates programme EUROCULTURE (2000/2001)*, p. 40.
27) 以下の点については新原道信「深層のアウトノミア」（古城編,前掲書,所収）に依拠している。
28) K. ライティネン「島のアイデンティティと言語―沖縄とオーランドの歴史から学ぶ―」（古城編,同書,所収）p. 339.
29) 百瀬宏・志摩園子・大島美穂『環バルト海：地域協力のゆくえ』岩波新書,1995 年,p. 30.
30) 柑本英雄「旧世代国際的行為体としてのオーランド」（古城編,前掲書,所収）pp. 298-299.
31) 以上の論点は柑本,同論文,池上雅子「非武装地域オーランド―孤立主義からリージョンの平和づくりへ―」および E. ナウクレール,前掲論文（いずれも古城編,

同書,所収)から筆者が再構成したものである。詳しくはこれらの論文を参照されたい。

32) G. D. フック,前掲論文,参照。
33) E. ナウクレール,前掲論文,pp. 237-238.
34) E. ナウクレール,同論文,p. 257.
35) 柑本英雄,前掲論文,p. 316.
36) 星野英一「『基地のない沖縄』の国際環境」(宮里政玄／新崎盛暉／我部政明編著『沖縄「自立」への道を求めて──基地・経済・自治の視点から』高文研,2009年,所収) p. 106.

終章
「『帝国』と自治」の展望

1．イタリアと日本

　本書ではここまで，主としてイタリアと日本を事例に，グローバリゼーション時代のリージョンとローカル，その統治様式としての「帝国」と自治の意味をさまざまな角度から検討してきた。本章ではこれらの検討内容を，序章の図序-1と図序-3を参照しながら，もういちどイタリアと日本の時空間のフェイズに沿って整理し直すことから始め，ついでこれを総括し，最後にそれらをふまえた今後の展望を試みたい。

　時空間のフェイズ　［フェイズ1］　出発点はアフロユーラシアである。ヨーロッパと中国はこの紀元前5世紀から14世紀に至る「ゆるやかで広大な世界システム」の西端と東端に位置していたが，このシステムの終焉は「グローバルな中世の危機」(山下範久)をもたらした。それはヨーロッパでは，イタリア半島も含めて，「13世紀世界システム」終焉後の「中世の危機」として起こり，東アジアでは明朝の「中華的普遍性の分有」をともなわない「海禁＝冊封＝朝貢貿易体制」の下で，日本列島（北海道と沖縄を除く）は「小中華的契機の不在」[1]に晒されることとなった。

　［フェイズ2］　しかし15世紀中頃になると世界システムは上昇期に向かい，「長い16世紀」の前半期のヨーロッパでは「大航海時代」が出現し，イタリア半島も都市コムーネ間の競争激化，これと結びついたルネサンスの開花という活発な動きがみられた。これに対して東アジアの明朝は「北虜南倭」に悩まされ，そのなかで「小中華」から半ば解放された日本は戦国時代にあり，その

なかで鉄砲，キリスト教の伝来など「ヨーロッパ文明」と直接に接する事態がうまれた。

［フェイズ3］ つづく後半期からは近世帝国による「空間の分節」化の時代に入るが，16世紀半ばヨーロッパはその形成に挫折し，絶対主義国家から国民国家への道を歩み始めた。その過程でジェノヴァ資本主義はスペイン王室と結んで雄飛するが，17世紀半ばにはオランダ・ヘゲモニーが台頭する。そのなかでイタリア半島中北部はオーストリア，フランス，イギリスの「帝国化」戦争に巻き込まれて疲弊し，国民国家への歩みに立ち遅れることとなった。一方中国では明清交代期で依然動乱がつづいたが，帝国としての地域秩序は保たれており，日本でも秀吉の朝鮮出兵から東南アジア戦略までの動きがみられたものの，「小中華」からの解放もその限りのことで，程なく「鎖国」へと転じていった。

［カエスラ］ すでにみたように，山下によれば，1800年は「グローバリティのカエスラ」の時点である。それは「近世帝国と近世のグローバリティが解体し，新たなグローバル空間があらわれてくる過程」[2]である。だが，この「過程」はヨーロッパでは「急速に進行」したのに比して，東アジアでは相対的に長い時間をかけて「断続的に進行」した[3]。

［フェイズ4］ この転換を経た「長い20世紀」の前半はイギリス・ヘゲモニーの下での「資本蓄積体制）」（アリギ）をベースにネイション＝ステイト（国民国家）が広がり，その植民地主義が拡大するフェイズであり，ヨーロッパはその中心であった。そのなかでイタリアは「小さな統一国家」として出発しながら南欧のなかでの「発展型」として，やがてファシズム体制を形成して行くことになる。他方東アジアではイギリスを始めとするヨーロッパ列強の侵略によって清朝が弱体化し，やがて朝貢冊封体制の放棄に至る。そのなかで日本は「開国」を迫られるが，これを迫ったアメリカは南北戦争に，ヨーロッパ列強も相互の争いに埋没するなかで生まれた「力関係の相対的な真空」＝「『グローバリティのカエスラ』のひとつのあらわれ」[4]に直面することになった。そこから選び取られた選択が「小中華的ナショナリズム」を残す近代的国家形成

であり，そこでみられたのは「富国強兵」から日本ファシズムへの「発展型」であった。こうしてイタリアも日本も，このフェイズの終盤でファシズムという共通の経験を蒙るが，その終焉の有り様は異なった。すなわち，「生存的あるいは自発的反ファシズム」もしくは「民衆的非ファシズム」の広がりをもつレジスタンス運動で「終焉」を演出したイタリアとそうした運動の広がりがなく自力で「終焉」を迎えられなかった日本の違いである。

　［フェイズ5］　後半期はアメリカ・ヘゲモニーの時代である。この時アメリカは「団体的・国民的」蓄積体制に基づく「内包的」体制としてソ連と対峙したが，冷戦終結前後からグローバルな射程を持つそれへと変身した。このソ連との対峙の間，イタリアも日本も「小アメリカ」として発展したが，1960年代末を境に異なる様相を強め始めた。すなわち，イタリアはレジスタンス運動をふまえた市民社会的様相が強まり，また80年代からのEU統合がステイト的契機を後退させ，総じてネイション・ステイトがゆらいでおり，そのなかで自治につながる要素が模索されているのに対し，日本では「反システム」運動の力量が弱く，東アジア「帝国」への動きも脆弱で，「小アメリカ」的状況を拭いきれないなかで「福祉国家志向」というかたちでナショナルな様相を強めつつあり，自治は基本的に地方自治の枠を抜け出せないままにある。

　総括　以上の整理をふまえて，これを序章で述べた本書の目的に沿って総括しよう。

　まず第1は1960年代末から70年代初めから始まったとされるグローバリゼーション時代の位置づけについてであるが，これについては「現代のグローバリゼーション以前からのグローバリティ展開について多くの研究蓄積」を擁していた世界システム分析が有益であった。例えば，山下によれば，現代のグローバリゼーションは「自由主義のジオカルチュアの終焉後の世界システムの変容」[5]を意味し，この「変容」は，ネイション・ステイト（国民国家）のステイトとネイションの「結びつきの解体」を意味している。だが，本書の歴史的，実証的検討を通じて筆者がみいだしたのはこの「変容」の歴史的意味であり，それを受けた現局面の位置づけである。上述の5つのフェイズを基に，イタリ

アと日本の事例に即していえば，近世帝国の挫折と保持という「空間的文脈」の違いが，1800年契機の「転換」でのそれぞれの選択を制約し，そこからの国民国家形成に（半周辺からの上昇志向やファシズム経験といった類似性をともないながらも）差異をもたらし，それが新たな「帝国」の形成という現局面での「空間的文脈」「ゆらぎ」の振幅にも影響しているのである。したがって，この「ゆらぎ」の振幅の差異から「解体」へのプロセスは近未来への展望に委ねられる。

　第2はこの「ゆらぎ」のなかでステイトの契機から立ち上がってくるリージョンとその統治様式としての「帝国」についてであるが，これらについて分析する理論はまだ不充分である。例えば，山下のリージョナリズム論はグローバリゼーションのなかで新しいリージョンあるいは「新しい近世帝国」が立ち上がってくる可能性，それが「多元性の包摂を完成させることなく，むしろ〈世界〉の外部の不在へと閉じてゆく」ことを示唆しており，視点として実に興味深いが，実証のレヴェルにブレーク・ダウンする分析枠組みが未彫琢である。またU. ベック（U. Beck），J. ズィーロンカ（J. Zielonka）らのEU帝国論は「政治経済学的な分析視角を欠いている」[6]との評価があり，妥当と思う。とはいえ，こうした研究をふまえてみれば，本書4章でのイタリア諸団体のヨーロッパ統合に対する態度，5章でのイタリアのミクロ・リージョナリズムの意味も，「ゆらぎ」の局面での動きとしてよりよく理解できるし，この局面から近未来への萌芽をみいだすこともできよう。これに対して東アジアでは上述のようにネイション・ステイトの「ゆらぎ」の振幅が小さく，「帝国」への萌芽もむしろ近未来に委ねられている。この点は次節でふれたい。

　そして第3は「ゆらぎ」のもうひとつの契機，ネイションの契機から導かれるローカルとその統合様式としての自治についてである。いうまでもなく，これらについて分析する理論も不充分であった。そこで先行理論の検討から筆者なりの自治概念を提起したが，そこからみた場合，群島性をもつイタリアは「ローカルにおける『カウンター・ポリテックス』」の宝庫である。都市コムーネにおける地縁的ネットワークの歴史，それをふまえたレジスタンス，そこか

ら発展した70年代のミクロ・リージョン・「左翼自治体」・地域評議会の3点セット，そしてこれらと重なるフェデラリズム運動がそれである。これに対して，沖縄，オーランド，ヴェネツィア＝ジューリアの自治はフロンティア性を根拠としている。この点についてはその特殊性を越えた理論が要請されるが，それは課題として残されたままである。だが，その一端については次次節で若干ふれたいと思う。

2．「帝国」の近未来

アリギの展望　さて，近未来の展望に移ろう。まず「帝国」である。ここでは序章の3つの図を参照する。最初はアリギの図序-1である。この図には2000年以降の近未来は明らかでない。それは『長い20世紀』が1994年に刊行されたことにもよっているが，もうひとつには強大化した「東アジアの『資本主義群島』」のなかで日本が「最大級」であったことがあろう[7]。もともとアリギには「アメリカ蓄積体制」の「危機」から近未来に向けての3つのシナリオがあった。その第1はアメリカと西欧諸国による「グローバルな世界帝国」の建設，第2は東アジア資本による「資本蓄積のシステム過程の管制高地」の占拠，そして第3が資本主義の歴史の終焉ないし人類史の終焉をまねく「システムのカオス」である[8]。だが，この第2のシナリオで日本が「最大級」ということは，「資本主義世界経済の管制高地の新しい番人には，国家形成能力，戦争遂行能力が欠ける」[9]ことを意味する。それは資本主義の歴史に新しい局面を拓くというよりは，第3のシナリオに繋がりかねない。こうした危惧を抱えるシナリオ群にとって，90年代以降の中国の「比類なき経済的拡大」はその「危惧」を取り除くことになった[10]。そこでアリギは2005年の時点で第2のシナリオを中国中心のそれに組み替え，その可能性に注意を促した。そしてその結果として，第3のシナリオも第1のシナリオと第2のそれの競合・対立による「カオス」として捉え直された。以上，近未来に関するアリギの3つのシナリオをみてきたが，ここで留意しておきたいことは，ブローデル－ウ

ォーラーステインの系譜から,アメリカ,西欧,東アジアという管制高地(筆者の視点からすれば「帝国」),前2者による「世界帝国」,これと東アジア「帝国」との競合・対立という図式がみて取れることである。

山下の展望 では,この図式は山下の図序-2 および図序-3 とどのように噛み合うのであろうか。だが,その前に山下の2つの図はどのような関係にあるのか。山下自身の説明はないので,筆者なりに解釈すれば以下の3点となる。第1に,図序-2 の「二重の二重化」,すなわち「連帯の基盤の二重化」とこれに接続する「〈世界〉認識の二重化」は,図序-3 の「ポランニー的不安」の上昇局面に該当する。したがって,この「二重の二重化」は,「ポランニー的不安の極点」において「諸主体が直接〈世界〉に対峙するという意味でのグローバリズムの契機」[11] に回収される。この地点は「自由主義のジオカルチュアの内部においては,時間軸にそって縮減されていた多数多様性が,むき出しに近い状態で,空間的に再噴出している状況」[12] の極限である。上述したアリギのいう「帝国」の競合・対立はこの局面に当たるように思う。そして,そうであってみれば,山下の展望はその先の未来にも言及していることになる。

この「未来」は図序-2 では2つのグローバリズムとして描かれている。ひとつは「〈世界〉認識の二重性を解消しようとする」「ポジティヴなグローバリズム」であり,もうひとつはこの「二重性を解消し得ぬ,新しい人類の条件として受け入れようとする」「ネガティヴなグローバリズム」である。ここで「〈世界〉認識の二重性」とは,フローの増大などによって,一方で諸主体にとっての「現実」の認識が固定化・正統化されていた制約から解放されて多元化し,他方で「想像力」の多元性がそれに対応しうる制度的なものに整流化され,両者が溶解しあうことである[13]。上述の極限状況はここからもたらされるが,そこでは主体と〈世界〉を媒介する「現実」も「想像力」も意味を失う。これを拒否して「一種のグローバルな社会契約を求める」のが前者のグローバリズムであり,こうした社会契約を拒否して「生の非一貫性・非斉一性」を受容するのが後者のグローバリズムである[14]。

ところで山下の描いた図序-3 は図序-2 の「未来」とはまた違った内容を包

摂している。この図序-3には表示されていないが，この図が掲載されている『現代帝国論』(2008年)で山下は，「ポランニー的不安」に対する処方箋として「3つの普遍主義」を挙げている[15]。そのうちの「ネオコン周辺の普遍主義」，「シニカルな普遍主義」は，それぞれ先の「ポジティヴなグローバリズム」，「ネガティヴなグローバリズム」に対応するものである。それに加えてこの著作では第3の普遍主義として「メタ普遍主義」を提起している。ここで普遍主義とは人類史レヴェルでの帝国化の指標である論理一貫性をもつ原理のことであり，そのなかで「メタ普遍主義」は他の2つの普遍主義との対比でいえば「社会契約を求めない普遍主義」であり，「個別の〈世界〉から等しく距離をとってメタレベル化された空虚な普遍性」を「その〈帝国〉化の局面において析出する」とされている[16]。だが，解説はもうこの位にしよう。とはいえ，2つのことを付け加えておきたい。そのひとつは「新しい近世帝国」がこの「〈帝国〉化の局面」として構想されていること，もうひとつはそれがハート／ネグリの〈帝国〉と重なるものとして考えられていることである。しかし山下自身これらの点を詰めて論じているわけではない。

以上，山下の「未来」構想を少しくみてきたが，それはまだスペキュレーションの域にある。しかし，それは上述したアリギと山下の重なる局面を位置づけるうえでは示唆に富む。そのことを確認したうえで指摘しておきたいことは，現局面では，アリギのいう「資本蓄積体制」と山下のいう「ポランニー的不安」の管理との関連という視点から「帝国」を再審することが重要ではないかということである。そのうえでヨーロッパ，東アジアでの「帝国」の実証的検討が必要となるが，それらは課題として残る。

3．自治の近未来

「ポランニー的不安」の上昇局面とローカル　自治の近未来に移ろう。ここで直接参照できるのは図序-2のみである。しかしながら，先にふれた図序-2と図序-3の重なり合いの解釈からすれば，「ポランニー的不安」の上昇局面

におけるローカルと自治として問題を設定することができる。いいかえれば，この上昇局面とは上述した「ポランニー的不安の極点」に近づきつつある状況であるから，この局面のローカル（イズム）とは，すでにふれた「多数多様性が，むき出しに近い状態で，空間的に再噴出しつつある」状況であり，また「それぞれの『生』を背負った諸主体（が）『個別性の共有』に苦労」している状況ということができる。この状況を主としてベックに拠りながら，3点敷衍してみよう。

　まず第1点は「多数多様性が，むき出しに近い状態で，空間的に再噴出しつつある」状況とはどういうことか，ということである。この点に関してベックは，「暴走する世界（a runaway world）における自己流の人生（a life of one's own）」という視点から，グローバリゼーションのなかでこうした「人生へと粉々になる危険を身をもって悟」りながら，その「人生の残骸のための廃品置場」といった社会的空間で闘っている[17]，と主張している。これはローカルな空間について述べたことではなく，むしろグローバリゼーションの下でのナショナルな空間の崩れを念頭に置いてのことであるが，事態は同じであろう。

　第2点は「『個別性の共有』への苦労」の状況についてである。この点については，ベックはローカルにもふれて「場所やコミュニティあるいは社会の結び目は解けつつある」としたうえで，そこでは「人びとは自分の人生を別々の諸世界へと広げる。……つまり，人びとは同時にいくつかの場所と婚姻を結ぶのである」と。これをかれは「場所との複婚という生活様式（Place-polygamous ways of living）」と呼ぶ[18]。こうした「場所のナラティヴ」やこれと相関した「コミュニティの再定式化」については多くの議論がある。

　だが，そこでの重要な論点は「苦労」して紡ぎ出された「個別性の共有」が再び「ゆらぐ」ことである。これが第3点であり，これに関連して吉原直樹は「場所はまぎれもなく地域の人びとの生活の履歴が深く埋め込まれた空間構成（chorésie）の形物であるが，その一方で関係が創られては壊され，再び形象化されていく生成（becoming）の行程（トラジェ）に深く関わっている」[19]と述べている。だが，ここでひとつ留意しておきたいことがある。それはこの「生成の行程」

は弁証法的に進行するであろうということである。イタリア都市コムーネにみられる地縁的ネットワーク，島々にみられるフロンティア性は，この行程のなかで傷つきながら再形象化されている関係を指すもののように思われる。

ローカルと自治　こうしたローカル局面での自治とはどのようなものであろうか。序章で規定した自治概念を基礎に，ここでもベックらを参照しながら3点敷衍してみよう。

その第1は，「市場原理」のグローバリゼーション，その下でのネイション・ステイトの崩れが引き起こす「自己流の人生」の「危険」，「残骸」化をケアし，むき出しの利害・要求を調整する「カウンター・ポリテックス」たることである。それはベックのいう「サブ政治」の概念と重なる。なぜなら，それはネイション・ステイトの下で形成された「オフィシャルな政治システム」に対するグラスルートからの「日常的な政治的実践」の「世界」を意味するからである[20]。

第2は，この政治が「場所との複婚」という生活様式に開かれることである。特定のローカルに固定されるものではなく，「市場原理」のグローバリゼーションに抵抗する限りでは，「単位やシステムを成り立たせる区分」を「超越」し，「帝国」との接点を持つ。

そして第3は，ソーレンセン／トリアンタフィローのいう「多様なエージェンシー」による self-governance の様式たることである。いうまでもなく，この統治様式は著しく不安定である。しかし，それを承知で制度とルールの生成を繰り返すことになろう。そして，これもまたベックの「サブ政治」と重なる面をもつ。なぜならば，それは絶えずルールを改変するという再帰的な性質を持っているからである[21]。

さて，こうした意味での自治の動向は，すでに萌芽的にはあらわれているが，その多くは近未来に委ねられているといわざるを得ない。なぜなら，1節末でふれたイタリアのケースも今は新たな様式の模索期であろうし，フロンティア性を濃厚に残す地域でも，オーランドを除いては，萌芽性も充分ではない，と思われるからである。

交感・交響の自治空間　そのうえで，ここで未来に向けてもうひとつの補助線を引いておきたい。それは交感（communion）あるいは交響（symphony）の自治空間という補助線である。まず，交感とは何か。C. ベル（C. Bell）と H. ニュービー（H. Newby）によれば，それは「ローカルに定礎してはいるものの，一種特有な人間的な結びつき（human association）としてのコミュニティ」[22]から産み出されるものであり，その「結びつき」の核心は affection である，という。では交響とは何か。見田宗介によれば，それは「異質的な諸個人が自由に」交歓しあう関係であり，その「呼応空間」が交響圏あるいは「交響するコミューン」である[23]。両者の理論水準は同じではないが，その内容において響きあうものがある。そのうえで見田は，この「交響するコミューン・の・自由な連合（Liberal Association of Symphonic Communes）」という未来の社会構想を提起している[24]。これが山下の2つのグローバリズム，3つの普遍主義と重なるのか重ならないのか。筆者自身はこの「交響するコミューン・」「の・自由な連合」あるいは「の・フェデラリズム」に惹かれるが，それもまたスペキュレーションの域にあり，これらの未来構想の検討は残されているし，またその実証へのブレーク・ダウンも残された大きな課題である。

　以上，21世紀初頭の転換のなかで，グローバリゼーションにともなう「帝国」と自治の近未来にまで稿を広げてきたが，その可能性を凝視しつつ，ひとまずここで本書は閉じられる。

1)　山下範久『世界システム論で読む日本』講談社選書メチエ，2003年，pp. 108-109.
2)　同書，p. 156.
3)　同書，p. 180.
4)　同書，p. 218.
5)　山下範久「グローバリズム，リージョナリズム，ローカリズム」（藤田武司・西口清勝・松下洌編『グローバル化とリージョナリズム』御茶ノ水書房，2009年，所収），p. 422.
6)　中村健吾「現代帝国主義論とEU―ポストナショナルな政治経済システムの解剖学―」（藤田武司・西口清勝・松下洌編，同書年，所収），p. 87.

7) G. Arrighi, *The Long Twentieth Century,* Verso, 1994（邦訳：土佐弘之監訳『長い20世紀―資本，権力そして現代の系譜―』作品社，2009 年），p. 8.
8) G. Arrighi, 同訳書，pp. 537-538.
9) 同訳書，p. 537.
10) 同訳書，p. 10.
11) 山下，前掲論文，p. 424.
12) 同論文，p. 422.
13) 同論文，p. 421.
14) 同論文，p. 424.
15) 山下範久『現代帝国論―人類史のなかのグローバリゼーション―』NHK ブックス，2008 年。第 4 章～第 6 章.
16) 同書，p. 214.
17) U. Beck and Elisabeth Beck-Gernsheim, *Individualization : Institutionalized Individualism and its Social and Political Consequences,* Sage, 2001, p. 23.
18) *Ibid.,* p. 25.
19) 吉原直樹『モビリティと場所― 21 世紀都市空間の転回』東京大学出版会，2008 年，p. 259.
20) U. Beck, *The Reinvention of Politics : Rethinking Modernity in the Global Social Order,* Polity, 1997, chap. 3.
21) *Ibid.,* p. 135.
22) C. Bell and H. Newby, Community, Communion, Class and Community Action : The Social sources of the New Urban Politics, in D. H. Herbert and R. J. Johnston (eds.), *Social Areas in Cities, Volume II : Spatial Perspectives on Problems and Policies,* John Wiley & Sons, 1976, pp. 195-196.
23) 見田宗介『社会学入門―人間と社会の未来』岩波新書，2006 年，p. 181.
24) 同，p. 179 以下.

あ と が き

　本書は1977年に刊行された『地方政治の社会学』（東京大学出版会）に次ぐ，わたしの2冊目の単著である。この前著を出版したとき，わたしはイタリアに留学中であった。したがって，その「あとがき」はローマで執筆されている。このなかでわたしは以下のような感想を述べている。「今，わたしはイタリアに在って，この日本の社会的現実（前著の内容）を相対化しようと焦っている。その焦りを乗り越えられたとき，この中間報告の続編が産み出されるかもしれない」と。

　本書は前著とはテーマも方法論も大きく異なっているが，ある意味ではその続編である。それは日本の「相対化」の問題に答えようとするなかで産み出されてきたものだからである。ひるがえってみれば，すでにわたしがイタリアを留学先に選んだこと自体がこの「相対化」の問題をはらんでいた。前著の冒頭の「序」でふれているように，わたしは田口冨久治教授（当時）の「3つの政治闘争の舞台」という仮説，すなわち，①国家レヴェルでの政治闘争，②労働運動レヴェルでの統一闘争，③自治体レヴェルでの政治闘争のうち，当時の日本では③が「情勢転換の突破口」の地位を占めているが，イタリアはこれら3つのレヴェルでの闘争のバランスがよくとれているとの仮説に刺激を受け，日本との比較の対象にイタリアを選んだのである。先の「相対化」の焦りとは，この比較の視座の模索状況を示している。

　この視座の模索は，日本に帰国後に邂逅した世界システム分析を手がかりにして拓けてゆくことになる。本書のなかでもふれたように，ウォーラーステインの『近代世界システム』の第1巻が出版されたのは1974年のことであり，わたしのイタリア留学以前のことであったが，迂闊にしてわたしにはその目配りがなく，この研究に邂逅したのは日本での翻訳出版以後のことであった。折

よく，帰国後の1978年度からわたしは中央大学大学院法学研究科で「比較体制論」という共通講義を担当することになり，多くの院生とともに世界システム分析の著書や論文を読みあさった。そのなかで本書のひとつの理論的ベースになっている比較世界システム分析やこの理論と連続主義者の論争など多くを学んだが，とりわけわたしが注目したのはアフロユーラシアという概念とフロンティアという概念であった。本書でおわかりのように，前者によって世界システムのなかでのヨーロッパと東アジアを比較する視座が拓け，これとリージョン研究を接合することでイタリアと日本を位置づける可能性がみえてきたのである。後者の概念はさし当たり沖縄における自治の可能性を探る視座として注目したが，のちにこの視座への関心が拓けてくることになる。こうしてわたしは1990年代末から2000年代半ばにかけて本書の1章，2章，4章，5章，7章，8章の初出論攷を発表した。このうちの4章と5章は1993年度から1995年度までの3年間，中央大学とシェフィールド大学，エクス＝マルセイユ第Ⅲ大学との国際共同研究（代表 高柳先男教授）の成果の一部である。また，世界システム分析については本書の構成上ここに収録しなかった論文もいくつかあるが，それらについては『法学新報』第115巻第9・10号所収の拙「主要著作目録」を参照頂きたい。

　先に述べたフロンティアへの関心を沖縄から発展させたものが本書の6章と9章である。海上の島から陸上の島へ，海上の島の比較研究，これらを通してわたしはフロンティア概念をより深めることができたと考えているし，「帝国」との関連のなかでその潜在的な自治能力を探っていけるのではないかと考えている。これらの論攷はいずれも共同研究の成果の一部である。すなわち，後者は2002年度から2004年度にかけて行われた中央大学共同研究費による諸研究所の共同研究（代表 古城利明），前者は2004年度からつづいている科学研究費補助金による共同研究（代表 新原道信）の成果の一部である。わたしにとってこれらの共同研究はフロンティアへの関心の発展，さらに「帝国」論への挑戦に大いに役立つものであった。

　以上の諸章以外の序章，3章，終章は書き下ろしである。これらのうち3章

はこれまでの研究に欠けていた世界システム分析の視座からのイタリア論である。まだ諸研究の「寄せ集め」の感を拭いきれないが，大枠は示せたかと思っている。これによって世界システム，そのなかでのヨーロッパと東アジア，そしてイタリアと日本を包摂する比較の視座とそれに基づく分析が整ったわけである。いささか形式的な関心に導かれたようにも思うが，そうすることでつぎの課題もみえてくるのではあるまいか。これが前著の「あとがき」で述べた「相対化」問題への30年後のひとまずの解答である。

序章と終章は1章から9章までの内容がいちおう見通せた時点で執筆された。これらの内容を「『帝国』と自治」というタイトルで纏め上げるには2つの問題点があった。ひとつは「リージョンとローカル」の位置づけ，もうひとつは帝国概念をめぐる論争である。これら2つの問題点を考えるうえで山下範久氏の論攷は非常に参考になった。氏とは1回のメール交換のみで面識もないので，この場を借りて深くお礼申し上げる。

さて，本書は従来の論文に加筆・修正を加えた8つの章と，新たに書き下ろした3つの章から成り立っている。以下，既発表論文の初出を示しながら，必要に応じて若干の説明を加えたいと思う。

序章は書き下ろしである。

1章の初出は，「世界システムとヨーロッパおよびアジア」というタイトルで，庄司興吉編著『世界社会と社会運動―現代社会と社会理論：総体性と個体性との媒介―』梓出版社，1999年である。加筆・修正は若干にとどまる。

2章の初出は，同一タイトルで，古城利明編『世界システムとヨーロッパ』中央大学出版部，2005年である。他章との重複を削除・修正した外の加筆・修正は若干にとどまる。なお，初出を含む同書は中央大学法学部政治学科50周年記念論文集として企画された4巻中のⅢ巻である。

3章は書き下ろしである。

4章の初出は，同一タイトルで，高柳先男編著『ヨーロッパ統合と日欧関係：国際共同研究Ⅰ』中央大学出版部，1998年である。加筆・修正は若干にとどまる。

5章の初出は，同一タイトルで，中央大学社会科学研究所年報4号（2000年）である。他章，とりわけ2章との重複を削除・修正した外の加筆・修正は若干にとどまる。

　6章の初出は，「ヴェネツィア・ジューリア（Venezia Giulia）試論—比較世界システム分析の視点から—」というタイトルで，平成16年度〜平成18年度科学研究費補助金（基礎研究(B)(1)研究成果報告書『21世紀"共成"システム構築を目的とした社会文化的な"島々"の研究』（研究代表　新原道信）である。これを大幅に加筆・修正した。

　7章の初出は，同一タイトルで，庄司興吉編『変貌するアメリカ太平洋世界⑤情報社会変動のなかのアメリカとアジア』彩流社，2004年である。加筆・修正は若干にとどまる。

　8章の初出は，同一タイトルで，『法学新報』108巻3号（2002年）である。他章，とくに7章との重複を削除・修正し，2001年以降の動向を加筆した。

　9章の初出は，「オーランドと沖縄—比較の視点と枠組み—」というタイトルで，古城利明編『リージョンの時代と島の自治：バルト海オーランド島と東シナ海沖縄島の比較研究—』中央大学出版部，2006年である。これは上述の中央大学共同研究費による研究成果の一部であったが，「イントロダクション」の部分であったので，これに他のメンバーの研究成果を組み込み，大幅に加筆・修正した。

　終章は書き下ろしである。

　以上の本書成立の経緯および各章の初出状況からもおわかりのように，本書の内容はいくつかの共同研究のなかから産み出されたものである。この共同研究には2つの種類がある。ひとつはテーマ別にいくつかの大学の研究者が集まって行うもので，4章，5章のような中央大学を中心とした国際共同研究と1章，6章，7章のような科研費による共同研究がそれである。もうひとつは同じ大学のなかで専門を越えて行うもので9章がそれに当たる。また8章はこれら2種類の共同研究の積み重ねのなかからのひとつの産物である。そうした意

味で，本書の誕生はこれら共同研究での討論や共同調査に多くを負っているのであり，それぞれの共同研究を代表した高柳先男中央大学名誉教授（故人），庄司興吉東京大学名誉教授，新原道信中央大学教授を始めとする共同研究のメンバーに心からの感謝の意を表したい。またわたしが代表を務める共同研究では，中央大学法学部の中島康予教授，同通信教育部インストラクターの福嶋純一郎君，同大学院法学研究科院生栗林　大君に本当によくサポートして頂いたし，東京工業大学大学院の院生である鈴木鉄忠君にはヴェネツィア・ジューリアでの調査と6章の執筆でサポートして頂いた。この機会を借りてお礼申し上げる。そして，本当は，これらの共同研究での現地調査に快くご協力頂いた多くの方々に心からの感謝の意を表さねばならない。そのご協力がなければ本書は成立しなかったからである。この場を借りてお礼申し上げたい。

　最後になったが，本書の数々の初出論文の出版から今回の中央大学学術図書出版助成への応募まで，さまざまなかたちで本書の出版にご尽力頂いた中央大学出版部の方々，とりわけ大澤雅範エクステンションセンター（出版部）担当副部長，小島啓二同担当課長および平山勝基前担当部長には厚くお礼申し上げる。その励ましとご尽力によって本書は誕生することができたのである。

2011年3月初旬

古　城　利　明

人名索引

ア行

秋田 茂　59
アグッツィ　Aguzzi, L.　85, 86
アブー゠ルゴド　Abu-Lughod, J.　3, 30, 31, 50, 52, 53, 73, 77, 78, 169, 248
アミン　Amin, S.　47
新川 明　231
新崎盛暉　233, 237
アリギ　Arrighi, G.　3, 4, 13, 60, 79, 82, 83, 87-89, 90-92, 175, 201, 202, 208, 210, 211, 229, 260, 266, 269-271
アルベリ　Alberi, D.　168, 169, 171, 177
池田 哲　5, 6, 17, 36-38, 194, 197
石井寛治　198
井上直子　183, 184, 186
伊波普猷　225
ウェーバー　Weber, M.　74
ウォーラーステイン　Wallerstein, I.　1-7, 10, 13, 21, 24-27, 30-35, 39, 40, 47, 48, 50, 53, 54, 57, 58, 61-66, 72, 81, 84, 85, 92-94, 172, 175, 191, 192, 194, 205, 269, 277
江口圭一　199
大石嘉一郎　198
大田昌秀　226
小熊英二　217, 225, 227
オブライエン　O'Brien, P. K.　60

カ行

カッタルッツア　Cattaruzza, M.　176
カッチャーリ　Cacciari, M.　46, 64, 94
カーティン　Curtin, P.　28
加藤哲郎　230
加藤祐三　197
ガルミーゼ　Garmise, O.　146, 148, 149, 151, 153
川勝平太　198, 199
北原 敦　90
ギデンス　Giddens, A.　216
ギャンブル　Gamble, A.　133
ギルズ　Gills, B. K.　3, 21, 23, 30
金城正篤　221
クアッツア　Quazza, G.　90
クェルチォリ　Querucioli, M.　165, 167
グラック　Gluck, C.　202
グラムシ　Gramsci, A.　14
クリスティアンセン　Kristiansen, K.　49
グルア　Grua, C.　100, 105, 115, 116, 129
グローテ　Grote, J.　146, 149
コヴァックス　Kovacs, M.　108
柑本英雄　257, 260

サ行

サイード　Said, E. W.　48

佐藤彰一　49
サルヴェーミニ　Salvemini, G.　156
塩見英治　254, 255
清水廣一郎　79
シルヴァー　Silver, B.　201, 210, 211, 213
ズィーロンカ　Zielonka, J.　66, 187, 268
杉山正明　29
鈴木鉄忠　168, 169, 171, 181, 184, 186
ストラウスフォーゲル　Strausfogel, D.　21, 22, 25, 192
ストルツォ　Sturzo, L.　156
スピネッリ　Spinelli, A.　118, 143, 156
スラッタ　Slatta, R.　215
ソーレンセン　Sørensen, E.　13-15, 273

タ行

高橋　進　89, 90
高良倉吉　220, 221
タバク　Tabak, F.　30, 31, 39, 40
チェイス゠ダン　Chase-Dunn, C.　2, 3, 8, 21-24, 26, 27, 30, 31, 33-35, 39, 40, 50, 51, 72, 73, 193, 194, 215-217
デ・フェリーチェ　De Felice, R.　89
テロ　Telò, M.　93
トッド　Todd, E.　46, 64
豊下楢彦　91
トリアンタフィロー　Triantafillou, P.　13-15, 273

ナ行

ナウクレール　Nauclér　259, 260
中村政則　203, 229
ナネッティ　Nanetti, R.　147, 151
新原道信　163, 256, 280, 281
ニュービー　Newby, H.　274
ネグリ　Negri, A.　2, 12, 271

ハ行

ハイネ　Hine, D.　112
ハウランド　Howland, D. R.　196, 224
バーテルソン　Bartelson, J.　1
ハート　Hardt, M.　2, 12, 271
パットナム　Putnam, R. O.　151, 152
バニャスコ　Bagnasco, A.　101, 105, 113, 114, 135, 149, 158
浜下武志　6, 36, 37, 194, 195, 197-199, 218, 222
平田清明　63, 65
ファブリス　Fabris, R.　161
藤原帰一　2
プポ　Pupo, R.　177, 179-181
ブラック　Black, C.E.　47
フランク　Frank, A.G.　3-7, 21-24, 30, 47, 48, 57, 59, 85
プリゴジン　Prigogine, I.　25, 41, 192
ブル　Bull, A.　145
ブローデル　Braudel, F.　4, 7, 53, 83, 244, 269
ベック　Beck, U.　268, 272, 273
ベッリーニ　Bellini, N.　149-151
ベル　Bell, C.　274
ホール　Hall, S.　8, 13, 14

人名索引 285

ホール　Hall, T.　2, 3, 8, 21-24, 26, 27, 30, 31, 33-35, 39, 40, 50, 51, 72, 73, 193, 194, 215-217

マ行

マクニール　McNeill, W. H.　170, 173
マッカーシー　McCarthy, P.　110
マルクス　Marx, K.　3, 74
マン　Mann, M.　51, 52
見田宗介　274
ミリオ　Miglio, G.　113, 122
ミード　Mead, W.R　248
宮本憲一　233
メケレ　Mäkela, A.　255
メルレル　Merler, A.　163

ヤ行

八十田博人　94
ヤーチネン　Jaatinen, S. H.　248
山下範久　3, 5, 6, 8-15, 48, 53-55, 58, 59, 67-69, 81, 83, 84, 172, 175, 191, 205, 249, 252, 265-268, 270, 271, 274
山之内靖　200
弓削　達　71, 74
吉原直樹　272

ラ行

ライチネン　Laitinen, K.　256
リーデル　Riedel, M.　51, 75
レオナルディ　Leonardi, R.　108, 147, 150
ロストウ　Rostow, W. W.　47
ロッカン　Rokkan, S.　55, 56, 162, 176

事項索引

ア行

アイデンティティ　60, 66, 104, 111, 118, 143, 144, 158, 187, 229, 247, 248, 250, 251, 253, 255-257
アクイレイア　165-168, 170, 171
アソチアツィスモ　151
暑い秋　91-93, 112, 138, 145
アフロユーラシア　15, 25, 26, 30-33, 35, 39, 40, 50-52, 73, 74, 76-79, 166, 167, 172, 248, 249
　――の西端と東端　27, 28, 30, 31, 192-194, 265
アメリッポン　230
イストリア（半島）　166, 167, 170-173
イストリア・イタリア人協会　182
イストリア民主主義会議　182
イタリア
　中心としての――　73, 84, 91, 99, 134, 137-139
　半周辺としての――　73, 84, 86, 88, 99, 134, 137-139
　イタリア共産党（PCI）　91, 100, 145, 179
　イタリア社会運動（MSI）　100, 140
　イタリア社会党（PSI）　183
　イタリア労働総同盟（CGIL）　100-104, 111, 114, 121
イッレデンテズモ　140, 176, 178
EU 政策調整局（イタリア：DCPC）　100-103, 105, 127
インコーポレーション　27, 36-38, 40, 192, 194, 196-200, 206, 215-217, 219, 222
インターステイト・システム　34, 38, 62, 65
インダストリアル・デストリクト　149, 153
ウエストファリア型スーパー国家（帝国）　66
ヴェネツィア（共和国）　168, 170-174
ヴェネツィア・ジューリア　161-163, 166, 168, 170-176, 178-184, 187
エソド　179, 180, 182, 183, 186
越境地域協力（INTERREG）　184, 258
越境地域協力制度（CBC）　184
エミリア・ロマーニャ州　137, 145-151, 153-155
エミリアン・モデル　146, 149, 153
オーストリア・ハンガリー帝国　161, 162, 175, 178
オーランド運動　251
オーランド島　16, 239, 242, 243, 251
オーランド島民権　254
オスマン・トルコ（帝国）　81
オランダ植民地主義　58

カ行

海域　245-247, 249, 250
海禁・鎖国時代　196-198
カウンター・ポリテックス　14, 268, 273
カオスの縁　193

境界　22, 26, 39, 66, 73, 91, 99, 134, 137, 139, 186, 215-217, 227, 230
境界域（テリトリー）　56, 162, 163, 168, 176, 178, 179
キリスト教民主党（DC）　91, 100, 108, 145, 183
近世帝国　5-8, 10-13, 15, 48, 49, 54, 55, 57-60, 84, 162, 172-175, 244, 248-250, 252, 259, 266, 268
　新しい——　11, 12, 268, 271
近代化論　47, 49
近代世界システム（資本主義世界経済）　2, 3, 8, 9, 21, 23-26, 31, 33-39, 48, 49, 52, 55, 58, 73, 86, 99, 105, 137-139, 159, 172, 191, 192, 194, 196-198, 205, 207, 210, 211, 217, 222, 253
グローバリズム　8, 270
　ポジティヴな——　9, 270, 271
　ネガティヴな——　9, 270, 271
グローバリゼーション　1, 2, 5, 8, 12, 14, 15, 46, 63, 114, 117, 133-136, 209, 239, 240, 265, 267, 268, 272-274
グローバリティの匂い切れ　7, 49, 59, 96
軍事的政治的ネットワーク　27, 31, 32
経済と国家の乖離　34, 38, 211
原-資本主義　24, 25, 33
交易ディアスポラ　28
交感　274
交響　274
　——するコミューン・の・自由な連合　274
国民同盟（AN）　100-102, 104, 105, 120, 122, 124, 126, 139, 140
コリエレ・デッラ・セーラ紙（CdS）　100, 102-104, 111, 114, 115
コンテンジェンシー　32, 33, 37, 40, 41, 197, 199, 211
コンフェデラリズム　103, 104, 187

サ行

サブ政治　273
左翼民主党（PDS）　100, 101-105, 109, 111, 113, 118, 122, 140, 143, 144, 151
散逸構造　192, 193
産業革命（日本）　198, 199
ジャパメリカ　230
ジェノヴァ　53, 79, 80, 82, 83, 168, 170, 171, 266
　——の時代　83, 84
ジェントルマン資本主義論　60
ジオカルチュア　8, 62, 65, 69, 205, 209, 267, 270
ジオポリテックス　8, 62, 65, 69, 192, 193, 202, 240, 241, 243, 244, 246, 253, 255, 258, 261
自治　1, 2, 10, 13-16, 113, 122, 135, 144, 155, 156, 163, 186, 187, 235, 237-241, 243, 244, 251, 253, 256, 257, 259-263, 265, 267-269, 271-274
島　163, 187, 240, 241, 243, 244, 246-248, 259-261
　フロンティアのメタファーとしての——　261
島ぐるみ闘争　228
市民（キウイタス）　51, 75
　中世都市——（ブルジョア）　53
　シトワイアン／シヴィルとしての——　59
市民社会　49, 51, 54, 64-66, 75, 76, 86, 93, 204, 267

社会的ブロック　151, 153
宗教改革　54, 55
13世紀世界システム　52, 53, 72, 78, 168, 172, 248, 265
収縮の17世紀　57, 84
従属理論　47, 48
小アメリカ　16, 193, 203-209, 267
小中華　16, 193, 195, 196, 200-202, 204, 212, 241, 252, 265, 266
小中華的ナショナリズム　266
ジョリッティズモ　87
自立論・反復帰論　229, 231, 233
シルクロード
　海の———　28, 29, 194
　古代———　27, 50, 73, 74, 166
神聖ローマ帝国　168, 171-174
清帝国　249, 252
人文主義　82
生産様式　22, 23, 26, 32
脆弱な封建制　25, 32, 52, 77, 80
世界＝経済　10, 11, 33, 54, 61
世界システム（world-system）　34, 94
世界システム（world system）　73, 94
世界システム分析　1, 2, 7, 8, 10, 13, 15, 16, 22, 23, 25, 39-41, 47, 48, 71, 82, 161, 162, 192, 198, 200, 215-217, 220, 221, 267
　———の第2局面　2, 191
世界＝帝国　10, 11, 24
1960年体制　203-205, 229, 230
1968年革命　61
全国社会保障保険公社（イタリア：INPS）　100, 105
戦闘ファッシ　178
1800年の世界　59
1848年革命　61

総力戦体制　200
ソーシャル・ヨーロッパ　103-105, 109, 121, 136, 140, 144

タ行

第1共和制（イタリア）　91, 94, 117, 131
第2共和制（イタリア）　94, 117
第3のイタリア　91
大元大モンゴル国　29, 31, 35, 39, 52, 194
大交易時代（琉球）　219, 220, 247
大航海時代　23, 53, 54, 81, 265
太平洋共存システム　234, 235
蓄積様式　3, 24, 26
　血縁基盤の様式　3, 24
　貢納制様式　3, 24, 26, 31, 32, 34
　資本主義様式　3, 24
　社会主義様式　3, 24
中央交易地帯（ヨーロッパ）　55, 56, 162, 176
中華観（天の観念）　36
中華地域世界システム　5, 36, 43
中華帝国　15, 16, 35, 36, 43, 191-194, 196, 198, 200-202, 217-219, 221, 223, 224, 229, 241, 250-252
中国革命　37, 197, 203, 204, 227
中心部－周辺部　47
中枢－衛星　47
中世都市コムーネ　77-79
朝貢－冊封関係　36, 194, 197, 218, 221, 224, 252
朝貢システム（中国中心の）　201
朝貢－貿易システム（アメリカ中心の）　201, 229

事項索引 289

チルコロ・イストリア　186
通貨統合　45, 92-94, 102, 105, 106, 118, 123, 126, 129, 136, 139, 142, 144
帝国　2, 7, 10, 11, 23, 27-29, 32, 33, 35, 48, 51, 54, 55, 59-61, 71, 74-76, 83, 84, 161-163, 166, 168, 169, 171, 173-176, 178, 193, 200-202, 207, 218, 229, 241, 249-253, 259, 266, 269, 270
〈帝国〉　2, 10-13, 162, 175, 271
「帝国」　1, 2, 7, 10, 13-16, 54, 55, 66, 92, 133, 162, 184, 187, 235, 239-241, 244, 253, 257-261, 265, 267-271, 273, 274
　共存のメタファーとしての———　261
島嶼　163
島嶼主義　163
島嶼性　163, 187
同盟システム　151
トラスフォルミズモ　87

ナ行

「内包的」ヘゲモニー　91
長い16世紀　4, 7, 53, 55, 57, 81, 84, 168, 172, 174, 248, 265
長い20世紀　3, 175, 266, 269
南部開発公庫　138
南部工業化促進協会（SVIMEZ）　106, 107
南部問題　86, 99, 104, 107, 108
南北問題（イタリア）　72, 81, 155, 157-159
二国間主義症候群　202-204, 207, 211
二面的帝国主義　199
ニュー・サイエンス　25, 192

ネーデルラント革命　84
ネオ・コーポラティズム　135, 136
ネオ中世型帝国　66

ハ行

パックス・シニカ　36, 37, 39, 40, 193, 194, 196, 197, 218-222, 224
ハプスブルグ帝国　54, 83, 84, 173, 249
バルト海　16, 164, 242, 243, 245-247, 249, 250, 257
バルト帝国　249, 250
反革命‐復古　86
反システム運動　61, 62, 65, 66, 92
半周辺部　91, 92, 134
反南部主義　108
比較世界システム分析　21, 71, 73, 191, 240
東アジア　1, 3, 4, 7, 15, 16, 21, 32, 35-40, 193-203, 205-208, 210-212, 217-223, 226, 227, 230, 232, 239, 246, 249, 250, 253, 260, 265, 266, 268-271
　———の経済ルネサンス　210
東アジア「帝国」　16, 235, 267, 270
東シナ海　242, 245-247
東ローマ帝国　166, 172
ビザンチン帝国　28, 51, 77, 82, 194
ファシズム　87, 89, 90, 92, 99, 112, 138, 140, 145, 176, 179, 181, 266-268
　農村———　89
　反———　90, 93, 151, 156, 179
　非———　90, 93
フィアット社（FIAT）　100-108, 112, 114
フィレンツェ　79, 81, 82
フェデラリズム　16, 66, 94, 103-105,

111, 113, 121, 155-159, 269
フェデレーション戦略　75, 76, 165
フォイベ　179, 180
フォーデズム型福祉国家　64, 65
フォルツァ・イタリア（FI）　100-102, 104, 109, 110, 117, 122, 124
不確実性　25, 31, 33, 35, 37, 38, 211, 222, 259
　　西の―――　32, 33, 211
　　東の―――　38, 210, 211
複合・重合社会　163
復帰ナショナリズム　228, 229, 231
物産複合　198
普遍主義　271, 274
　　ネオコン周辺の―――　271
　　シニカルな―――　271
　　メタ―――　271
フランス革命　58, 72, 85
フロンティア　8, 16, 162, 163, 165-167, 171, 173-176, 179, 187, 215-229, 231, 233-235, 239-241, 243, 245-250, 252-255, 257-261, 269, 273
分岐点　25, 31, 37, 39-41, 192, 193, 196, 197, 223-225, 235, 252, 259
ヘゲモニー　4, 6, 14, 23, 34, 38, 56-61, 74, 78, 84, 85, 87, 89-92, 173, 178, 180, 201, 206-208, 210, 230, 253, 259
ヘゲモニー国家　38, 57-61
　　アメリカの―――　61, 90-92, 267
　　イギリスの―――　57-60, 86, 266
　　オランダの―――　57, 58, 266
　　グローバルな―――　59, 60
変容主義　3, 15, 21, 23, 25, 30, 31, 33, 40, 41, 191, 192
ボーダー　215-217, 223-230, 252
補完性（サブシデアリティ）の原則　46, 105, 136
北部同盟（LN）　100-108, 111-113, 117-120, 122, 126, 131, 140, 143
保守主義レジーム　109
ポランニー的不安　12, 270-272

マ行

マーストリヒト条約　46, 101, 102, 110, 127, 129, 131, 136, 140, 253
短い20世紀　175, 176
3つのイタリア　135, 139
ミラノ　79, 100, 131, 178

ヤ行

U.S.C.S.（アメリカ「帝国」）　191, 193, 200-211, 217, 227, 229, 230, 232, 233, 235, 241, 243, 247, 253, 259, 260
ユーロ・コミュニズム　92, 93
ユーロ・ペシミズム　135, 136
ユーロリージョン　184, 186
ゆらぎ　8, 14, 16, 34, 37-41, 60, 61, 63, 193, 197-200, 203, 205-211, 219, 221, 224, 225, 227, 229, 230, 232, 234, 235, 268
ヨーロッパ　5-7, 11, 15, 16, 21, 23, 25, 28, 29, 31-37, 39, 40, 45-57, 59-61, 63-68, 71-73, 77-87, 94, 99-101, 104-109, 111, 113-115, 118, 119, 121-125, 127-131, 136-139, 141, 142, 146, 148, 149, 154-159, 161, 166, 169, 170, 172, 173, 176, 178, 186, 192-194, 198, 205, 223, 248-251, 253, 257, 265, 266, 271
　　―――の多様性　15, 46-48, 50, 51,

事項索引　291

　　53, 55, 62-64, 73
　　――の中心‐周辺構造　162
ヨーロッパ合衆国　46, 102, 104, 118,
　　141, 143
ヨーロッパ共同体（EC）　45, 61, 127,
　　135, 136, 138, 139, 143, 157
ヨーロッパ・サブシステム　72,
　　77-81, 168, 170, 171
ヨーロッパ・センタードシステム
　　72
ヨーロッパ中心主義　3-6, 11, 48, 49,
　　53, 54, 57, 58, 62, 81
ヨーロッパ帝国　83, 173, 174
　　挫折した――　15
ヨーロッパ統合　13, 16, 45-47, 49, 50,
　　61-65, 72, 93, 94, 99, 106, 111, 115,
　　116, 118, 127-131, 135, 137-140, 143,
　　156, 158, 159
ヨーロッパ連合（EU）　13, 46, 61, 63,
　　64, 93, 94, 100-103, 105, 107-111,
　　114-116, 118-130, 133, 135, 137-141,
　　143, 144, 153-155, 184, 186
ヨーロッパ連邦運動　105, 115, 129,
　　154, 156, 157

　　　　　　　ラ行

リージョナリズム　8-10, 13, 113, 121,
　　133, 146, 155, 156, 158, 159
　　旧い――　112
　　新しい――　112, 157
リージョナル・システム　7, 66, 133,
　　134, 211, 241, 244, 246, 248, 253
リージョン　1, 2, 5-8, 10, 13, 30, 32,
　　37, 40, 103, 104, 106, 111-113,

　　118-120, 122-126, 133, 134, 136,
　　140-142, 144, 150, 157, 235, 239, 241,
　　253, 259-261, 265, 268
　　マクロ・――　133-135, 138, 139,
　　　144, 155
　　ミクロ・――　16, 133-141, 144,
　　　145, 155, 156, 158, 159, 168, 269
リオリエント　3, 5, 94
リソルジメント　72, 84-86, 89, 99,
　　134, 138, 145, 155, 161, 176
リベラル・ヨーロッパ　106
琉球処分　222-224, 243, 251, 252, 257
領域国家　80, 81, 83
両属関係　217, 220-223, 250-252
ルネサンス　71, 72, 92, 170, 210, 211,
　　265
ルネサンス文化　82
レジスタンス　89, 92, 151, 156, 176,
　　179, 268
　　――運動　90, 92, 267
連続主義　3, 15, 21, 23, 30, 41, 48, 191
連邦制（リージョン単位）　99,
　　104-106, 111-113, 119-122, 124, 126,
　　129, 137, 140-142, 144, 155-158
ローカリズム　8-10, 14, 118, 125, 143
ローカル　1, 2, 5, 7, 8, 10, 13-15, 35,
　　46, 118, 126, 129, 141-143, 239, 240,
　　261, 265, 268, 271-274
ローマ市民共同体　71, 74
ローマ市民権　75
ローマ性　71, 72
ローマ帝国　10, 50, 51, 55, 56, 71,
　　73-76, 162, 163, 165, 166
ロシア帝国　249-252

著者紹介

古城利明（ふるき　としあき）

1939 年新潟県に生まれる。
1962 年東京大学文学部社会学科卒業，1965 年同大学院社会学研究科博士課程中退。
1965 年東京大学文学部助手。1967 年中央大学法学部専任講師，のち助教授，教授を経て 2009 年 3 月定年退職。現在は中央大学名誉教授。
専攻は政治社会学，地域社会学。
著書に単著『地方政治の社会学』（東京大学出版会，1977 年），編著・共編著『地域社会と政治文化―市民自治をめぐる自治体と住民―』（守屋孝彦と共編，有信堂，1984 年），『世界システムと政治文化』（高柳先男と共編，有信堂，1986 年），『世界社会のイメージと現実』（東京大学出版会，1990 年），『現代社会論』（矢澤修次郎と共編，有斐閣，1993 年），『世界システムとヨーロッパ』（中央大学出版部，2005 年），『リージョンの時代と島の自治―バルト海オーランド島と東シナ海沖縄島の比較研究―』（中央大学出版部，2006 年）など。訳書に『性格と社会構造』（H. H. ガース＆C. W. ミルズ著，杉森創吉と共訳，青木書店，1970 年），『オルターナティヴ社会学』（F. フェラロッティ著，R. マッヂ，元島邦夫と共訳，合同出版，1985 年），『グローバル・トランスフォーメーション』（D. ヘルド，A. マグルー，D. ゴールドブラッド，J. ペラトン共著，臼井久和，滝田賢治，星野智と共に訳者代表）など。

「帝国」と自治
リージョンの政治とローカルの政治　　中央大学学術図書 (78)

2011 年 8 月 30 日　初版第 1 刷発行

著　者　古　城　利　明
発行者　吉　田　亮　二

郵便番 192-0393
東京都八王子市東中野 742-1
発行所　中央大学出版部
電話 042(674)2351　FAX 042(674)2354
http://www.2.chuo-u.ac.jp/up/

© 2011　Toshiaki FURUKI　　　印刷・製本　千　秋　社
ISBN 978-4-8057-1145-3
本書の出版は中央大学学術図書出版助成規定による